WIDERSPRUCH
74

SCHWERPUNKT

Frauen*streiken

DISKUSSION

REZENSIONEN

Editorial

Der Frauen*streik vom 14. Juni 2019 war ein riesiger Erfolg, mitunter die grösste politische Mobilisierung seit dem Generalstreik 1918. Über 500 000 Menschen, überwiegend Frauen*, waren auf den Strassen, in allen Landesteilen und Sprachregionen, in den grossen Städten und selbst in kleineren Gemeinden auf dem Land. Dutzende von Komitees organisierten die Mobilisierungen, unterstützt von Gewerkschaften und linken Organisationen und Parteien.

Frauen* mobilisieren und organisieren aber nicht nur, sie beschreiben, theoretisieren, reflektieren und ordnen diese und andere Erfahrungen auch ein. Für das vorliegende Heft 74 lud die Redaktion Aktivistinnen* zu einer offenen Redaktionssitzung ein. In der Diskussion kristallisierten sich zwei Themenblöcke heraus: Fragen zur Organisierung und Mobilisierung sowie zu feministischer Wirtschaftspolitik. Der Heterogenität der Bewegung entsprechend sind in *Widerspruch* 74 sowohl Artikel eingeflossen, die von unmittelbaren Erfahrungen ausgehen, als auch solche, die einen theoretischen Ansatz verfolgen. Einzugestehen bleibt jedoch, dass das Heft urban bleibt und die Ausweitung auf den ländlichen Raum auch für uns eine Herausforderung ist. Das ist bedauerlich, betreffen doch Themen wie die Krise der sozialen Reproduktion Stadt- und Landbevölkerung gleichermassen. Wer feministische wissenstheoretische Prämissen ernst nimmt, sollte den Frauen*streik bei aller berechtigten Euphorie ohnehin auf keinen unhinterfragbaren Sockel stellen. Denn auch dies bleibt einzugestehen: Auch feministische Aktivist*innen sind letztlich in dieser Gesellschaft sozialisiert und müssen auch in den eigenen Reihen gegen Diskriminierungsformen ankämpfen.

Sprachkritik wurde in den letzten Jahren intensiv und längst nicht mehr nur in der feministischen Öffentlichkeit diskutiert. Zwar gibt es eine objektive Realität, die sich nicht darum kümmert, wie wir sie bezeichnen, doch existiert gesellschaftliche Wirklichkeit nicht ohne Sprache. Sprachliche Diskriminierung – etwa die Spaltung in wertvolle und weniger wertvolle

Menschen – kann, wie der Blick in die Geschichtsbücher zeigt, sehr schnell zur gesellschaftlichen Wirklichkeit werden. Sprachkritik ist daher keine ästhetische Frage, sondern Teil der Auseinandersetzung um gesellschaftliche Verhältnisse. So widerspiegeln die unterschiedlichen Formen zur Bezeichnung der Geschlechter – grosses Binnen-I, Gender-Sternchen, Akronyme et cetera – unterschiedliche feministische und geschlechtertheoretische Positionen, die den Frauen*streik in seiner Vielfalt bereicherten. Als Orientierungshilfe dient im Anschluss an das Editorial ein Glossar zum (queer-) feministischen Sprachgebrauch.

Wesentliche Impulse erhielt der Frauen*streik auch von internationalen feministischen Bewegungen, die – anders als in der Schweiz – für einen Streik am 8. März, dem Internationalen Frauentag, mobilisierten. Kämpferische Berichte und Bilder aus Polen, Lateinamerika, Spanien oder dem Baskenland inspirieren und zeigen, dass Veränderung möglich ist – sei es in Bezug auf Lohnungleichheit, Geschlechterhierarchien, Sexismus oder Gewalt gegen Frauen*. Was kontinuierliche Organisierung bewirkt, zeigt auch die kurdische Frauen*bewegung. Sie existiert nicht erst seit dem Kampf um Rojava, sondern arbeitet seit den 1970er-Jahren an weiblicher Ermächtigung.

Was alle Bewegungen und Beiträge in diesem Heft eint, ist die Wichtigkeit von weiblichen Netzwerken. Sie dienen dazu, Fürsorgearbeit, Lohnarbeit und politisches oder gewerkschaftliches Engagement unter einen Hut zu bringen, aber auch, um sich gegenseitig Mut zu machen, als Bewegung zu wachsen und sich als einzelne weiter zu entwickeln. Was frau allzu oft das Leben erschwert – nämlich auf tausend Baustellen gleichzeitig zu buckeln –, erweist sich so unter der Hand als Potenzial feministischer Kämpfe. Denn wer in verschiedenen Bereichen lebt und aktiv ist, kann auf verschiedenen Ebenen Veränderungen anstossen: von der Arbeit bis zur Familie, von der Politik bis zum Alltag und mit der Erfahrung, dass sich gemeinsam etwas bewegen lässt.

Seit dieser Nummer trägt der *Widerspruch* ein neues Kleid, nach 39 Jahren unverkennbarem, schickem Achtzigerjahre-Layout. Kurz vor dem 40-jährigen Jubiläum hat sich die Redaktion für ein Redesign entschieden. Es ist ein Abschied und gleichzeitig ein Aufbruch: Ein Erscheinungsbild, das auf die veränderte und jüngere Zusammensetzung der Redaktion verweist – und gleichzeitig einen Schritt vorwärts ins nächste Jahrzehnt macht. Ein Jahrzehnt, in dem das Gedeihen des *Widerspruchs* vorwiegend davon abhängt, dass wir unseren Abonnent*innenstamm verjüngen und erweitern können.

Das Redesign bricht mit der Tradition des *Widerspruchs*, ohne sie zu vergessen: Weiterhin erscheint der *Widerspruch* halbjährlich als Themenheft, in gewohnt wechselndem Farbumschlag und mit unverkennbarem Logo – doch mit Titelbild und Leads im Inhaltsverzeichnis. Im Innern bringt das Redesign etwas mehr Luft in die – zugegeben teils schweren – Texte. Neu sollen vermehrt auch andere Textformen wie kürzere Kommentare, Essays und Interviews Platz finden. Im Prinzip jedoch behält der *Widerspruch* mit Schwerpunkt, Diskussions- und Rezensionsteil die Dreiteilung des Heftes. Hinzu kommen auch Extraeinlagen: In diesem Heft laden wir dazu ein, Klassikerinnen feministischen Denkens (und solche, die es werden könnten) kennenzulernen. Auch den Diskussionsteil wollen wir in Zukunft etwas flexibler gestalten. Dieses Heft debattiert die Zukunft der Altersvorsorge – schliesslich heisst unser Heft *Widerspruch*, und diese Tradition kontradiktorischer und dialektischer Debatte soll in Zukunft mit pointierten Meinungsartikeln weiter gepflegt werden.

Gleichzeitig zur Publikation des Heftes arbeiteten wir auch an einer neuen Website, die kurz nach Redaktionsschluss online gehen soll. Ohne unser Kerngeschäft – den Verkauf eines Printmediums – zu vergessen, werden wir vermehrt inhaltliche Beiträge auf der Website publizieren.

Die Redaktion hat zudem im Konsens entschieden, dass das Credo des *Widerspruchs*, «Beiträge zu sozialistischer Politik», auch im 21. Jahrhundert beibehalten wird. Wir sehen in der Debatte, was «sozialistische» Politik im 21. Jahrhundert bedeutet, weiterhin eine Stärke und ein Kerngeschäft unseres Hefts: Widersprüchlichkeiten aufzuspüren, sowohl innerhalb linker Politik wie auch in unserer Zeit des Interregnums, die von der kapitalistischen Durchdringung vieler Lebensbereiche, rassistischen und sexistischen Strukturen sowie autoritären Tendenzen geprägt ist. Wir hoffen, mit dem Aufbruch des Widerspruchs auch aufbrechende linke Bewegungen, von Frauen*streiks über Klimabewegung zu globalen Demokratiebewegungen, mit intellektuellem Futter und Reflexion begleiten zu können.

Die Redaktion, im Februar 2020

Glossar

Aktivist*innen, Aktivistinnen* Das Gender-Sternchen bildet die Geschlechtervielfalt in der Sprache ab. Während das Binnen-I (AktivistInnen) nur Frauen und Männer umfasst, entzieht sich das Gender-Sternchen den binären Geschlechterkategorien; Inter-, Nonbinäre und Transpersonen werden sichtbar. Steht das Gender-Sternchen am Ende eines weiblichen Substantivs (Aktivistinnen*), sind alle – Frauen, Inter-, Non-Binary-, Transpersonen – ausser Cis-Männer gemeint. (An diese Praxis angelehnt könnten auch Begriffe wie Männer*, Aktivisten* etc. verwendet werden.)

Cis-Mann, Cis-Frau Als Cisgender werden Personen bezeichnet, deren Geschlechtsidentität demjenigen Geschlecht entspricht, das ihnen bei der Geburt zugewiesen wurde. Der Sexualwissenschaftler Volkmar Sigmusch führte den Begriff zissexuell (lateinisch cis: diesseits) 1991 als Pendant zu transsexuell (lateinisch trans: jenseits) ein, um nicht, wie so häufig, die Norm ungenannt vorauszusetzen und nur die Abweichung zu benennen.

FLINT/FINT Abkürzung für Frauen, Lesben, Inter-, Non-Binary-, Transpersonen. Heute wird die Abkürzung teilweise ohne die Nennung von Lesben (FINT) verwendet, da es sich nicht um eine Geschlechtsidentität handelt. Die explizite Nennung von Lesben wird von anderen hingegen als wichtig erachtet, um einerseits der Unsichtbarkeit von Lesben in der Gesellschaft entgegenzutreten und die Wichtigkeit der Lesben für die feministischen Kämpfe und insbesondere die Neue Frauenbewegung hervorzuheben.

Frauen/Frauen* Die Verwendung des Gender-Sternchens beim Wort Frauen ist in innerfeministischen Debatten immer wieder umstritten. Einerseits wird darauf hingewiesen, dass es von grösster Wichtigkeit ist, die Geschlechtervielfalt auch sprachlich abzubilden und heteronormative Geschlechterbilder zu durchbrechen. Andererseits wird die Position vertreten, dass die Bezeichnung Frau nicht nur eine Geschlechtsidentität, sondern auch eine politische Kategorie ist. Durch die Verwendung des Wortes Frau soll die strukturelle Unterdrückung der Frauen als Frauen im vorherrschenden binären Geschlechterregime sichtbar gemacht werden, denn eine Nicht-Nennung des Geschlechts verschleiert die tatsächlichen Herrschaftsverhältnisse. Ebenfalls wird die Bezeichnung Frauen als selbstermächtigende Anknüpfung an frühere Frauenkämpfe verwendet. (In neueren Diskussionen wird teilweise aus queerfeministischer Perspektive Kritik am Gender-Sternchen geäussert, da sich etwa Transfrauen eine Anerkennung als Frauen wünschen und das Sternchen ihr Anderssein weiterhin betont.)

Frauen*streik / Frauenstreik / feministischer Streik Die unterschiedlichen Bezeichnungen stellen mal mehr die Akteurinnen* (Frauen*streik, Frauenstreik), mal mehr die Inhalte (feministischer Streik) in den Vordergrund, oftmals werden diese aber auch abwechselnd oder ergänzend verwendet.

Heteronormativität/Heteropatriarchat Die Heteronormativität bezeichnet die normative Verschränkung sowie Privilegierung von Zweigeschlechtlichkeit und heterosexuellem Begehren. Judith Butler verwendete den Begriff der «heterosexuellen Matrix» (1990), die Körper, Geschlechtsidentität und Begehren normalisiert und naturalisiert. Der Begriff des Heteropatriarchats bringt zusätzlich die Herrschaft des männlichen Geschlechts sowie des heterosexuellen Begehrens über andere Geschlechter und Begehren zum Ausdruck, weshalb dem heterosexuellen Mann eine besonders privilegierte Position in der Gesellschaft zukommt.

PoC, BIPoC Abkürzungen für die Mehrheit der Weltbevölkerung, People of Color sowie Black, Indigenous, People of Color. Menschen of Color ist eine kollektive Selbstbezeichnung für alle Menschen, die als nicht-weiss angesehen werden und sich wegen ethnischer Zuschreibungen alltäglichen sowie institutionellen Formen des Rassismus ausgesetzt sehen. Insbesondere im Zuge der US-Bürgerrechtsbewegung und des Black Power Movements fand der Begriff in den 1960er- und 1970er-Jahren Verbreitung.

Schwarz Schwarz ist eine Bezeichnung für rassistisch markierte Menschen und Kollektive der afrikanischen Diaspora. Die Grossschreibung von Schwarz verweist einerseits auf die konstruierte Rassifizierung sowie andererseits auf eine Strategie der Selbstermächtigung und das erkämpfte symbolische Kapital durch den Widerstand gegen Rassismus.

Queer Queer bezeichnet Personen oder Handlungen, die von der Norm abweichen. Seit der zweiten Hälfte des 20. Jahrhunderts begannen insbesondere Schwule – von der Heteronormativität Abweichende despektierlich als queer bezeichnet –, sich selbstermächtigend queer zu nennen. Heute wird der Begriff Queer für eine aktivistische Bewegung, theoretische Zugänge wie auch einzelne Personen verwendet.

Frauen*streiken

Der Frauen*streik verändert die Schweiz. In ihm gipfelte ein vielfältiger Widerstand. Wohin geht es? Wie wird sich die feministische Bewegung weiterentwickeln und organisieren, um neue Modelle gesellschaftlichen Zusammenlebens zu verwirklichen? Analysen und Vorschläge, wie die gemachten Erfahrungen ermutigen können. In der Schweiz und darüber hinaus.

Ingrid Artus

Frauen* streiken anders

Zur Feminisierung von Arbeitskämpfen[a]

Aktuell erleben wir eine weltweite Welle feministischer Bewegung (Kiechle 2019) – oder, mit der Metaphorik von Karen Offen (2000): Es gibt eine neue «Eruption», einen Vulkanausbruch feministischer Kämpfe. Dabei sind die Themen alt: Es geht um den Kampf gegen patriarchale Gewalt, um weibliche* Selbstbestimmung und um das Ende geschlechtsspezifischer Ungleichheit. Neu ist allerdings das propagierte Kampfmittel: der Frauen*streik, *grève féministe* oder *sciopero delle donne*. Der Aufruf zum Frauen*streik erwies sich als massenhaft mobilisierungsfähig, etwa im März 2018 in Spanien, im Juni 2019 in der Schweiz.

Doch was genau ist unter dieser Parole zu verstehen? In gewerkschaftlicher Tradition meint Streik die «befristete kollektive Arbeitsniederlegung von Arbeitnehmern zur Durchsetzung geforderter Arbeits- und Einkommensverhältnisse» (Boll 2003, 478). Ob Studierende oder Hausfrauen* überhaupt streiken können – und vielleicht gar noch an einem Feiertag (wenn zum Beispiel der 8. März im Jahr 2020 auf einen Sonntag fällt) – das scheint doch fraglich. Um die Begriffsunsicherheiten zum Thema Frauen*streik zu klären, unterscheidet Gisela Notz (2020) mindestens vier Bedeutungen: 1. «Reine» Frauen*streiks, in denen es explizit um den Kampf gegen geschlechtsspezifische Diskriminierung in der Erwerbsarbeit geht, wie etwa die Streiks der Ford-Arbeiterinnen* 1968 im englischen Dagenham (Cohen 2012) oder migrantischer Arbeiterinnen* in Deutschland 1973 bei der Firma Pierburg in Neuss (Braeg 2012); 2. Arbeitskämpfe ohne explizit formulierte Gleichstellungskomponente, die jedoch mehrheitlich von Frauen* ausgelöst und getragen werden, wie etwa im Fall des Crimmitschauer Streiks sächsischer Textilarbeiter*innen um eine Verkürzung der Arbeitszeit 1903/1904

a Der Text ist eine aktualisierte Kurzfassung des 2019 in der Reihe «Analysen der Rosa Luxemburg Stiftung» erschienenen Artikels «Frauen*streik! Zur Feminisierung von Arbeitskämpfen» (Artus 2019).

(Notz 1994) oder aktuelle Kämpfe um eine bessere Personalausstattung in vielen feminisierten Sorgeberufen; 3. Streiks, bei denen streikende Männer* durch Frauen* unterstützt werden, wie zum Beispiel die Selbstorganisierung von Ehefrauen* streikender Zementarbeiter* im deutschen Erwitte (Boll 2003, 501); 4. Frauen*streiks, denen ein erweiterter Streikbegriff zugrunde liegt, das heisst die über den Erwerbsarbeitsbereich hinausreichen und feministische Forderungen artikulieren. Hier wären etwa der «Freie Tag der Frauen» 1975 in Island oder die Frauen*streiks 1991 und 2019 in der Schweiz einzuordnen.

Im Folgenden geht es in erster Linie um Frauen*streiks, die in vergleichsweise «klassischer» Weise im Rahmen von Lohnarbeitsverhältnissen stattfinden. Fokus der Betrachtung und auch empirische Grundlage sind dabei die deutschen Verhältnisse, aber vieles lässt sich wohl auf die Schweiz übertragen. Zunächst wird das Phänomen der Feminisierung von Streiks beschrieben und anschliessend seine Bedeutung analysiert.

Feminisierung von Streiks

Frauen*streiks haben in den letzten Jahren in Deutschland zugenommen, zum Beispiel im Reinigungssektor, im Einzelhandel, im Erziehungsbereich, in den Krankenhäusern. Viel mediale Aufmerksamkeit erregten etwa die Arbeitskämpfe im Bereich der Sozial- und Erziehungsdienste (S&E), auch bekannt als «Kita-Streiks»: Auf den ersten S&E-Streik 2009 mit rollierenden Streiktagen folgte 2015 ein vierwöchiger Vollstreik in fast allen deutschen Bundesländern mit etwa 150 000 Streikbeteiligten, davon etwa 90 bis 95 Prozent Frauen*. Ziel beider Streiks war die nachhaltige Aufwertung von Erziehungsarbeit – sowohl in materieller als auch in symbolischer Hinsicht. Explizit wurde die Angleichung des Werts von Frauen*arbeit an Männer*arbeit gefordert – sowie bessere Arbeits- und Sorgebedingungen (siehe hierzu diverse Beiträge in Artus u. a. 2017). Unter dem Motto «Mehr von uns ist besser für alle» waren auch die Kämpfe in Krankenhäusern äusserst erfolgreich und medienwirksam – mit der Berliner Klinik Charité als Flaggschiff. Inzwischen machen die Krankenpflegerinnen* deutschlandweit für eine bessere Personalausstattung und Pflege mobil – im Saarland, in Bayern, in Baden-Württemberg, in den Universitätskliniken in Düsseldorf, Essen und Jena.

Statistisch ist das Phänomen der Feminisierung von Streiks bislang nur schwer messbar. Zu der Schwierigkeit, Streiks und Streikende überhaupt zu zählen (Dribbusch 2018), tritt das fast vollständige Fehlen von Daten zum Geschlecht von Streikenden. Die wenigen verfügbaren Statistiken (Artus 2019; Dribbusch 2020) deuten darauf hin, dass aktuell in Deutschland Arbeitskämpfe noch immer mehrheitlich männlich* dominiert sind. Es ist jedoch eine Zunahme von Streikaktivitäten in feminisierten Berufsbereichen zu beobachten.

Dies hat zunächst – relativ banal – mit dem wirtschaftlichen Strukturwandel zu tun, das heisst mit der Verlagerung der Beschäftigung vom Produktions- in den Dienstleistungsbereich (Tertiarisierung). Dienstleistungsarbeit ist von jeher ein relativ stark feminisierter Bereich. Die Tertiarisierung der Wirtschaft – und das ist ein weiterer, vielleicht sogar *der* zentrale Grund für die Feminisierung von Streiks – ist verknüpft mit und partiell auch induziert vom starken Anstieg der Frauen*erwerbstätigkeit.[1] Diese Entwicklung ist aus feministischer Sicht gleichzeitig gut und schlecht: Sie ist gut, weil die Hürden der Integration von Frauen* in die Erwerbsarbeit offenbar sinken. Zugang zu Lohnarbeit bedeutet in unseren kapitalistischen Gesellschaften Autonomie für Frauen*, die damit ihr eigenes Geld verdienen, ein unabhängiges Leben führen können, sozial abgesichert sind und Anerkennung erfahren. Frauen* wollen ihre Arbeitskraft nicht (nur) unbezahlt im Heim, am Herd und im Ehrenamt verausgaben, sondern Lohn dafür erhalten – auch wenn dieser noch immer um etwa ein Fünftel niedriger liegt als der der Männer* und sie wesentlich häufiger als Teil des prekarisierten Teilzeitproletariats tätig sind (Destatis 2018b, 42f.). Die massive Steigerung der Qualifikation von Frauen* und die mittlerweile errungenen Bildungsvorteile der Mädchen* gegenüber den Jungs* spielen für den verbesserten Zugang zum Arbeitsmarkt eine wichtige Rolle.

Die Zunahme von Frauen*erwerbsarbeit ist aus feministischer Sicht aber auch schlecht, da sie auch eine Konsequenz des neoliberalen Abbaus und Umbaus des Sozialstaats ist. Die soziale Absicherung von geschiedenen und alleinerziehenden Frauen* hat sich deutlich verschlechtert. Die Einführung der sogenannten Hartz-Gesetze hat in Deutschland nicht nur dazu geführt, dass Arbeitslosigkeit staatlich schlechter abgesichert ist, sondern auch zu einem Verfall der Reallöhne – insbesondere in den unteren Segmenten des Arbeitsmarkts. Frauen* und Männer* sind somit gleichermassen zum Verkauf ihrer Arbeitskraft zu fast jeder Bedingung gezwungen, vor allem wenn Kinder ernährt werden müssen. Das Rollenmodell der Hausfrau* war zwar unter emanzipatorischen Aspekten stets eine Katastrophe; gegenwärtig avanciert es jedoch (wieder) zum unerschwinglichen Luxusmodell. Fest steht, dass sich Frauen* zunehmend auf dem Arbeitsmarkt behaupten *müssen* – und dass sie dies auch *tun*. Sie fordern das Recht auf gleiche Bezahlung und gleiche Anerkennung ihrer Arbeit und sind immer öfter bereit, diese Ziele auch konflikthaft durchzusetzen. Das hat mit verschärften Existenznöten zu tun – aber auch mit Selbstbewusstsein und dem Gefühl, legitime Forderungen stellen zu können. Dies sind die zentralen Gründe für die Feminisierung von Streiks.

Aber was *bedeutet* dieser Trend zur Feminisierung von Streiks? Streiken Frauen* denn anders als Männer*? Was folgt daraus für Streikziele, Streikstrategien, für die Gewerkschaften, für die gesellschaftlichen Geschlechterverhältnisse insgesamt – und für die Frauen* selbst?

Streiken Frauen* anders? Thesen zur politischen Einordnung feminisierter Streiks

Um es kurz zu machen: Ja. Frauen* streiken anders. Das hat freilich nichts mit biologistischen Argumenten zu tun, sondern ergibt sich aus der Tatsache, dass wir nach wie vor in einer Gesellschaft leben, die in vielerlei Hinsicht geschlechtsspezifisch strukturiert ist. Folglich sind auch Streiks gegenderte Phänomene. Das zeigt sich auf unterschiedlichen Ebenen:

1 Die gesellschaftliche Arbeitsteilung ist in Deutschland wie der Schweiz nach wie vor geschlechtsspezifisch organisiert. Frauen* übernehmen – trotz neuer Väterlichkeit – nach wie vor den Löwinnenanteil der unbezahlten Haus- und Familienarbeit. Das hat Folgen für die Ressourcen und auch für die konkreten Formen von Arbeitskämpfen. Wer neben der Erwerbsarbeit immer noch die Kinder und vielleicht auch die Schwiegermutter mitbetreuen muss, hat weniger Zeit und Energie, um sich zu organisieren. Auch die zeitliche Organisation von Streiks und die kollektiven Ausdrucksformen unterscheiden sich, wenn die Streikenden im Alltag permanent (auch) Reproduktionsarbeiten zu leisten haben. Häufig bedarf es weiblicher* Netzwerke, um die Gleichzeitigkeit von Fürsorgearbeit und politischem Engagement zu ermöglichen – oder die Kinder werden einfach mitgenommen zur Aktion. Arbeitskämpfe sind immer Teil des «ganzen Lebens» der Kämpfenden – nicht nur des Erwerbsarbeitslebens. Solange sich daher der typische Alltag von Frauen* und Männern* unterscheidet, werden sich auch Streikpraxen unterscheiden.

2 Nach wie vor ist auch der Arbeitsmarkt in feminisierte und maskulinisierte Berufsbereiche aufgeteilt (Hausmann/Kleinert 2014). Frauen* sind tendenziell in anderen Bereichen erwerbstätig als Männer*. Viele von ihnen arbeiten in sogenannten Sorgeberufen – und damit im Zentrum der aktuellen Care-Krise (Winker 2015). Historisch sind Pflegetätigkeiten in Krankenhäusern oder Altenheimen vom weiblichen* «Liebesdienst an Gott» geprägt;

«Arbeitnehmer*inneninteressen» spielten da schon immer eine untergeordnete Rolle. Der neoliberale Umbau des Sozialstaats hat die Arbeits- und Beschäftigungsbedingungen aber noch deutlich verschlechtert. Und Gegenwehr in Form kollektiver Arbeitskämpfe ist gerade in diesen Branchen nicht einfach. Dienstleistungen für Menschen im Krankenhaus oder der Kita sind eben keine Produkte, die frau einfach mal so unproduziert lassen könnte. Die Verweigerung von Sorgearbeit kann existenzielle Folgen für andere (am Konflikt Unbeteiligte) haben – im Erwerbsleben wie im Privaten. Des Weiteren richtet ein Streik möglicherweise nur wenig oder gar keinen ökonomischen Schaden beim Konfliktgegner an. Die sozialen Dienstleistungsbereiche sind daher aktuell ein Laboratorium für die Suche nach neuen Kampfstrategien (Artus u. a. 2017; Behruzi 2018; Kutlu 2013; Nachtwey/Wolf 2013; Wolf 2017). Wesentliche Elemente der neuen Streikstrategien sind: 1. die Solidarisierung zwischen Streikenden und Klient*innen, also in den Kitas mit den Eltern und den Kindern, in Pflegeeinrichtungen mit den Patient*innen selbst, aber auch deren Angehörigen et cetera. Es geht darum, ein übergreifendes gemeinsames Interesse (an guten Dienstleistungen) zu konstruieren und zu verdeutlichen – und auch konkret um die Organisierung eines Arbeitskampfs, der die Klient*innen möglichst wenig schädigt und «mitnimmt»; 2. neue rechtliche Instrumente, zum Beispiel Notdienstvereinbarungen, die verbindliche Betten-/Stationsschliessungen im Fall rechtzeitiger Streikankündigung vorsehen oder auch revidierte Betreuungsvereinbarungen in den Kitas, sodass Eltern von den Kommunen eine Entschädigung für nicht betreute Zeiten ihrer Kinder erhalten können; 3. gestärkte Basisdemokratie, zum Beispiel durch Aufbau eines Teamdelegiertensystems in den Pflegeeinrichtungen oder auch regionale Streikdelegiertenkonferenzen; 4. Organizing-Techniken und Kampagnenarbeit, denn einerseits ist es im Vergleich zu Produktionsstreiks in Sorgeberufen schwieriger, den betrieblichen Streik als ökonomisches Druckmittel einzusetzen, ohne dabei die Klient*innen zu gefährden; andererseits geht es in den Sorgekämpfen dezidiert um gesellschaftlich relevante Forderungen – die deshalb auch in die Gesellschaft hineingetragen werden können und müssen.

3 Patriarchale gesellschaftliche und familiäre Hierarchien sind auch heute noch wirkmächtig: Die «Krankenschwestern» haben es nach wie vor mit «Göttern in Weiss» zu tun, die das Aufbegehren der Untergebenen als illegitime Anmassung einstufen. Und Frauen* haben immer noch Ehemänner*, die fragen: «Wer macht mir denn das Abendessen, wenn du zur Streikversammlung gehst?» Wie Arbeitskämpfe genderspezifisch in fami-

liäre Beziehungen eingelagert sind, wurde in der Vergangenheit zwar für männliche Streikende vielfach untersucht; es gibt aber kaum Forschungen zur Relevanz des Verhaltens von Ehemännern* auf ihre streikenden Lebenspartnerinnen*. Einschlägige Erfahrungsberichte (etwa Borzeix/Maruani 1982), Romane oder auch Biografien von Streikführerinnen* (etwa Perrot 2012) weisen nachdrücklich auf die hohe Relevanz familiärer Bindungen für streikende Frauen* hin. Nicht selten führt ein aufbrechendes politisches Engagement dazu, dass traditionelle Beziehungsstrukturen infrage gestellt oder sogar zerstört werden. Konflikte in der Erwerbssphäre sind oft eng mit parallelen Krisen und Auseinandersetzungen im Privatleben verwoben. Diese Kämpfe, Unsicherheiten und Neuorientierungen auszuhalten, dazu gehört viel Mut – beruflich wie privat.

4 Nicht zu unterschätzen ist der Einfluss, den das Gender-Stereotyp von der friedfertigen, demütigen und opferbereiten Frau (Mitscherlich 1985) auf das politische Engagement von Frauen* noch immer hat. Das sogenannte Helfersyndrom als typisches, teils religiös überformtes Berufsethos im Pflegebereich ist nicht genderneutral und müsste eher als Helferinnensyndrom bezeichnet werden. Positiv formuliert bildet die Ethik fürsorglicher Praxis (Senghaas-Knobloch 2008), das heisst die professionelle Orientierung am Wohlergehen hilfebedürftiger Klient*innen, den Kern vieler Sorgetätigkeiten. Die damit zum Teil einhergehende Zurückstellung eigener Bedürfnisse und die Bereitschaft, betriebliche Organisations- und Personalmängel individuell zu kompensieren, gilt als eines der zentralen Hemmnisse bei der Entwicklung kämpferischer Interessenpolitik im Sorgebereich, auf das gewerkschaftlich adäquat reagiert werden muss (Behruzi 2018; Nowak 2017).

5 Auch das Phänomen, dass weibliche* Revolten nicht ernst genommen oder jedenfalls als unbedenklicher eingestuft werden als männlich* geprägte Aufstände, ist nach wie vor zu beobachten. Dies lässt sich anhand von Diskursanalysen zeigen, die – deutlich unterschiedliche – Medienberichte über männliche* und weibliche* soziale Proteste untersuchen (Einwohner u. a. 2000). Die lustig-bunt streikende Erzieherin hat eine andere Aussenwirkung und erfährt ein – geschlechtsspezifisch – anderes Framing als der uniformierte Flugkapitän oder Lokführer. Eigenschaften wie Militanz, Organisiertheit und Durchsetzungsfähigkeit werden eher dem männlichen Gebaren und Geschlecht zugerechnet. Die fröhlich-kreativen Frauen mit Kind, Kegel und Luftballon sind zwar medienwirksam und illustrativ – ihre Forderungen werden aber nicht unbedingt ernst genommen.

Zusammenfassend ist also festzuhalten, dass das Geschlecht von Streikenden nicht nur den sozialen Ort prägt, an dem die Arbeitskämpfe stattfinden, sondern auch Einfluss hat auf die Zeit-, Energie- und Machtressourcen der Streikenden sowie auf Aktions-, Wahrnehmungs- und Verlaufsmuster von Streiks.

Welche Folgen haben nun aber die neuen weiblich* geprägten Streiks für die – bislang ja doch noch immer dominant maskulinisierten – Gewerkschaften? Welche Wechselwirkungen und Spannungsverhältnisse treten auf, wenn feminisierte soziale Bewegungen in einem männlich* dominierten Organisationsrahmen stattfinden? Zumindest für die Krankenhausstreiks lässt sich zunächst feststellen: Die deutsche Dienstleistungsgewerkschaft ver.di hat viele neue weibliche* Mitglieder und auch Aktivistinnen* gewonnen. Gerade der S&E-Streik von 2015 mahnt allerdings in manchen Aspekten daran, dass sich die Gewerkschaften vielleicht doch noch nicht so weit vom 19. Jahrhundert entfernt haben, wie frau gern glauben möchte: Etwa neunzig Prozent der Streikenden waren damals Frauen*, aber die Streikleitung und die Schlichtungskommission waren rein männlich* besetzt. Das alte Muster ist (zumindest manchmal) also nach wie vor intakt: Frauen* streiken, Männer* verhandeln, repräsentieren und führen an (Dribbusch 2020). Und doch gilt für die symbolische Ebene vergeschlechtlichter Deutungsmuster von Arbeitskämpfen: Das alte Bild von Frauen*, die passiv am Rand des Geschehens stehen oder allenfalls ihre streikenden Ehemänner* unterstützen, ist obsolet. Die rebellischen Erzieherinnen* und Krankenpflegerinnen* haben sich als neue Prototypen von kämpferischem Aktivismus fest im gewerkschaftlichen Bewusstsein etabliert. Es gibt eine neue Sichtbarkeit streikender Frauen* – in den Betrieben wie auf öffentlichen Plätzen. Diese korreliert mit einem deutlich gestiegenen Selbstbewusstsein. Die feminisierten Streiks sind gleichzeitig *Ausdruck* und *Quelle* des neuen weiblichen* Selbstbewusstseins – am Arbeitsmarkt, in den Gewerkschaften und in der Gesellschaft. Dies erschüttert nicht nur die gewohnten geschlechtsspezifischen Hierarchien am Arbeitsplatz und in den Gewerkschaften, sondern auch im sogenannten Privatleben und in der gesamten Gesellschaft. Frauen*streiks haben Folgen für die Herrschaftsordnung – auf materieller und symbolischer Ebene, Folgen für gewerkschaftliche, aber auch gesamtgesellschaftliche Diskurse und Geschlechterbilder, Folgen für die Lohnarbeitswelt, das sogenannte Privatleben, aber auch für die Selbstbilder und die Selbstwahrnehmung der beteiligten Frauen*. Streiks ermöglichen es ihnen, sich als handelnde Subjekte zu erleben, Selbstwirksamkeit zu erfahren, gesellschaftlichen Einfluss auszuüben, hinzuzulernen, ihr Bewusstsein zu entwickeln und zu erweitern, Solidarität und Kollektivität zu üben und zu erfahren, dass sich gemeinsam etwas bewegen, dass sich Gesellschaft kollektiv verändern lässt. Das tut gut. In diesem Sinne: Heraus zum Frauen*streik – nicht nur am 14. Juni oder am 8. März!

Anmerkungen

1 In den 1960er-Jahren lag die Frauen*erwerbstätigenquote in Westdeutschland noch unter fünfzig Prozent. Sie ist zwischen 2007 und 2017 von 66,7 Prozent auf 75,2 Prozent deutlich gestiegen (Destatis 2018a), liegt jedoch immer noch etwas unter der Männer*erwerbstätigenquote (83 Prozent).

Literatur

Artus, Ingrid, 2019: Frauen*streik! Zur Feminisierung von Arbeitskämpfen. Analysen der Rosa Luxemburg Stiftung Nr.54. Berlin. www.rosalux.de/fileadmin/rls_uploads/pdfs/Analysen/Analysen54_FrauenStreik.pdf (Abfrage 20.1.2010)

Artus, Ingrid / Birke, Peter / Kerber-Clasen, Stefan / Menz, Wolfgang (Hg.), 2017: Sorge-Kämpfe. Auseinandersetzungen um Arbeit in sozialen Dienstleistungen. Hamburg

Behruzi, Daniel, 2018: Kampfmethode Ultimatum. Von disziplinierender Kollegialität zu widerspenstiger Solidarität – Fallbeispiele aus dem Gesundheitswesen. In: Industrielle Beziehungen, 25(4), 469–494

Boll, Friedhelm, 2003: Streik und Aussperrung. In: Schroeder, Wolfgang / Wessels, Bernhard (Hg.): Die Gewerkschaften in Politik und Gesellschaft der Bundesrepublik Deutschland. Wiesbaden, 478–507

Borzeix, Anni / Maruani, Margaret, 1982: Le temps des chemises. La grève qu'elles gardent au cœur. Paris

Braeg, Dieter (Hg.), 2012: «Wilder Streik. Das ist Revolution». Der Streik der Arbeiterinnen bei Pierburg in Neuss 1973. Berlin

Cohen, Sheila, 2012: Equal pay – or what? Economics, politics and the 1968 Ford sewing machinists' strike. In: Labor History, Heft 53(1), 51–68

Destatis, 2018a: Erwerbstätigkeit von Frauen. Deutschland mit dritthöchster Quote in der EU. www.destatis.de/Europa/DE/Thema/BevoelkerungSoziales/Arbeitsmarkt/ArbeitsmarktFrauen.html (Abfrage 20.1.2020)

Destatis, 2018b: Arbeitsmarkt auf einen Blick. Deutschland und Europa. www.destatis.de/DE/Publikationen/Thematisch/Arbeitsmarkt/Erwerbstaetige/Broeschuere-ArbeitsmarktBlick0010022189004.pdf?__blob=publicationFile (Abfrage 20.1.2020)

Dribbusch, Heiner, 2018: Das Einfache, das so schwer zu zählen ist. Probleme der Streikstatistik in der Bundesrepublik Deutschland (und Europa). In: Industrielle Beziehungen, Heft 25(3), 301–319

Dribbusch, Heiner, 2020 (im Erscheinen): Streikende Frauen in der Bundesrepublik. Geschichte einer Sichtbarwerdung. In: Artus, Ingrid / Bennewitz, Nadja / Henninger, Annette / Holland, Judith / Kerber-Clasen, Stefan (Hg.): Arbeitskonflikte und Gender (Arbeitstitel). Münster

Einwohner, Rachel L. / Hollander, Jocelyn A. / Olson, Toska, 2000: Engendering Social Movements. Cultural images and movement dynamics. In: Gender & Society, Heft 14(5), 679–699

Hausmann, Ann-Christin / Kleinert, Corinne, 2014: Männer- und Frauendomänen kaum verändert. Berufliche Segregation auf dem Arbeitsmarkt. IAB-Kurzbericht 9/2014. doku.iab.de/kurzber/2014/kb0914.pdf (Abfrage 20.1.2020)

Kiechle, Brigitte, 2019: Frauen*streik. «Die Welt steht still, wenn wir die Arbeit niederlegen.» Stuttgart

Kutlu, Yalcin, 2013: Partizipative Streikführung. Der Erzieherinnenstreik. In: Schmalz, Stefan / Dörre, Klaus (Hg.): Comeback der Gewerkschaften? Machtressourcen, innovative Praktiken, internationale Perspektiven. Frankfurt, 226–241

Mitscherlich, Margarete, 1985: Die friedfertige Frau. Eine psychoanalytische Untersuchung zur Aggression der Geschlechter. Frankfurt a. M.

Nachtwey, Oliver / Wolf, Luigi, 2013: Strategisches Handlungsvermögen und gewerkschaftliche Erneuerung im Dienstleistungssektor. In: Schmalz, Stefan / Dörre, Klaus (Hg.): Comeback der Gewerkschaften? Machtressourcen, innovative Praktiken, internationale Perspektiven. Frankfurt a. M., 179–198

Notz, Gisela, 1994: Den Aufstand wagen. In: Beiträge zur feministischen Theorie und Praxis 36. FrauenStreik Streitfragen, 23–33

Notz, Gisela, 2020 (im Erscheinen): Die Geschichten von Frauenstreiks und streikenden Frauen. In: Artus, Ingrid / Bennewitz, Nadja / Henninger, Annette / Holland, Judith / Kerber-Clasen, Stefan (Hg.): Arbeitskonflikte und Gender (Arbeitstitel). Münster

Nowak, Iris, 2017: Perspektiven von Arbeitskonflikten in der Altenpflege. In: Artus, Ingrid / Birke, Peter / Kerber-Clasen, Stefan / Menz, Wolfgang (Hg.), 2017: Sorge-Kämpfe. Auseinandersetzungen um Arbeit in sozialen Dienstleistungen. Hamburg, 182–199

Offen, Karen, 2000: European Feminisms 1700–1950. A political history. Stanford

Perrot, Michelle, 2012: Mélancholie ouvrière. «Je suis entrée comme apprentice, j'avais alors douze ans …» Lucie Baud, 1908. Paris

Senghaas-Knobloch, Eva, 2008: Care-Arbeit und das Ethos fürsorglicher Praxis unter neuen Marktbedingungen am Beispiel der Pflegepraxis. In: Berliner Journal für Soziologie 2, 221–243

Winker, Gabriele, 2015: Care Revolution. Schritte in eine solidarische Gesellschaft. Bielefeld

Wolf, Luigi, 2017: «Mehr von uns ist besser für alle!» Die Streiks an der Berliner Charité und ihre Bedeutung für die Aufwertung von Care-Arbeit. In: Fried, Barbara / Schurian, Hanna (Hg.): Umcare. Gesundheit und Pflege neu organisieren. Hg. von der Rosa-Luxemburg-Stiftung, Materialien 13, 2. Auflage. Berlin, 23–31 www.rosalux.de/fileadmin/rls_uploads/pdfs/Materialien/Materialien13_UmCare_web.pdf (Abfrage 20.1.2020)

Gastrakollektiv Zürich und Luzern[a]

Kein Schlaraffenland

«Wir haben's satt, räumt selber ab!»,
«Ist dein Chef ein dummer Wixer,
mach ihn fertig mit dem Mixer!»,
«Bist du ein Macker, mach dich vom Acker!»

Das Gastrakollektiv fand sich drei Wochen vor dem feministischen Streik am 14. Juni 2019 zusammen und organisierte kurzfristig einen Demoblock für FINT, die in der Gastronomie[1] arbeiten. Die knappen Vorbereitungen liefen in kleinem Rahmen ab und mit nur wenig gegenseitiger Absprache. Zu unserer Überraschung war dann aber an der Demo im Block die Hölle los. Die teilweise ziemlich deftigen Parolen wurden rundherum mit Begeisterung aufgenommen. Sie wurden geschrieben aus Wut über schlechte Arbeitsbedingungen, Herabwürdigung und sexualisierte Belästigung, und trafen damit ins Schwarze. Seither bleibt kein Zweifel, dass die Zeit reif ist für eine autonome Organisierung der Gastro.

Das Gastgewerbe der Schweiz stützt sich laut Bundesamt für Statistik derzeit auf die Arbeit von etwa einer Viertelmillion Menschen, die Mehrheit davon sind Frauen (BFS 2019a). Es hat von allen Wirtschaftszweigen die höchste Arbeitslosenquote (BFS 2019b) und die Reallöhne sind momentan rückläufig beziehungsweise im letzten Jahrzehnt kaum gestiegen (BFS 2019c). Sein Gesamtarbeitsvertrag, der L-GAV, legt seit 2019 einen Mindestlohn fest, der für Ungelernte 3470 Franken beträgt und für Gelernte 4195. Das sind pro

a Wer mit dem Gastrakollektiv Kontakt aufnehmen möchte, kann dies tun unter der E-Mail-Adresse gastro-frauenstreik@immerda.ch oder auf Instagram @gastra.kollektiv.

Stunde 19,07 beziehungsweise 23,05 Franken. Die Arbeitszeit ist darin so lose geregelt, dass Zwölf-Stunden-Schichten und mehr kein Problem sind. Die Arbeitenden haben Anspruch auf zwei Ruhetage pro Woche, doch ist es gleichzeitig ausdrücklich erlaubt, sie sieben Tage am Stück arbeiten zu lassen. Es ist auch möglich, die Ruhetage zusammenzulegen, sodass viel mehr als sieben Arbeitstage am Stück entstehen können. Die Kündigungsfrist beträgt einen Monat, nach sechs Jahren steigt sie auf zwei Monate (Kontrollstelle L-GAV, 2019a). Zusammengefasst kann von den Arbeitenden also zu einem sehr geringen Lohn eine sehr hohe zeitliche Flexibilität und Verfügbarkeit verlangt werden, beziehungsweise dass sie durch ihre schlechten und unsicheren Arbeitsverhältnisse die Geschäftsrisiken abfangen. Niemand kann solche Rahmenbedingungen als fair bezeichnen.

Gründe, um dennoch in der Gastro zu arbeiten, gibt es aber viele, und so ist es wahrscheinlich der sozial diverseste Wirtschaftszweig der Schweiz. Hier arbeiten alle Risikogruppen des Prekariats: Frauen, Migrant*innen, junge Menschen, Alleinerziehende, Ungelernte und Personen, deren Ausbildung nicht anerkannt ist, Studierende, Quereinsteiger*innen, Kreative et cetera. Ein Grund für die Diversität ist der niederschwellige Jobeinstieg. Im Service kann gutes Aussehen schon reichen. Als sogenannte Hilfskraft beschränken sich die Anforderungen praktisch darauf, dass man die schlechtest möglichen Arbeitsbedingungen akzeptiert. Kurzfristige Jobber*innen und die Saisonalität der Branche sorgen für eine hohe Fluktuation und so sind ständig Stellenangebote verfügbar. Die Zerstückelung der Pensen in Stundenarbeit eröffnet zeitliche Nischen, in die man zusätzliche Lohnstunden neben andere Verpflichtungen schieben kann. Doch das heisst nicht, dass sich die Arbeit mit diesen Verpflichtungen, zum Beispiel das Sorgen für ein Kind, gut verträgt, denn es bedeutet auch Arbeit auf Abruf, nicht nutzbare Zimmerstunden und schwankendes Einkommen. Zusammenfassend kann man sagen, dass die Gastro, ähnlich wie das Reinigungswesen oder der Detailhandel, für Menschen in einer schwierigen finanziellen Lage ein ziemlich instabiler Notanker ist, aber immerhin ein Notanker.

Das Problem mit dem Gesamtarbeitsvertrag

Die Sozialpartner haben den seit 1998 allgemeingültigen Landes-Gesamtarbeitsvertrag (L-GAV) miteinander ausgehandelt. Das sind auf der einen Seite die Vertreter*innen der Besitzenden, die Arbeitgeberverbände GastroSuisse, HotellerieSuisse und Swiss Catering Association (SCA). Auf der anderen Seite vertreten die Gewerkschaften Unia und Syna die Arbeitenden.

Dazu kommt die den Unternehmen nahestehende Hotel & Gastro Union (HGU), die aber nur schwerlich als Arbeitendenvetretung gelten kann. Sie alle verkaufen den Lohnabhängigen das Abkommen als Erfolg. «Der L-GAV macht die Branche zum ‹Herrn im eigenen Haus›, da er von internen Experten erarbeitet und von der Basis beschlossen wurde. Das Gastgewerbe hat seine eigenen Spielregeln festgelegt und dafür gesorgt, dass fairer Wettbewerb unter den Anbietern gastgewerblicher Leistungen entsteht», heisst es im Argumentarium auf der Website (Kontrollstelle L-GAV, 2019b). Von der «Basis» der Arbeitenden sind 84 Prozent unorganisiert – die Behauptung, sie hätten den L-GAV beschlossen, muss wohl als glatte Lüge bezeichnet werden. Die Kontrollstelle für den L-GAV untersteht der paritätischen Aufsichtskommission, die bei genauer Betrachtung doch nicht so paritätisch ist: Die HGU stellt für die Arbeitendenvertretung doppelt so viele Kommissionsmitglieder wie die Gewerkschaften, und der sogenannte neutrale Obmann sass vor seiner Wahl für die SCA als Besitzendenvertretung in der Kommission. Lohnabhängige zahlen jährlich 18 Millionen Franken obligatorische Beiträge. Statt in die Vertragskontrolle fliesst aber das meiste Geld in die Berufsbildung, die vor allem die zukünftigen Kader im Sinne der spiessbürgerlichen Wirtschaftlichkeit erzieht. Es werden ausserdem jedes Jahr finanzielle Überschüsse erzielt, die sich als Rückstellungen für die Aus- und Weiterbildung mittlerweile auf etwa zwanzig Millionen Franken belaufen (Kontrollstelle L-GAV, 2019c).

Für die Besitzenden ist der L-GAV vor allem ein Mittel, um die Konkurrenz untereinander zu kontrollieren. So können sie ihren eigenen Dumpinglöhnen Grenzen setzen. Das lässt sich auch auf der Website nachlesen, wo ein Unternehmer beispielsweise meint: «Bessere Anstellungsbedingungen im Gastgewerbe führen zu Qualitäts- und Produktivitätssteigerung, die dem Hotelier erlauben, seinen Betrieb wirtschaftlicher zu organisieren. Der L-GAV schafft klare und faire Bedingungen für die gesamte Branche und verhindert damit unnötige Wettbewerbsverzerrungen.» (Kontrollstelle L-GAV, 2019d) Die Gewerkschaften hingegen sind für ihre Position in der Sache kaum zu beneiden. Einerseits müssen sie als Feigenblatt herhalten, um den Anschein zu geben, die Arbeitenden hätten im Tauziehen der Besitzenden etwas mitzureden. Andererseits wollen sie auch in eigener Sache den L-GAV als Erfolg darstellen. Sie verschleiern damit die Tatsache, dass die Seite der Arbeitenden wesentlich von der unternehmensfreundlichen HGU dominiert wird, und daher die ganze L-GAV-Institution eine Neigung zur Seite der Besitzenden hat. Die Lohnabhängigen ihrerseits werden verpflichtet, die politische Gestaltung des Gastgewerbes und seiner Bildungsinstitutionen im Sinne der

Besitzenden finanziell zu tragen, und im Gegenzug bekommen sie Minimalstandards, die einen halben Schritt weit entfernt sind von der Lohnsklaverei. Die Gewerkschaften tragen viel zur Glaubwürdigkeit des L-GAVs bei, die er eigentlich nicht verdient.

Wie die Gastro in die kapitalistische Produktionsweise gequetscht wird

Eine Studie von Arbeitsmarktbehörden und Gastro-Branchenverbänden gibt Aufschluss über die politische Einordnung der Gastronomie durch das Bürgertum. Die Verfasser*innen bringen nämlich ihre gesamte Auffassung davon in diesen einen Satz: «Beim Gastgewerbe handelt es sich um eine der wenigen Branchen, die noch einen vergleichsweise grossen Teil an Tätigkeiten mit geringem Qualifikationsniveau anbietet. Dadurch, dass viele Hilfskräfte hier Arbeit finden, übernimmt das Gastgewerbe eine wichtige Funktion auf dem Arbeitsmarkt.» (AMOSA 2005, 7) Die Gastronomie wird also vor allem als Auffangbecken betrachtet für diejenigen, die den liberalen Wettbewerb «verlieren» (bzw. zu wenig bedienen). Das ist zynisch und verkennt die Bedeutung der Gastro als Reproduktion, die für die Gesellschaft fundamental ist. Jede Person muss sich verpflegen, indem sie sich über Mittag ein Sandwich holt oder in einer Kantine isst. Jede Person muss sich in ihrer «Freizeit» erholen, indem sie mit Freund*innen ausgeht oder mit der Familie wegfährt (wobei kommerzielle Formen der Reproduktion nicht allen zugänglich sind). Die Anerkennung dieser Tatsache müsste dazu führen, dass nicht nur der Branche ein höherer Stellenwert, sondern auch Lohnarbeitenden mehr Zugeständnisse eingeräumt werden.

Als kapitalistisch organisierter Wirtschaftszweig muss das Gastgewerbe hauptsächlich Profit abwerfen. Das funktioniert aber bei Dienstleistungen nicht so gut wie in Branchen, in denen die Produktivität durch Technologie gesteigert werden kann, also kann der Profit eigentlich nur durch das Drücken der Personalkosten gesteigert werden. Wenn der oben zitierte Unternehmer sagt, dass bessere Anstellungsbedingungen zu einer Produktivitätssteigerung führen, dann meint er, dass die Arbeitenden durch Anreize motiviert werden sollen, mehr zu arbeiten für den gleichen Lohn, und das nennt er dann «wirtschaftlich».

Der Blick von unten

Die unbequeme Position zwischen politischer Abwertung und zäh ausgepresstem Profit führt zu unsinnigen und widersprüchlichen Geschichten über das Gastgewerbe. Es werfe nicht genug Gewinn ab, um höhere Löhne zu zahlen. Die Löhne seien aber trotzdem fair, weil die Arbeit wenig Qualifikation voraussetze. Die Konsumierenden seien zunehmend «kostenbewusst», deswegen (und nicht wegen Konkurrenz) würden die Preise und Einnahmen sinken. Die Konsumierenden stünden im Zentrum der Branche und könnten durch Nachfrage das Angebot steuern. Für niedrigverdienende oder erwerbslose Personen sei der Restaurantbesuch hingegen ein unnötiger «Luxus», weil man diese Leistung auch (praktisch gratis, angeblich) «privat» organisieren könne (traditionellerweise bekanntlich durch Gratis-Hausarbeit von Frauen). Auch Trinkgeld als «verdienter Bonus» gehört zu diesen Geschichten. So betrachtet, wird es schnell zu einem Mittel zu Beurteilung, Druck, Bestechung et cetera. Es hat aber leider nichts mit Freiwilligkeit oder Nettigkeit zu tun, sondern ist für die Arbeitenden ein unverzichtbarer Anteil ihres Einkommens. Damit ist es ein System zur Quersubventionierung der tiefen Löhne, mit deren Hilfe sich Besitzende aus der Verantwortung stehlen. Diese und andere Geschichten führen im alltäglichen Betrieb oft zu Missverständnissen und Unzufriedenheiten unter allen Beteiligten.

Doch die Organisierung der Arbeitenden des Gastgewerbes ist eine grosse Herausforderung. Die Gewerkschaften versuchen es gar nicht erst, weil die Betriebslandschaft zu zerstückelt sei. Die Anliegen und Schwierigkeiten zeigen sich bei jeder arbeitenden Person anders. Die Bäckerlernende hat überhaupt nicht dieselben Probleme wie die Barfrau. Es macht uns nicht nur unsere finanzielle Situation das Leben schwer, sondern auch die Chefs, Mitarbeitenden und Konsumierenden, die aber manchmal auch unsere Freunde sind, mit denen wir es uns nicht verscherzen wollen. Sozusagen am Tresen der sozialen Trennlinien kriegen wir den ganzen Müll der Gesellschaft aufgeladen: Klassismus, Rassismus, Sexismus. Oder um es feministisch zu sagen: Unser Problem ist unendlich intersektional. Will man die Gastro aus dem Dreck ziehen, hängt unten dran also noch das gesamte verkorkste Schlamassel der kapitalistischen Produktionsweise. Na dann Prost.

Am Anfang steht der Erfahrungsaustausch

Als sich das Gastrakollektiv das erste Mal traf, merkten wir schnell, dass uns vor allem der Überdruss am Sexismus zusammengeführt hatte, der uns an jedem Arbeitstag zu nahe tritt. Diese Erfahrungen für sich zu behalten, wird in den meisten Gastrobetrieben als selbstverständlich erwartet. All die Herrschaftsverhältnisse unserer Gesellschaft, zwischen Frauen und Männern, trans- und cis-Identitäten, verschiedenen Sprachen et cetera, wir werden jeden Tag in sie hineingezogen, beispielsweise wenn von uns erwartet wird, dass wir über einen Witz lachen. Gäste können uns gegen unseren Willen zu einer sozialen Konstante in ihrem Leben machen, weil sie bestimmen, wann und wie oft man sich sieht. Unsere Freundlichkeit wird als Flirten verstanden, und unsere Distanziertheit als Taktik, sich interessant zu machen. Wenn wir an einem Ort mit viel Laufkundschaft arbeiten, dann nehmen viele Kund*innen dies als Gelegenheit wahr, ein bisschen emotionalen Ballast loszuwerden. Wir müssen ununterbrochen aufmerksam, freundlich und bescheiden sein, während die Gäste tun und lassen können, was sie wollen. Es sind viele soziale Fähigkeiten gefragt bei unserer Arbeit, und es ist ermüdend, dass sie nicht anerkannt und trotzdem vorausgesetzt werden.

Es ist aber ermutigend, sich in Erinnerung zu rufen, dass viele dieser Themen im gesamten Dienstleistungssektor anschlussfähig sind, und dass das Mobilisierungspotenzial über die Gastro als Begegnungsbereich gross ist. Wenn Gastroarbeitende sich entscheiden, über ein Thema zu reden, dann haben sie die Möglichkeit dazu wie nur wenig andere. In einem Restaurantbetrieb beispielsweise laufen die Fäden zahlreicher Berufe zusammen: Nahrungsmittelproduktion, Logistik, Design et cetera. Es ergeben sich jeden Tag unzählige und oftmals sehr persönliche Begegnungen mit Konsumierenden. Viele von ihnen möchten Gastro nicht nur als Konsum, sondern als soziales Zusammentreffen in Anspruch nehmen. Deshalb interessieren auch sie sich potenziell für gute Arbeitsbedingungen und ein hierarchiefreies soziales Klima an diesen Orten.

Wegen der betrieblichen und personellen Diversität kann es aber keine Standardmethode für diese Konfrontation geben. Allein die verschiedenen Angebote und Standorte ermöglichen beziehungsweise erfordern unterschiedliche Fragestellungen und Herangehensweisen. Was sich aber bereits an diesem frühen Punkt einer Selbstorganisierung abzeichnet, ist, dass die sehr ausgeprägte Spaltung unter den Arbeitenden im Gastgewerbe Aufmerksamkeit verdient. Die vielstufige Einteilung in höher- und minderwertige Angestellte passiert nicht nur innerhalb von Betrieben, sondern auch zwischen verschiedenen Gastrosparten. Sie ist stark institutionalisiert und traditionalisiert. Manche Arbeitende haben Angst vor ihren Vorgesetzten, wiederum andere identifizieren sich so sehr mit dem Lohnbetrieb, dass sie jegliche Missstände als legitim betrachten. In aller Regel aber ist der Widerstand für jene mit den problematischsten Arbeitsbedingungen am schwierigsten. Es ist eine dringende Herausforderung, die Hindernisse aus dem Weg zu räumen, die sie von der Teilnahme an einer Organisierung abhalten.

Solidarische Kleinbetriebe können die basisgewerkschaftliche Organisierung der Arbeitenden unterstützen. Sie können betriebliche Strukturen zur Verfügung stellen für politische Arbeit und Plattformen bieten, beispielsweise für die Verbreitung von Kampagnen. Ausserdem können sie Personen einstellen, die aufgrund ihres politischen Aktivismus die eigene Anstellung gefährden oder verlieren, und damit helfen, ein solidarisches Netzwerk aufzubauen. Sie können Personen ohne Deutschkenntnisse oder Gastroausbildung die Möglichkeit bieten, die Sprach- und Gastrocrashkurse der vom L-GAV subventionierten Berufsbildung zu nutzen. Sie können intern alle Löhne offenlegen und damit eine Diskussion über Bezahlung und interne Hierarchiestrukturen initiieren.

FINT, die daran gehindert werden, ihre spezifischen Anliegen auf den Tisch zu bringen, können ihre Vorgesetzten beispielsweise daran erinnern, dass der Betrieb den Arbeitenden gegenüber eine gesetzlich verankerte Fürsorgepflicht hat (Art. 328 OR). Diese besagt, dass die Persönlichkeit der Arbeitenden geschützt werden muss, und dazu zählen körperliche und geistige Integrität, aber auch die Privatsphäre, die Meinungsäusserungsfreiheit und die Freiheit der gewerkschaftlichen Organisation. Ausserdem gibt es das Gleichstellungsgesetz (SR 151.1), welches Diskriminierung aufgrund des Geschlechts verbietet. Letztlich können wir uns aber nur wehren, wenn wir viele sind, die einander unterstützen.

Deshalb führt kein Weg an der kollektiven Selbstorganisierung von uns Arbeitenden vorbei. Gemeinsam ist es sehr viel einfacher, sich Kenntnisse über die eigenen Rechte am Arbeitsplatz und nützliches Allgemeinwissen anzueignen. Wir müssen uns wirklich nicht länger das unsinnige Geheule der Besitzenden über gleichzeitige Arbeitslosigkeit und «Fachkräftemangel» anhören. Sie sollen endlich begreifen, dass niemand Bock auf den Brei hat, den sie verdorben haben. Wann war das eigentlich, als sie uns davon überzeugen konnten, dass ihre Interessen auch die unseren sind? Es gäbe viele mögliche Forderungen an den L-GAV (nebst denen, die die Gewerkschaften seit je einbringen), wie zum Beispiel obligatorische Schulungen zu Bekämpfung von Sexismus und sexualisierter Belästigung oder bezahlte Stellenprozente für die Vertretung der Arbeitendeninteressen in jedem Betrieb. Dass wir Arbeitenden über die Verwendung der Kommissionsüberschüsse entscheiden können, ist ja wohl das Mindeste. Und wenn unsere Stimmen im L-GAV keinen Platz finden, dann müssen wir anfangen, laut über die Aufkündigung des Arbeitsfriedens nachzudenken.

Kollektive wie das Gastrakollektiv können der Anfang einer Perspektive sein, die die Autorität der Besitzenden untergräbt. Gastro aus Sicht von unten populär zu machen, kann vermeintlich unlösbare Probleme von einer anderen Seite beleuchten und beispielsweise auch den Konsumierenden verständlich machen, wie sie uns unterstützen können, statt uns Steine in den Weg zu legen. Es muss erlaubt sein, über Herrschaftsverhältnisse im Team und auch mit den Konsumierenden zu sprechen, damit es einen Wandel von einem hierarchischen Dienstboten- zu einem gleichberechtigten Austauschverhältnis geben kann. Der Erfahrungsaustausch kann am Anfang der Gruppenbildung im Vordergrund stehen und eine Grundlage für Solidarität herstellen. Und dann können wir uns mindestens so viele Widerstandsformen ausdenken, wie wir Arbeitsweisen haben. Eine zerstückelte Betriebslandschaft kann auch eine Stärke sein, weil wir uns zerstreuen können wie Sand im Getriebe.

Anmerkung

1 Gastgewerbe, Gastro und Gastronomie werden hier synonym verwendet für das Geschäft mit Verpflegung, Beherbergung und Ausgang.

Literatur

AMOSA (Arbeitsmarktbeobachtung Ostschweiz, Aargau und Zug), 2005: Der Arbeitsmarkt im Gastgewerbe. Schlussbericht. www.amosa.net/projekte/gastgewerbe (Abfrage 10.1.2020)

Bundesamt für Statistik, 2019a: Erwerbstätige (Inlandkonzept) nach Wirtschaftssektoren und Wirtschaftsabschnitten. www.bfs.admin.ch/bfs/de/home/statistiken/arbeit-erwerb/erhebungen/ets.assetdetail.11287196.html (Abfrage 10.1.2020)

Bundesamt für Statistik, 2019b: Die Lage auf dem Arbeitsmarkt im November 2019. www.bfs.admin.ch/bfs/de/home/statistiken/arbeit-erwerb/erwerbslosigkeit-unterbeschaeftigung-offene-stellen.gnpdetail.2019-0133.html (Abfrage 10.1.2020)

Bundesamt für Statistik, 2019c: Schweizerischer Lohnindex. Index und Veränderung auf der Basis 2010 = 100 (NOGA08). www.bfs.admin.ch/bfs/de/home/statistiken/kataloge-datenbanken/tabellen.assetdetail.8046226.html (Abfrage 10.1.2020)

Kontrollstelle für den L-GAV des Gastgewerbes, 2019a: Landes-Gesamtarbeitsvertrag des Gastgewerbes. www.l-gav.ch/vertrag-aktuell (Abfrage 10.1.2020)

Kontrollstelle für den L-GAV des Gastgewerbes, 2019b: Argumentarium. www.l-gav.ch/l-gav-gut-fuer-alle/argumente-fuer-den-l-gav (Abfrage 10.1.2020)

Kontrollstelle für den L-GAV des Gastgewerbes, 2019c: Geschäftsbericht 2018. www.l-gav.ch/downloads-1/geschaeftsberichte (Abfrage 10.1.2020)

Kontrollstelle für den L-GAV des Gastgewerbes, 2019d: Stimmen zum L-GAV. www.l-gav.ch/l-gav-gut-fuer-alle/stimmen-zum-l-gav/statements (Abfrage 10.1.2020)

Anne Rubin / Samuel Burri

Wie man in Frauenbranchen organisiert

Unia handelt in der kollektiven Gewerkschaftsarbeit nach zwei grundlegenden Konzepten. In Branchen, wo aufgrund eines vorliegenden Gesamtarbeitsvertrages (GAV) oder der konkreten politischen Auseinandersetzungen der Zutritt in die Betriebe gewährleistet ist, arbeiten wir in die Breite, mit dem Ziel, möglichst viele MitarbeiterInnen über die betrieblichen Grenzen hinaus zu mobilisieren. Im Detailhandel ist dies zum Beispiel der Fall, wenn sich in Bern 200 VerkäuferInnen am Frauenstreiktag 2019 am eindrücklichen Walk Out beteiligen, im grossen Tessiner Outlet-Center Fox Town mit 160 Läden der GAV zusammen mit den mehrheitlich weiblichen Mitglieder erneuert oder in Nyon dank einer vorbildlichen Mobilisierung der VerkäuferInnen die Ausdehnung der Ladenöffnungszeiten verhindert wird. Andererseits arbeiten wir in die Tiefe mit Betriebsgruppen in «geschlossenen» Betrieben, zum Beispiel in der Langzeitpflege. Ziel ist die Etablierung gewerkschaftlicher Strukturen, indem die Beschäftigten anhand kollektiver betrieblicher Themen in ihrem Betrieb eine Kampagne führen, um ihre Anliegen durchzusetzen. Selbstverständlich lassen sich gewerkschaftliche Methoden und Strategien nicht immer trennscharf abgrenzen; so sind im Rahmen von Betriebs- oder Branchenkampagnen Mischformen zwischen Arbeit in der Breite und Aufbau in die Tiefe durchaus möglich.

Walk Out in der Marktgasse, Bern, 14. Juni 2019

Die spektakulärste Streikaktion im Detailhandel am Frauenstreik 2019 fand an der Marktgasse in Bern statt. In dieser Einkaufsstrasse im Herzen von Bern gingen um elf Uhr 200 Verkäuferinnen auf die Strasse und bildeten eine Menschenkette. Diese Frauen trugen ein hundert Meter langes Banner mit

Forderungen wie keine Sonntagsarbeit, keine noch längeren Ladenöffnungszeiten, längerer Elternurlaub oder endlich rauf mit den Löhnen! Wie ist es zu dieser aussergewöhnlichen Aktion in einer Branche gekommen, die sich aus einer Vielzahl von verständlichen Gründen oft nur schwer mobilisieren lässt? Durch einen langen, systematischen und graduellen Aufbau entstanden Vertrauen und Mut, an diesem speziellen Tag für Frauen mitzumachen.

Während über drei Monaten waren die Gewerkschaften sechs Mal in jedem Laden und es wurde mit allen gesprochen. Wenn eine Verkäuferin am Morgen nicht gearbeitet hat, ist die Gewerkschaftssekretärin am Nachmittag zurückgekommen. Die Besuche haben schon am 8. März, am internationalen Frauentag, begonnen, an dem die GewerkschafterInnen Schokolade und Flyer zum Frauenstreik abgegeben haben. Dann wurden sehr viele längere freie Gespräche geführt, wo zunächst die Situation der Betroffenen erfragt wurde. Es war eine Gelegenheit, die individuellen Situationen der Verkäuferinnen und ihrer Filialleiterinnen (diese waren immer in den ganzen Prozess einbezogen) sowie die gemeinsamen Problematiken zu identifizieren und sich gegenseitig besser kennenzulernen. Der Einbezug und die Beteiligung der Filialleiterinnen ist ein wichtiger Erfolgsfaktor für die gewerkschaftliche Arbeit im Detailhandel. Dann folgten die klassischen Phasen der Sensibilisierung, Identifizierung, Mobilisierung und Durchsetzung. Zuerst wurde mit allen abgeklärt, ob eine Bereitschaft besteht, eine Aktion mit ihren Anliegen im Zentrum in der Marktgasse durchzuführen. Bereits dabei wurde die Idee einer fünf Minuten dauernden Menschenkette lanciert. In der zweiten Phase wurde informiert, dass die grosse Mehrheit der Läden in der Marktgasse bereit war, bei der Aktion mitzuziehen. Die Aktion sollte Spass machen und die Gelegenheit bieten, die Themen der Verkäuferinnen an diesem Tag sichtbar zu machen. Es wurde gefragt, welche Anliegen auf einem Riesen-Transparent stehen sollten, ohne ihre Arbeitgeber direkt anzugreifen. In der dritten Phase der Mobilisierung stand die genaue Planung und Verbindlichkeit im Vordergrund. Die Themen der anderen Kolleginnen wurden mitgeteilt: Respekt für ihre Arbeit, Anerkennung der Branche, bessere Löhne und mehr Verständnis durch die KundInnen. Aber es musste für alle Verkäuferinnen klar sein, dass es die Beteiligung von allen brauchen würde, um diese Themen deutlich zu machen. Deshalb wurden Listen geführt mit genauen Angaben, wer arbeitet wann, Telefonnummern et cetera. Die Filialleiterinnen, die die Planung machen, waren besonders einbezogen. In der vierten Phase, in der Woche des Frauenstreiks, war das Thema überall präsent.

Am Frauenstreiktag selbst herrschte schon überall in der Stadt eine ganz spezielle Stimmung: Dieser Tag würde anders. Zwei GewerkschaftssekretärInnen sind nochmals am Morgen durch die Läden gegangen: Die Stimmung war so gut, dass einige Verkäuferinnen noch im letzten Moment gekippt sind und mitgemacht haben. Und so fand der grösste Walk Out von Verkäuferinnen in der Schweiz statt. Nach dem Frauenstreik waren die GewerkschaftssekretärInnen zuerst enttäuscht. Trotz der machtvollen Aktion und der positiven kollektiven Erfahrung wollten sich nur einige Frauen bei der Gewerkschaft organisieren. Aber jetzt, einige Monate später und mit einer drohenden Erweiterung der Ladenöffnungszeiten im Kanton Bern, hat sich die Stimmung wieder verändert. Die Gewerkschaft ist in der Marktgasse willkommen: Frau kennt sich und weiss, dass gemeinsam etwas zu bewegen ist. Die Bereitschaft, sich zu aktivieren und auch Mitglied zu werden, ist da. Dank der beharrlichen Mobilisierung und des Walk Out am Frauenstreik.

Foxtown: ein breit verankerter GAV

Der Gesamtarbeitsvertrag (GAV) des Einkaufszentrums Fox Town in Mendrisio mit 1200 unterstellten Angestellten ist Ende 2019 mit bedeutenden Fortschritten – insbesondere für die Frauen – erneuert worden. Der symbolisch wichtigste ist der Kündigungsschutz während zwölf Monaten nach der Geburt. Diese Forderung ist direkt aus dem Frauenstreik hervorgegangen, der in der Region, dem Mendrisiotto, stark mobilisiert hat. Angesichts der Tatsache, dass in der Schweiz einer von zehn Frauen nach der Mutterschaft gekündigt wird, ist dies ein wesentlicher Schritt für siebzig bis achtzig Prozent der vorwiegend weiblichen Belegschaft. Der GAV verbietet neu auch Dienste von weniger als vier Stunden, schützt Angestellte mit mehr als fünfzig Alters- und fünfzehn Dienstjahren vor der Kündigung und verlängert den bezahlten Mutterschaftsurlaub von sechzehn Wochen um sechs nicht bezahlte Wochen, die auch von Vätern bezogen werden können. Das sind allesamt Massnahmen, welche die Vereinbarkeit von Arbeit und Privatleben verbessern und aus einer Umfrage und regelmässigen Diskussionen mit den Mitgliedern resultierten. Diese Fortschritte waren nur möglich, da es gelang, 75 Prozent des Personals gewerkschaftlich zu organisieren.

Dies ist das Ergebnis der langjährigen gewerkschaftlichen Präsenz im Betrieb, in dem die GewerkschafterInnen einen Raum für Partizipation geschaffen haben. Den konstanten Kern des Betriebskollektivs bilden rund dreissig politisch und gewerkschaftlich ausgebildete Vertrauensleute, welche die Verbindung zu ihren KollegInnen im Betrieb täglich herstellen. Eine Verkäuferin oder ein Verkäufer nimmt systematisch in der Verhandlungsdelegation Einsitz, was die Verankerung der Anliegen in der betrieblichen Realität sicherstellt und zu Ergebnissen führt, welche den Arbeitsalltag der VerkäuferInnen spürbar verbessern. Die Personalversammlungen finden jeweils um neun Uhr morgens vor der Öffnung des Einkaufszentrums statt, um einem Maximum an Frauen mit familiären Verpflichtungen die Teilnahme zu ermöglichen.

Nyon: ein einzigartiger Kampf gegen die Ausdehnung der Ladenöffnungszeiten

Am 22. September 2019 haben 52,3 Prozent der Stimmbevölkerung von Nyon (VD) die Ausdehnung der Ladenöffnungszeiten von 18 auf 19 Uhr am Samstag abgelehnt. Ein wichtiger Sieg für das Verkaufspersonal – insbesondere des weiblichen –, weil die Ausdehnung der Ladenöffnungszeiten den Teufelskreis der Präkarisierung der weiblichen Arbeitsverhältnisse verschärft: Je länger die Öffnungszeiten sind, desto mehr setzen die Unternehmungen auf Teilzeitstellen mit zeitlich unbestimmten Kleinstpensen, um sich ein Maximum an Flexibilität zu sichern. Mehrheitlich Frauen besetzen diese Stellen, weil sie keine andere Wahl haben.

Dieser Abstimmungserfolg unterscheidet sich grundlegend von vielen anderen Referendumssiegen, denn er ist das Ergebnis einer starken Mobilisierung des während Monaten durch die Unia unterstützten Verkaufspersonals. Am Anfang standen eine fast tägliche Präsenz der GewerkschaftssekretärInnen in den Läden, eine Arbeitsgruppe von rund fünfzehn VerkäuferInnen und eine grössere Whatsapp-Gruppe, die rund um die blockierten Verhandlungen für den städtischen Verkaufs-GAV gebildet wurde. Die VerkäuferInnen widersetzten sich so dem Plan der Arbeitgeber, die Ladenöffnungszeiten auszudehnen. Als die Stadtregierung aber Anfang April die Verlängerung der Ladenöffnungszeiten beschloss, waren die VerkäuferInnen resigniert: «Die Arbeitgeber sind zu stark, die PolitikerInnen und die Medien sind mit ihnen.» Es brauchte Tag für Tag den Einsatz der GewerkschaftssekretärInnen, um die VerkäuferInnen zu motivieren, sich zu mobilisieren und zu wehren. Dieser tägliche Kampf gegen die Zweifel hat funktioniert: Das Vertrauen wuchs und eine Versammlung mit siebzig VerkäuferInnen (!) hat Ende Mai die Lancierung des Referendums beschlossen. Nun mussten in dreissig Tagen 2000 Unterschriften gesammelt werden, eine grosse Herausforderung. Die Rolle der Gewerkschaft war, die Initiativen der VerkäuferInnen zu unterstützen und diese für das Sammeln der Unterschriften argumentativ und handwerklich zu schulen. Es entwickelte sich eine produktive Dynamik, und die VerkäuferInnen sammelten Unterschriften von Tür zu Tür, bei der Abfallentsorgungsstelle, an gewerkschaftlichen Ständen und so weiter. Bei Coop hing das Referendumsplakat an der Kasse und die FilialleiterInnen sammelten ebenfalls. Eine Migros-Verkäuferin brachte allein 300 Unterschriften zusammen. Parallel dazu trug Unia das Referendum ins Frauen*streikkollektiv: Die Verkäuferinnen wurden dazu eingeladen und sie entschieden, eine Demonstration am Abend des 14. Juni zu organisieren, damit sie sich auch am Frauenstreik beteiligen konnten. 120 Verkäuferinnen haben schliesslich demonstriert und die Referendumsunterschriften konnten am 27. Juni eingereicht werden. Auch während des Abstimmungskampfes hat die Gewerkschaft eine Unterstützungsrolle eingenommen, denn die Arbeitgeberseite hat immer wieder versucht – zum Teil mit Drohungen –, die VerkäuferInnen einzuschüchtern und zu entmutigen. Der gewerkschaftliche Einsatz hat indes das Vertrauen der aktiven VerkäuferInnen gestärkt und diese haben die Abstimmung gewonnen.

Langzeitpflege: ein gewerkschaftlicher «Pflegefall»

Dass die Langzeitpflege eine der am schnellsten wachsenden Branchen innerhalb der Gewerkschaft ist, ist kein Zufall: Zum einen nimmt die Anzahl Beschäftigter laufend zu, zum anderen ist seit der schweizweiten Einführung des neuen Finanzierungssystems per 1. Januar 2011 eine Verschärfung der Arbeitsbedingungen feststellbar. Das neue Regime soll Betriebe zu möglichst wirtschaftlichem Handeln anhalten. Die Pflegeleistungen sollen möglichst effizient und kostengünstig erbracht werden. Weil der Personalaufwand in einem Heim der grösste Budgetposten ist, führte der Systemwechsel primär zu einer Flexibilisierung und Verdichtung der Arbeit (Burri/Durtschi 2019). Schweizweit gab es in den Alters- und Pflegeheimen per Ende 2018 134 000 Beschäftigte, davon 110 000 Frauen. Der durchschnittliche Beschäftigungsgrad liegt bei gut 71 Prozent. Die drängendsten Probleme der Branche lassen sich mit den Anliegen Zeit, Geld und Respekt zusammenfassen: So wenden beispielsweise viele Betriebe Jahresarbeitszeitmodelle an, um die Pflegenden möglichst flexibel einteilen und auch abrufen zu können. Gemäss einer Unia-Umfrage von 2019 müssen 69 Prozent der Beschäftigten auch während der Freizeit erreichbar sein, 89 Prozent gaben an, häufig unter Zeitdruck zu arbeiten, und nur 31 Prozent können teilweise oder ganz ihr Arbeitstempo selbst bestimmen (Unia 2020, i. E.). Der hohe Druck, die

Schichtarbeit und die damit einhergehenden gesundheitlichen Folgen zwingen viele Beschäftigte zu einer Pensenreduktion, welche aufgrund der eher tiefen Löhne aber selten möglich ist. Und letztendlich zeugt es von fehlendem Respekt gegenüber den Pflegenden, aufgrund politischer und ökonomischer Gesichtspunkte zu definieren, welche Leistungen (nicht) als Pflege gelten und wie lange diese zu dauern haben, wie dies das neue Finanzierungsregime festlegt. So erstaunt es nicht, dass 48 Prozent der befragten Pflegenden angaben, nicht bis zur Pensionierung in der Pflege arbeiten zu können oder zu wollen – der eigene Anspruch einer guten Pflege kollidiert laufend mit der in den Heimen vorgefundenen Realität (Unia 2019). Die hohe Berufsausstiegs- und Fluktuationsrate verschärft den bereits bestehenden Personalmangel beim qualifizierten Personal zusätzlich und wird zu einem gesamtgesellschaftlichen Versorgungsproblem führen, da die Anzahl Pflegebedürftiger in den nächsten Jahrzehnten zunehmen wird (OBSAN 2016).

Eine Verbesserung der Arbeitsbedingungen in Alters- und Pflegeheimen ist also von gesamtgesellschaftlicher Bedeutung und kann nur durch Gewerkschaften erwirkt werden. Dafür sind die praktischen Voraussetzungen eher ungünstig. So existieren in der Deutschschweiz bis auf wenige Ausnahmen keine Gesamtarbeitsverträge und die (arbeits-)gesetzlichen Grundlagen sind für Heime zusätzlich aufgeweicht. Zudem hat sich die durch den Gesetzgeber beabsichtigte Ökonomisierung auch in der jeweiligen betrieblichen Organisation und Führungskultur niedergeschlagen. Dies lässt sich auch an der oftmals gewerkschaftsfeindlichen Haltung der Arbeitgeber feststellen. So werden oftmals rein klärende Gespräche zwischen GewerkschaftsvertreterInnen und Arbeitgebern verweigert und Hausverbote gegenüber GewerkschaftsvertreterInnen ausgesprochen. Kurz: Die fehlende Anerkennung von Gewerkschaften als Sozialpartner sowie fehlende gewerkschaftliche Rechte zwingen zu einer Neuausrichtung der Gewerkschaftsarbeit. In sogenannt geschlossenen Betrieben – also in Betrieben ohne direkte gewerkschaftliche Zutrittsmöglichkeiten kann die Kommunikation nur durch aktive Mitglieder geleistet werden. Gewerkschaftliche Kernaufgabe ist es daher, diese Aktiven und Kommunikationsnetzwerke im Sinne gewerkschaftlicher Betriebsgruppen aufzubauen. Dies gelingt, indem Betroffene in konkreten betrieblichen Kampagnen zu Beteiligten werden und so als Beschäftigte ihre Selbstwirksamkeit erfahren. Erfolgreich sind wir als Gewerkschaft dann, wenn es uns gelingt, möglichst konkrete Anliegen auf betrieblicher Ebene zu identifizieren, daraus Forderungen abzuleiten und diese mit einer Gruppe aktiver Gewerkschaftsmitglieder durchzusetzen. In einem jüngst organisierten Betrieb betraf dies beispielsweise den Umgang mit Krankheit – Mitarbeitende wurden durch Vorgesetzte bei Absenzen unter Druck gesetzt – und die ungenügend funktionierende Dienstplanung. Anhand dieser konkreten Themen können aktive Gewerkschaftsmitglieder mit ihren KollegInnen sprechen, sie zu Versammlungen und weiteren Aktionen mobilisieren und durch den hohen Organisationsgrad auch Druck auf das Management des Betriebs aufbauen.

Probleme und Anliegen von Beschäftigten müssen den Ausgangspunkt bilden. Gleich verhält es sich mit der Planung von Kampagnen zur Durchsetzung dieser Anliegen. Das grosse Engagement und die damit verbundene Mehrfachbelastung der Beteiligten kann nur erwartet werden, wenn die Beschäftigten selbst über Ziele, Forderungen und Kampagnenschritte bestimmen können, denn letztendlich müssen sie unter ihren KollegInnen die Gewerkschaft vertreten. Beide Prämissen bedeuten, dass sich hauptamtliche GewerkschafterInnen vermehrt als UnterstützerInnen und BeraterInnen sehen und ihren Mitgliedern den Raum bieten, mitzubestimmen und mitzugestalten. Insbesondere in Branchen oder Berufen mit hohen Frauenanteilen müssen dafür Strukturen geschaffen werden, in welchen trotz Mehrfachbelastung Partizipation und Mitarbeit ermöglicht werden. Dies geschieht beispielsweise durch Vertretungssysteme. Dadurch kann vereinbart werden, welche Aktivistin aus welcher Abteilung wann an Sitzungen teilnimmt, wer sie im Verhinderungsfall vertritt und wie Informationen im Betrieb weitergetragen werden. Ferner müssen Versammlungen und Sitzungen so gestaltet werden, dass eine eigene Entscheidungsfindung möglich ist. Die Gestaltung muss interaktiv, partizipativ und lösungsorientiert sein. So orientiert sich der Sitzungsablauf bei der Unia immer an demselben Schema: Analyse der Situation (Plenumsdiskussion oder Gruppenarbeit), Planung (wie lösen wir das Problem) und Vereinbarung (Definition und Terminierung der nächsten Schritte sowie Zuweisung an Aktive). Entscheide werden wenn möglich nach dem Konsensprinzip getroffen, die GewerkschaftssekretärInnen sind eher in einer ModeratorInnenrolle denn in einer leitenden Funktion. Sie nehmen die Rolle als ExpertInnen ein, die sich beratend äussern und so mithelfen, konkrete Entscheidungen über die nächsten Schritte der Kampagne zu treffen.

Fazit

Unabhängig von der Branche und der jeweiligen gewerkschaftlichen Arbeitsweise sind es drei Faktoren, die Mobilisierungen erfolgreich machen. Grundlage ist der direkte Kontakt zwischen GewerkschafterInnen und den

Beschäftigten, die mobilisiert werden sollen. Die GewerkschafterInnen können Angestellte der Gewerkschaft oder auch aktive Mitglieder sein. Dabei ist klar: Je näher die GewerkschafterInnen an der Lebens- und Arbeitsrealität der Beschäftigten sind, desto erfolgreicher ist eine Mobilisierung. Insbesondere das Beispiel Foxtown im Tessin und das erfolgreiche Referendum in Nyon bestätigten erneut die wichtige Rolle engagierter, ausgebildeter und durch GewerkschaftssekretärInnen begleiteter Vertrauensfrauen und AktivistInnen. Auch für die Organisierung in der Langzeitpflege ist dies eine Grundvoraussetzung.

Zweitens müssen Mobilisierungen möglichst konkret, also anhand konkreter Anliegen und Forderungen sowie anhand konkreter, nachvollziehbarer Pläne organisiert sein. Die breite Aktion der mutigen Verkäuferinnen in der Marktgasse zeigt die Wichtigkeit einer systematischen Präsenz der GewerkschafterInnen an den Arbeitsplätzen und die Wichtigkeit der guten Planung von Botschaften und Kommunikation. Ferner zeigen alle Beispiele, dass die Forderungen, anhand derer Beschäftigte mobilisiert werden, nicht am gewerkschaftlichen Reissbrett entstehen, sondern sich aus den Anliegen der Beschäftigen ableiten müssen.

Drittens braucht es einen möglichst frühen und partizipativen Einbezug der Beteiligten. Denn erst ernst gemeinte Partizipation gewährleistet, dass die richtigen Anliegen identifiziert und funktionierende Pläne erstellt werden können. Zudem ermöglicht die Partizipation der Betroffenen und Beteiligten eine Identifizierung mit der (Gewerkschafts-)Bewegung und einen nachhaltigen Aufbau von Gruppenstrukturen. Insbesondere die Frauenstreikbewegung hat gezeigt, dass aktive Kollektive und Gruppen an der Basis unverzichtbar sind.

Literatur

Burri, Samuel / Durtschi, Adrian, 2019: Arbeiten in Pflege und Betreuung – privat, international und prekär. In: Gurny, Ruth / Ringger, Beat / Seifert, Kurt (Hg.): Gutes Alter. Eine Gesellschaft des guten langen Lebens für alle. Zürich, 108–115

Schweizerisches Gesundheitsobservatorium OBSAN (Hg.), 2016: Gesundheitspersonal in der Schweiz. Bestandesaufnahme und Prognosen bis 2030. Neuchâtel

Unia, 2019: Resultate der Umfrage in der Pflege, online verfügbar unter: www.unia.ch/de/arbeitswelt/von-a-z/dienstleistungsberufe/pflege-betreuung/arbeitsalltag (Abfrage 30.12.2019)

Unia 2020 (im Erscheinen): Nicht repräsentative Unia-Umfrage, durchgeführt zwischen Juni und September 2019 mit 496 auswertbaren Antworten

Irati Tobar Eguzkitza

Feministische und Arbeitskämpfe vereinen

Herausforderungen für die feministische Bewegung und die Gewerkschaften[a]

Euskal Herria – das Baskenland – ist ein Ort mit einer starken feministischen Geschichte. Insbesondere die in den 1960er-Jahren entstandenen Feminismen brachten eine vielfältige feministische Bewegung hervor, die mit ihrer antikapitalistischen Ausrichtung gegen das heteropatriarchale und kapitalistische System kämpft und die etablierte Gesellschaftsordnung grundsätzlich transformieren will. Seit einigen Jahren entwickelt sich die feministische Bewegung zunehmend auch zu einer antikolonialen und antirassistischen Bewegung, indem unsere Genoss*innen uns einladen, eine dekoloniale Perspektive in unseren feministischen Kampf zu integrieren. Diese lange Geschichte des Kampfes beinhaltet vielfältige Formen des Widerstands – und natürlich viele Internationale Frauen*kampftage.

Vor diesem Hintergrund organisierten wir im Baskenland am 8. März 2018 den ersten Streik der arbeitenden Frauen* im produktiven und reproduktiven Bereich. Die Beteiligung am Streik und an den Demonstrationen war überwältigend, alleine in Bilbao gingen 60 000 Frauen* auf die Strassen. Wir folgten damit dem internationalen Streikaufruf, der seinen Ausgangspunkt in den feministischen Mobilisierungen in Argentinien nahm und 2017 zu Frauen*streiks in mehr als fünfzig Ländern führte. Unter dem Motto «M8 Feministischer Streik. Wir stehen still»[1] thematisierten wir nicht nur die Situation von Frauen, Lesben und Transpersonen[2] am Arbeitsplatz, sondern auch die Haus- und Sorgearbeit sowie die Konsumgesellschaft und das Bildungssystem. Der Streik sollte die reproduktive Arbeit, die wir Frauen* leis-

a Aus dem Spanischen von Lea Küng

ten, an die Öffentlichkeit bringen. Uns war klar: Wenn wir stillstehen, steht die Welt still.

Nach dem erfolgreichen ersten feministischen Streik organsierten wir 2019 einen zweiten Streik unter dem Motto «Stopp dem kapitalistischen Heteropatriarchat! Wir stellen das Leben ins Zentrum!».[3] Einerseits wollten wir damit das System benennen, mit dem wir brechen wollen, und gleichzeitig verhindern, dass die Massenmedien und die politische Macht unsere Forderungen verzerren würden. Andererseits forderten wir eine kollektive Verantwortung für die Reproduktionsarbeit, also dass Männer und Institutionen ihre historisch vernachlässigte Verantwortung in der Reproduktionsarbeit wahrnehmen. Dies würde eine Neuordnung der Pflegearbeit und somit strukturelle Veränderungen in der Sozialpolitik bedeuten. Denn das Leben ins Zentrum stellen bedeutet, dass wir nicht an oberflächlichen Veränderungen interessiert sind, wir sind nicht zufrieden mit Verbesserungen, die nur auf ein Prozent der Frauen* abzielen. Der zweite feministische Streik vermochte noch mehr Frauen* auf die Strassen zu mobilisieren, die Sitzung im baskischen Parlament wurde abgebrochen (36 Parlamentarierinnen und acht Parlamentarier streikten) und im öffentlichen Radio musste ein Notprogramm gespielt werden.

Zusammenarbeit mit einer selbstbewussten Protagonistin

Die feministischen Streiks im Baskenland konzentrierten sich auf fünf Themenaspekte: Die Lebensrealität von Rentnerinnen*, Studentinnen*, die Betreuungsarbeit sowie die Lohnarbeit und der Konsum. Im Bereich der Lohnarbeit arbeiteten wir eng mit der Mayoría sindical vasca – der «Baskischen Gewerkschaftsmehrheit» – zusammen, in der viele feministische Aktivistinnen* organisiert sind. Die Mayoría sindical vasca ist ein informelles Bündnis aus sechs baskischen Richtungs- und Branchengewerkschaften (ELA, LAB, STEILAS, ESK, Hiru und EHNE Bizkaia), die zusammen rund siebzig Prozent der Lohnabhängigen der Region vertreten. Dem Verbund nicht zugehörig sind die beiden sozialdemokratischen und zentralstaatlich ausgerichteten Gewerkschaften Comisiones Obreras (CCOO) und Unión General de Trabajadores (UGT). Die Mayoría sindical vasca verbindet gemeinsame gewerkschaftliche Aktionsformen und Mobilisierungen, soziale Netzwerke und natürlich die Zusammenarbeit bei Generalstreiks. Ein Beispiel für eine gemeinsame Aktion ist etwa die Teilnahme der Mayoría sindical vasca am Weltmarsch der Frauen im Baskenland. Der Weltmarsch der Frauen brachte jedes Jahr autonome feministische Gruppen, soziale Bewegungen und die Gewerkschaften zusammen, woraus dann eine erste gemeinsame Versammlung entstand, an welcher der erste feministische Streik für das Jahr 2018 beschlossen wurde.

Wir taten uns mit der Mayoría sindical vasca zusammen, um eine gemeinsame Analyse der sozioökonomischen Situation der Frauen* auf dem Arbeitsmarkt zu erarbeiten und daraus politische Forderungen zu formulieren. Ein breiteres Verständnis dieser Situation bedingt aber auch den Einbezug der Sorge- und Hausarbeit – bezahlte wie unbezahlte. Von dieser Grundlage ausgehend, haben wir ein Dossier über Reflexion, Organisation und Kommunikation des feministischen Streiks erarbeitet.

Weitere Elemente der Zusammenarbeit waren die finanzielle und organisatorische Unterstützung. So hat sich die Mayoría sindical vasca etwa zum Druck von Plakaten und Flugblättern verpflichtet und hat sich im Vorfeld des Streiks erheblich an der Mobilisierung beteiligt: An den Arbeitsplätzen wurden Informationen verteilt oder Versammlungen mit den Arbeiter*innen abgehalten. Allerdings geschah dies nicht in der gleichen Weise oder mit dem gleichen Eifer, wie dies bei «klassischen» Arbeitsstreiks der Fall ist. Der feministische Streik führte aber auch zu spezifischen Herausforderungen. So wurden Frauen, Lesben und Transpersonen zum Streik aufgerufen, was an vielen Orten zu Spannungen mit Männern führte; es gab Arbeitskollegen, die nicht verstehen wollten, dass ihre Arbeit und ihre Rolle an diesem Tag eine andere war. Denn um zu verdeutlichen, dass der Aufruf zum Handeln und die führende Rolle bei der feministischen Bewegung lag, hatten wir beschlossen, dass weder die Gewerkschaften noch andere Organisationen am Tag des Streiks ihre Erkennungszeichen (Abkürzungen, Flaggen, Farben usw.) verwenden sollten, sodass die Protagonistinnen* an diesem Tag ausschliesslich und eindeutig Frauen, Lesben und Transpersonen sein würden.

Feministischer Aufholbedarf bei den Gewerkschaften[4]

Trotz der immer noch weit verbreiteten Vorstellung einer hauptsächlich männlichen Gewerkschaftsbewegung ist die Realität eine ganz andere: Frauen* haben immer schon am gewerkschaftlichen Kampf teilgenommen – entweder zur Verteidigung unserer Rechte als Arbeiterinnen* oder bei gewerkschaftlichen Solidaritätsaktionen –, und wir Frauen* machen heute auch mehr als vierzig Prozent der Mitglieder der Mayoría sindical vasca aus. Trotzdem waren Frauen* jahrelang sowohl von der gewerkschaftlichen Agenda als auch von den gewerkschaftlichen Entscheidungsgremien ausgeschlossen. Dies zeigt, dass Frauen* in der baskischen Gewerkschaftsgeschichte systematisch unsichtbar gemacht wurden.

Wir kannten und kennen ein androzentrisches Gewerkschaftswesen, bei dem das zentrale Subjekt der heteronormative weisse Mann und seine Bedürfnisse sind. Es sind Gewerkschaften, die ihre Analysen und Forderungen der baskischen Arbeiter*innenklasse auf der falschen Dichotomie zwischen unbezahlter Arbeit und Lohnarbeit aufbauen; Gewerkschaften, die zwar formell über gleichberechtigte Organisationsstrukturen verfügen, aber Mühe haben bei der Ausgestaltung einer feministischen Gewerkschaftsagenda; Gewerkschaften, die sich der Gleichberechtigung verschrieben haben, aber nur zögerlich strukturelle Veränderungen vornehmen. Kurz gesagt: die in den Gewerkschaftsorganisationen umgesetzten Gleichstellungspolitiken haben zwar eine Rolle gespielt (Sichtbarmachung von Ungleichheiten und Diskriminierung), aber sie waren und sind nicht in der Lage, die Veränderungen herbeizuführen, die notwendig sind, um Gewerkschaften auch zu feministischen Organisationen zu machen. Wir müssen die Art und Weise der Gewerkschaftsarbeit sowie des Aktivismus unbedingt überdenken; die Machtverhältnisse analysieren, Räume und Vorgehensweisen schaffen, in denen alle Stimmen gehört werden. Wir müssen eine attraktive und entschlossene Gewerkschaftsbewegung für alle schaffen.

Umgekehrt war und ist die Gewerkschaftsbewegung als Mittel des Klassenkampfes nicht nur notwendig, sondern unverzichtbar, um die neoliberalen Regierungen und die Ausbeutung der Arbeiter*innenklasse mit einer Gegenmacht zu konfrontieren. Die aufständische Rolle der Mayoría sindical vasca ist unbestreitbar und macht die Gewerkschaftsbewegung heute zu einem wesentlichen und strategischen Raum im Kampf um ein gutes Leben.[5] Aber nur aus einem feministischen Gewerkschaftswesen heraus können wir alle Unterdrückungen analysieren und auf Kapitalismus und Patriarchat reagieren – nur die feministische Perspektive bietet uns echte Alternativen für ein lebenswertes Leben.

Das Klassensubjekt ausweiten

Ohne diese grundsätzliche Sicht aus den Augen zu verlieren, sollten wir uns doch auf das Hier und Jetzt konzentrieren. Ein feministischeres Gewerkschaftswesen nimmt Gestalt an. Dieses vertritt andere Formen der Selbstbetrachtung, denn es stellt den Konflikt zwischen Kapital und Leben in den Mittelpunkt, es fordert eine neue soziale Organisation der Reproduktion, überdenkt die Arbeitszeiten, will den Reichtum teilen und kümmert sich um ökologische Anliegen; kurz gesagt, diese gewerkschaftliche Agenda wird den Bedürfnissen des Lebens gerecht. Dies impliziert zum einen die Suche nach einem Weg, dasjenige zu vereinen, was der Kapitalismus spaltet, also die innere Einheit der Arbeiter*innenklasse zu stärken, zum anderen eine Politik der Allianzen mit der feministischen Bewegung; eine Allianz der Strategie und der Kämpfe, die die Bündelung aller Kräfte in den feministischen, ökologischen, antirassistischen, antifaschistischen und antiimperialistischen Kämpfen ermöglicht.

Der feministische Streik hat uns Gewerkschafterinnen* eine Aufgabe hinterlassen: das Klassensubjekt muss dringend auf Arbeiter*innen ausgedehnt werden, die nicht dem historischen Subjekt der Industrialisierung entsprechen und die nicht in der Fabrik oder auf dem Bau arbeiten. Das Konzept der Arbeiterklasse muss auf andere, bisher in der Praxis nicht berücksichtigte Realitäten ausgedehnt werden: auf die Realität von Arbeiter*innen in der informellen Arbeit, Praktikant*innen, Hausangestellten, Heimarbeiter*innen, Rentner*innen, temporär Angestellten, Kellys[6] und von Sexarbeiter*innen. Und wir halten es für unerlässlich, den Klassenbegriff mit dem des Geschlechts und der Herkunft zu verknüpfen. Wir können die Tatsache nicht ignorieren, dass heutzutage der grösste Teil der prekären, harten, am schlechtesten bezahlten, gesellschaftlich gering geschätzten Arbeiten wie etwa die Erntehilfe oder Pflege in privaten Haushalten von Migrant*innen geleistet wird. Ganz zu schweigen von Sexarbeiterinnen* und ihrer permanenten Unsichtbarkeit, Viktimisierung und Kriminalisierung. Wir haben es mit einer sexistischen Arbeitsteilung zu tun, die wiederum von einer rassistischen Arbeitsteilung durchkreuzt wird.

Wir müssen feministische und Arbeitskämpfe vereinen, indem wir diesen nicht benannten Raum benennen und ihm Bedeutung verleihen, denn die Realität der feminisierten Arbeitssektoren ist der deutlichste Indikator für den Platz der Frau* in der kapitalistischen Gesellschaft: Es ist ein Raum der Ausbeutung, Sklaverei, Abhängigkeit, der Lückenfüllerinnen* und somit alles ausser ein zentraler, anerkannter Ort mit menschenwürdigen Arbeits- und Lebensbedingungen. Hier stellen sich entscheidende Fragen. Aus welcher Position heraus können wir als prekäre, ultraflexibilisierte, temporär beschäftigte Arbeiter*innen Forderungen stellen? Als Arbeiterinnen*, als prekäre Frauen*, als beides? Was ist effektiver? Wie kollektivieren wir unsere Kämpfe? Wie bauen wir Brücken und wo finden wir die Logik, um beide Kämpfe zu vereinen, ohne dass einer den anderen auffrisst? Wie organisieren wir uns alle gemeinsam?

Vom punktuellen Aktivismus zur Kontinuität der Bewegung

Vom 1. bis zum 3. November 2019 versammelten sich mehr als 3000 Frauen* in einer kleinen Stadt im Baskenland namens Durango anlässlich der fünften Jornadas feministas de Euskal Herria (Feministische Tage des Baskenlands). Diese Treffen finden von Zeit zu Zeit statt – das letzte im Jahr 2008, das erste 1977. Das Ziel ist es, feministische Debatten und Reflexionen zusammenzubringen, über die feministische Bewegung nachzudenken, Themen, Arbeitsbereiche und Herausforderungen für die Zukunft zu diskutieren und definieren. Alles wurde *von* uns und *für* uns organisiert, und wie in den früheren Treffen haben wir die Konflikte, die Vereinbarungen und auch die Meinungsverschiedenheiten sichtbar gemacht. All dies macht uns zu einer Bewegung.

Einer der Schwerpunkte war unter anderem der Blick in die «Eingeweide der feministischen Bewegung». Zu diesem Zweck haben wir im Vorfeld des Treffens lokale Versammlungen organisiert, an denen wir darüber nachdachten, wer oder was die feministische Bewegung des Baskenlandes ausmacht und welche Schwächen, Stärken und Möglichkeiten die Bewegung im aktuellen Kontext hat. Es zeigte sich, dass wir uns in Bezug auf die Mobilisierung in einer äusserst erfolgreichen Ära befinden, die Bewegung aber gleichzeitig organisatorisch schwach ist. Schwach insbesondere im Vergleich zu unserer Versammlungsstärke oder der Verbundenheit, die wir Frauen, Lesben und Transpersonen mit den Forderungen des feministischen Kampfes teilen. Es gibt Genossinnen*, die dieses Phänomen «fluiden Aktivismus» nennen. Für diesen kennzeichnend ist der punktuelle Anschluss des individuellen Aktivismus an eine Bewegung, ohne dass dies zu einer Zugehörigkeit zu einem kollektiven Kampf oder einer gemeinsamen Organisierung führt. Wer nimmt sich dann aber der Organisierung oder der Koordination an? Von den 3000 Frauen*, die am Treffen in Durango teilnahmen, gehörten 800 Aktivistinnen* einer in irgendeiner Weise organisierten feministischen Gruppe an. Das ist keine vernachlässigbare Zahl, aber wir sehen auch die Notwendigkeit, von einem «konsumierenden Feminismus» zu einer feministischen Mit- und Zusammenarbeit überzugehen.

Anmerkungen

1 Original: M8 Greba Feminista. Nosotras paramos.

2 Anm. der Redaktion: Die Aufzählung Frauen, Lesben und Trans («mujeres, bolleras y trans») ist sehr verbreitet in feministischen Kreisen im Baskenland.

3 Original: ¡Planto al Heteropatriarcado Capitalista! Pongamos las vidas en el centro.

4 Die folgenden beiden Unterkapitel sind Auszüge aus den Analysen und Vorschlägen, welche die Gewerkschaft LAB am fünften feministischen Treffen im Baskenland präsentierte.

5 Anm. der Redaktion: Ihre ausserordentliche Mobilisierungsfähigkeit bewies die Mayoría sindical vasca zuletzt mit dem grenzüberschreitenden Generalstreik vom 30. Januar 2020. Für würdige Altersrenten legten Hunderttausende Lohnabhängige des spanischen wie auch des französischen Baskenlands ihre Arbeit nieder. Dies obwohl die zentralstaatlichen Gewerkschaften CCOO und UGT gegen den Streik agitiert hatten.

6 Anm. der Redaktion: Las Kellys ist eine Vereinigung von Reinigungsarbeiter*innen der spanischen Hotellerie, die seit 2014 besteht und für bessere Arbeitsbedingungen kämpft. Der Name Las Kellys ist eine Kurzform von «las que limpian» (diejenigen, die putzen).

Caroline Arni

Mutterschaft: Eine Frage der politischen Ökonomie

Ansätze zur Emanzipation aus dem 19. Jahrhundert[a]

Am 15. August 1832 erscheint in Paris eine neue Zeitschrift. Acht Seiten, drei Artikel, einer von Jeanne-Victoire, einer von Jeanne-Désirée, der dritte von Marie-Reine. Die Zeitschrift heisst *La Femme libre*.[1] Auch Suzanne und Joséphine-Félicité werden dort schreiben, Christine-Sophie und andere; selten signiert eine mit Nachnamen, gelegentlich erscheinen Texte anonym oder unter Initialen. Am 15. August 1832 eröffnet Jeanne-Victoire die erste Ausgabe (La Femme libre 1832):

> **«Während die Völker im Namen der Freiheit in Bewegung gekommen sind und der Proletarier seine Befreiung fordert, bleiben wir Frauen untätig vor dieser grossen Bewegung der sozialen Emanzipation, die sich vor unseren Augen vollzieht. Ist uns denn das Schicksal derart gnädig, dass wir nichts zu verlangen haben? Bis zum heutigen Tag ist die Frau ausgebeutet und tyrannisiert worden. Diese Tyrannei, diese Ausbeutung, muss aufhören. Wir werden frei geboren wie der Mann und es kann nicht gerecht sein, dass die eine Hälfte des menschlichen Geschlechts der andern unterworfen ist.»**

Ich will diese Äusserung hier als ein Ereignis der «Wortergreifung» (Rancière 2004) verstehen. Das lenkt den Blick auf zwei Fragen: Wer spricht und wovon wird gesprochen? Diese Fragen gehen tiefer, als es den Anschein machen mag.

a Dies ist die leicht gekürzte Version eines Vortrags, den ich an einer Tagung zum 150. Jahrestag des Vierten Kongresses der I. Internationale gehalten habe («Die Linke und die Freiheit», Basel 23.11.2019, org. von Denknetz). Ausführlicher zur hier behandelten Thematik: Arni 2020 (im Erscheinen).

Wer also spricht? Eine Frau ohne Familienname im Namen anderer Frauen: «Wir Frauen», sagt sie, und «uns». So und ähnlich klingt es in vielen feministischen Schriften aus dieser Zeit: Ich spreche, ich, Frau, im Namen aller Frauen. Man kann diese Äusserungsweise kritisieren: Weil es anmassend ist, für andere zu sprechen, auch für jene, die nicht konsultiert worden sind, oder weil vielleicht gar nicht für alle gesprochen wird, sondern nur für einige. Diese Einsprüche sind berechtigt – oder präziser: sie liegen in der Natur der Sache. Denn ein Sprechen «im Namen von» beschreibt nicht ein Kollektiv von Individuen; vielmehr eröffnet es die Diskussion darüber, wer dazu gehört (ebd.). Genauso aber hat sich das Sprechen im Namen von Frauen zuallererst auf einen anderen Namen gerichtet: nämlich den des «Menschen und Bürgers», der seinerseits die Frage aufgeworfen hat, wer dazu gehört. «Wir Frauen» heisst also hier: Im Namen derjenigen, die als Frauen nicht als Menschen und Bürger gezählt, sondern vielmehr den Männern unterworfen worden sind.

Wir verwechseln deshalb etwas, wenn wir meinen, beim Reden im Namen von Frauen ginge es darum, was Frauen sind. «Wir Frauen» heisst hier: im Namen derjenigen, die als *Frauen* Tyrannei *und* Ausbeutung erleiden, obschon *sie* frei geboren sind. Es geht also nicht um eine irgendwie geartete «Identität» von Frauen, sondern um die Artikulation einer Situation, die ein politisches Subjekt schafft: diejenige, die zur Sprache bringt, dass sie «die Rechte nicht hat, die sie hat, und die Rechte hat, die sie nicht hat» (ebd., 302; vgl. Fraisse 1995).

Davon wird gesprochen, in den ersten Sätzen der ersten Nummer der *Femme libre*: Von den Frauen, die «frei» sind und «unterworfen» – und zwar durch «Tyrannei und Ausbeutung». Auf diese Beschreibung von Unfreiheit komme ich zurück; hier vorerst noch dies: Bei den Autorinnen der Zeitschrift *La femme libre*, die mehrmals ihren Namen wechseln wird, handelte es sich um Arbeiterinnen, die der sogenannt saint-simonistischen Bewegung entstammten, einer Spielart des französischen Frühsozialismus.[2]

Der Basler Kongress und die Frauen

Warum interessiert mich diese Episode von 1832, und warum habe ich damit begonnen an einer Tagung, die an den Vierten Kongress der Internationalen Arbeiter-Assoziation (IAA) von 1869 erinnert?

Es gab an diesem Kongress 1869 in Basel nur männliche Delegierte, wie auch an allen drei vorangehenden Kongressen seit der Gründung der IAA im Jahr 1864. Greife ich also hier zu den Frauen von 1832, weil 1869 keine mehr vorkamen in der Arbeiter- und sozialrevolutionären Bewegung? Nein. Einzelne Sektionen der IAA nahmen Frauen auf, und schon bevor Marx 1871 dazu riet, hatten sich manche zu reinen Frauensektionen zusammengeschlossen. Frauen waren auch in die Vorbereitungen des Basler Kongresses involviert. So etwa Virginie Barbet, die eine wichtige Rolle in der Lyoner Szene spielte (Schrupp 1999). Vermutlich 1824 geboren, betrieb Barbet eine Gaststätte und war zuerst als Frauenrechtlerin in der bürgerlich-republikanischen Friedensliga engagiert, bevor sie zur 1868 gegründeten Allianz der sozialistischen Demokratie stiess und in der Lyoner IAA-Sektion tätig wurde.

Im Frühling 1869 publizierte Barbet in der Genfer *Égalité* einen Artikel zum Erbrecht – eben jenes Thema, das im Herbst desselben Jahres am Basler Kongress Bruchlinien der Bewegung offenlegen sollte. Barbet hielt die Abschaffung des Erbrechts für nichts weniger als *den* revolutionären Hebel. Mit den bürgerlichen Rechten nämlich, so sah sie es, wäre noch wenig gewonnen: «[A]ls überzeugte Egalitäre wollen wir die Gleichheit nicht durch die politische Freiheit erreichen, eine lächerliche Freiheit, die dieses zivilisierte Sklaventum, das man Proletariat nennt, weiterbestehen lassen würde, sondern durch die Abschaffung des Erbrechts.» (Barbet zit. nach Schrupp 1999, 76f.)

Es gab also Frauen in der Ersten Internationalen und im Umfeld des Basler Kongresses. Nicht anders als vorher in den frühsozialistischen Bewegungen und nachher in den Gewerkschaften und sozialistischen Parteien gehörten sie dazu und doch nicht, arbeiteten mit und erschienen nicht auf Gruppenfotos.

Warum also habe ich hier mit den Frauen von 1832 begonnen und werde mich ihnen auch gleich wieder zuwenden? Eben deshalb, weil 1869 am Kongress die Frage des Erbrechts verhandelt wurde. Es führt eine offensichtliche Spur von diesen Verhandlungen in die 1830er-Jahre zurück – nicht zufällig bezeichnete Marx die Idee, man könne die Revolution von der «Abschaffung des Erbrechts» ausgehen lassen, in einem Brief an Engels als «St. Simonistische[n] Blödsinn» (Marx zit. nach Schrupp 1999, 58). Tatsächlich hatten die Saint-Simonisten das Recht auf Privateigentum verteidigt, nicht aber das Recht, dieses zu vererben (Jacoud 2014). Eine weniger offensichtliche Spur jedoch führt von der Kontroverse in den 1860er-Jahren auch zu den Frauen, denen es 1832 eingefallen war, eine Zeitschrift namens *Femme libre* zu gründen. Weniger offensichtlich ist diese Spur deshalb, weil die Debatte am Kongress in Basel von etwas weitgehend gereinigt war: von der Frage, wie das Erbrecht mit der Frage der Geschlechterverhältnisse zusammenhängt.

Am Kongress von 1869 wurde zwar zum Beispiel gesagt, dass mit dem Erbrecht auch die Familie verschwände (Freymond 1962, 91). Aber was hiess das für die Frauen? Vorgängig zum Kongress war diese Frage diskutiert worden, schliesslich setzte das Erbrecht in der Regel die Ausrichtung verwandtschaftlicher Verhältnisse an der väterlichen Linie um. Konkret gab es Benachteiligungen von Frauen als Erbinnen gegenüber männlichen Angehörigen, vor allem aber sicherte das Erbrecht die Unterscheidung in «legitime» und «illegitime», nichtehelich geborene Kinder: Letztere traten nicht in die väterliche Linie ein und hatten keinen Anspruch auf Erbe; mancherorts waren sie auch von der Erbfolge in der mütterlichen Familie ausgeschlossen. So trugen Frauen Last und Stigma ausserehelicher Verhältnisse, während sie in der Ehe zwar «legitime» Kinder haben konnten, aber in ein patriarchales Herrschaftsverhältnis versetzt waren.

Genau diese Fragen hatten die Frauen von 1832 umgetrieben. Auch sie verlangten die Abschaffung des Erbrechts. Mehr noch: Sie schlugen konkrete Erbschaften aus – in Gestalt des Vaternamens, den sie als Autorinnen abstreiften, indem sie mit ihren Vornamen zeichneten. Aber sie gingen noch weiter und forderten das Recht auf den Mutternamen; manche wählten gar die ledige Mutterschaft, um ihre Kinder ihren Namen tragen lassen zu können. Und das war für sie: eine Frage der Freiheit.

Deshalb befasse ich mich hier mit diesen Frauen. Sie sind der Stoff, von dem ich behaupte, dass er für unser Nachdenken über Freiheit all dem ebenbürtig ist, zu dem wir sonst so zu greifen gewohnt sind, wenn uns diese Frage beschäftigt – der philosophische Kanon, Marx, andere sogenannte Meisterdenker et cetera. Stattdessen also: Frauen, die sich frei nannten.

Wie Mütter enteignet werden

Die Frauen, die in den 1830er-Jahren in der saint-simonistischen Bewegung aktiv waren, werden von der Geschichtsschreibung in der Regel dem sogenannten Differenzfeminismus zugeschlagen. Es stimmt, dass für diese Frauen die Geschlechterdifferenz Ausgangspunkt ihrer Politik war. Es stimmt auch, dass nachfolgende feministische Positionen zur Zeit der Ersten Internationalen den Fokus auf die Idee geschlechtsneutraler Individualität verschieben sollten. Aber ist damit alles gesagt? Und ging es den Frauen von 1832, wie oft unterstellt wird, um eine Metaphysik der Weiblichkeit? Oder können wir sie beim Wort nehmen, wenn sie nicht davon, sondern von Frauen reden?

Schauen wir noch einmal auf das Zitat, mit dem ich begonnen habe: «die Frau», heisst es da, wird «ausgebeutet und tyrannisiert», und darin liegt «ihre Unterwerfung». Unfreiheit hat also einen politischen und einen materiellen Aspekt. Worin ersteres, die Tyrannei, besteht, lässt sich rasch einholen: Gemeint ist der Umstand, dass Frauen zu dieser Zeit in aller Regel einem Mann – Vater, Ehemann oder Vormund – Gehorsam schulden.

Worin aber besteht die Ausbeutung? Sie hat wiederum zwei Seiten: Wie ihre proletarischen Gefährten werden sie, sagen die Autorinnen der *Femme libre*, als Lohnarbeiterinnen ausgebeutet. In den Wäschereien, in den Küchen, für die gestickte Stückware – nie erhalten sie das, was angemessen wäre. Sobald sich ihnen eine Branche öffnet, sinken dort die Löhne, analysiert Marie-Reine (Apostolat des femmes, 113). Und immer ist dasselbe die Folge: Abhängigkeit von Männern.

Zur Ausbeutung als Arbeiterin aber kommt eine weitere hinzu und damit komme ich auf die Frage des Vaternamens zurück. Es geht dort nämlich um den zweiten Modus von Ausbeutung, den ich hier als Enteignung bezeichnen will. Das Wort fällt als solches in den Quellen nicht, wohl aber wird das dazu gehörige Begriffsfeld genutzt. Beschrieben nämlich wird genau das, was etwa Nancy Fraser als «expropriation» bezeichnet: eine Ausbeutung, die sich ausserhalb des Lohnnexus vollzieht, eine Konfiskation von Fähigkeiten und Ressourcen (Fraser 2016, 166).

In diesem Sinn enteignet werden Frauen gemäss den saint-simonistischen Autorinnen in einer spezifischen Situation: als Mütter. Genauer: als jene, die in einem Tätigkeitszusammenhang, der von der Schwangerschaft über Geburt und Stillen bis zum nährenden Aufziehen des Kindes reicht, neues «Leben» schaffen. Egérie Casaubon, eine dem Saint-Simonismus nahestehende Autorin, formuliert das so: Indem der Vater dem Kind seinen Namen gibt, «bemächtigt er sich des Kindes» und behauptet es als sein «Eigentum», obschon ihn dessen Existenz nur einen kurzen lustvollen Moment «gekostet» hat, während die Mutter dafür vielleicht mit ihrem Leben «bezahlt» (Casaubon 1834a, 4f.). Die Mutter macht das Kind, heisst das, indem sie ihr Leben in die Hervorbringung seines Lebens investiert. Eben diesen Zusammenhang überschreibt der Vatername, und damit eignet sich der Ehemann nicht einfach das Kind an, sondern die produktive Kapazität des mütterlichen Körpers. Diese Kapazität aber ist von der Person der Mutter nicht zu trennen, bringt sie doch nicht nur ein Kind, sondern Beziehungen hervor: «alle Menschen», schreibt Désirée in der Zeitschrift, sind «einander als Brüder und Schwestern durch unsere Mutterschaft verbunden» (Apostolat des femmes, 70).

Dass es um eine Kapazität dieser Art geht – an die Person gebunden, veräusserbar nur durch den gewalthaften Akt der Enteignung – wird darin deutlich, dass Casaubon und ihre Gefährtinnen nicht etwa einen Lohn für

Mutterschaft fordern, sondern eine Pension oder Rente. Casaubon nennt es einen «tribut» und hat davon eine klare Vorstellung: Jede Frau, die Mutter wird, erhält so viel Boden zu ihrer Nutzniessung, wie sie braucht, um sich und ihre Kinder zu erhalten beziehungsweise: um gut zu leben (Casaubon 1834b, 28f.). So ist garantiert, dass sie weder in Armut stürzt noch von einem Mann abhängig ist – was den hier behandelten Frauen übrigens als Voraussetzung für gelingende Liebesbeziehungen gilt.

Mit anderen Worten heisst all das: Mutterschaft ist eine Frage der politischen Ökonomie. Unter exakt dem Begriff präsentiert Casaubon denn auch ihre Vorschläge zur Mutterrente, die sie als «politique économique du tribut de la mère» bezeichnet.

Die Universalität der Frauen

Was hat das alles nun mit Freiheit zu tun und was mit der Diskussion um das Erbrecht? Zuerst zu letzterem: Die Zurückweisung des Vaternamens kann leicht missverstanden werden als Forderung nach weiblicher Genealogie, nach einem Ersetzen der Vaterlinie durch die Mutterlinie. Doch darum ging es nicht. Familie als ein Zusammenhang von Individuen über Generationen hinweg, zusammengehalten durch die Weitergabe von Namen und Gütern, interessierte die saint-simonistischen Feministinnen nicht.

Sie sahen deshalb mit der Abschaffung des Erbrechts auch nicht die Familie schlechthin aufs Spiel gesetzt, wie jene, die sich am Basler Kongress gegen die Abschaffung des Erbens aussprechen sollten. Familie war für sie eine Konstellation von egalitärer Gefährtenschaft und Elternschaft, und Mutterschaft Ursprung eben jener sozialen Gleichheit, die es unter Familien herzustellen galt, indem nicht die einen über Generationen hinweg Reichtümer akkumulieren können, die den andern fehlen. Vielleicht auch deshalb beharrten sie darauf, dass die Kinder den Namen der Mutter tragen: er erinnert sie als Erwachsene daran, dass sie Geschwister unter Geschwistern sind.

Was am Kongress in Basel in der Kontroverse um das Erbrecht nicht zur Sprache kam, ist dieses auf einem alternativen Verwandtschaftskonzept beruhende, originäre Konzept einer egalitären Gesellschaft. Es war zu diesem Zeitpunkt nicht vergessen. Wir finden es weiterhin, zum Beispiel im Frühling 1869, vier Monate vor dem Basler Kongress, in der in Genf gedruckten *Égalité*. Hier wird in einem Artikel über die Familie nicht nur die Umwandlung der Ehe zu einem Vertrag unter Gleichen gefordert, sondern auch, «dass die Kinder der Mutter angehören, dass sie ihren Namen erhalten» (De la famille 1869, 1f.).

Und die Freiheit? Warum habe ich den Weg über eine politische Ökonomie der Mutterschaft genommen, um über Emanzipation im 19. Jahrhundert nachzudenken? Weil Konzepte von Freiheit sich in der Vergangenheit nicht immer da artikulieren, wo wir Heutigen sie vermuten. Als Feministinnen zum Beispiel neigen wir dazu, sie in der Kritik an Weiblichkeit zu suchen, eher nicht aber in einer Bejahung von Mutterschaft. Doch genau hier sehen die Saint-Simonistinnen die Freiheit von Frauen auf dem Spiel: wo ihnen auf spezifische Weise Unfreiheit droht, wenn sie Mütter werden oder Tätigkeiten verrichten, die menschliches Leben erhalten.

Was aber bedeutet es für die Mutterschaft, wenn sie zu einer Angelegenheit der politischen Ökonomie erklärt wird? Es bedeutet, nicht den falschen Schluss zu ziehen, dass Mutterschaft Unfreiheit ist, sondern die Bedingungen zu analysieren, unter denen Frauen Mütter sind. Es bedeutet, dass Mutterschaft mehr als ein Komplex aus physiologischen Vorgängen ist (weswegen allerdings vom Körper gerade nicht abstrahiert werden kann) und etwas anderes als eine Liebesgabe (weshalb sie unabhängig von der Beziehung zu einem Mann existenzsichernd sein muss). Das macht Mutterschaft umgekehrt nicht zu einer «Arbeit wie jede andere» beziehungsweise zu dem, was diese Wendung meint: der Verrichtung einer veräusserbaren Arbeitskraft. Deshalb vergleichen die frühsozialistischen Feministinnen die Unfreiheit der enteigneten Mutter mit derjenigen in der Sklaverei, die auch Inbesitznahme der Person ist. Und indem sie wiederum mit ihrer Unfreiheit die der Arbeiter vergleichen, reissen sie die Trennung zwischen Expropriation und Ausbeutung ein.[3] Nicht nur ist die Mutter eine Sklavin, sondern auch der Arbeiter eine Frau. Jeanne-Désirée schreibt: «Indem man die Frau befreit, wird man auch den Arbeiter befreien.» (Apostolat des femmes, 37)

In Umkehrung all dessen, was noch oft gesagt werden wird über die angebliche Partikularität der Belange von Frauen, heisst das: «Die Sache der Frauen ist universell.» (Apostolat des femmes, 69) Sind sie frei, sind alle frei.

Warum Geschichte gut zum Denken ist

Es ist interessant, dass heute in der feministischen Bewegung der Begriff «Freiheit» wieder öfters fällt als in den vergangenen drei Jahrzehnten, oder sagen wir: seit die Frauenbewegung nicht mehr «Frauenbefreiungsbewegung» heisst. An die Stelle der Befreiung ist die «Gleichstellung» getreten und die so ausgerichtete Politik hat viel verändert. Im Frühling 2019 aber hat mich eine junge Feministin gefragt, was die Freiheit der Frauen sei. Ich hatte keine Antwort bereit. Nur lauter Fragen sind mir gekommen.

Haben wir einen Faden verloren, uns nicht geübt in dieser Frage, oder meinen wir, die Freiheit gehe auf im Wählenkönnen (Mutterschaft oder Erwerbsarbeit oder beides) und bemesse sich an der Freiwilligkeit, mit der etwas getan wird oder nicht? Wenn das so wäre: Warum zählt stets weniger, was vorwiegend Frauen tun? Warum verteilen sich diese Tätigkeiten, die wenig zählen, zwar neu, aber vor allem unter verschiedenen Gruppen von Frauen? Und was heisst es, dass zurzeit Fragen der Arbeit gleichzeitig mit der Frage der Freiheit auf neue Weise dringlich werden? Was bedeutet es, dass es 2019 einen Frauenstreik gab?

Also bin ich nochmals zurück, zu meinem historischen Stoff, und habe besser verstanden, wieso die Freien Frauen sich so nannten, und inwiefern ihre Forderung nach dem Mutternamen nicht einfach eine Forderung, sondern die Analyse einer Situation war. Ich habe ausserdem verstanden, wie sie das Hervorbringen von Menschen als eine Angelegenheit der politischen Ökonomie begreifen konnten, ohne behaupten zu müssen, es sei eine Arbeit wie jede andere. Und weshalb sie zu argumentieren wussten, ihre Situation sei die universelle. Denn natürlich ist genau das der Gedankenweg, der zu nehmen ist: Was wäre, wenn nicht alles, was sich am Körper von Frauen vollzieht, zu Arbeit wie jede andere erklärt werden könnte, sondern vielmehr jede Arbeit wie die Mutterschaft Unveräusserliches enthielte, an das die Freiheit geknüpft wäre?

Anmerkungen

1 Zur Geschichte der Zeitschrift: Ferrando/Kolly 2015.

2 Zum französischen Feminismus in der ersten Hälfte des 19. Jahrhunderts: u. a. Riot-Sarcey 1994.

3 Zur Fiktion der veräusserbaren Arbeitskraft aus feministischer Perspektive: Pateman 1988.

Literatur

Arni, Caroline, 2020 (im Erscheinen): Towards a Political Economy of the Maternal Body. Claiming Maternal Filiation in Nineteenth-Century French Feminism. In: Albers, Erdmute u. a. (Hg.): The Politics of Making Kinship. Historical and Anthropological Perspectives

Casaubon, Egérie, 1834a: La femme est la famille. Paris

Casaubon, Egérie, 1834b: Le nouveau contrat social ou Place à la femme. Paris

De la Famille, 1869: In: L'Égalité. Journal de l'Association internationale des Travailleurs de la Suisse romande, 15.05.

Ferrando, Stefania / Kolly, Bérengère, 2015: Le premier journal féministe. L'écriture comme pratique politique. La Femme libre de Jeanne-Désirée et Marie-Reine. In: Bouchet, Thomas u. a. (Hg.): Quand les socialistes inventaient l'avenir. Presse, théories et expériences, 1825–1860. Paris, 104–112

Fraisse, Geneviève, 1995: Vom Individuum Frau zum Subjekt des Feminismus. In: Dies.: Geschlecht und Moderne. Archäologien der Gleichberechtigung. Frankfurt a. M., 143–163

Fraser, Nancy, 2016: Expropriation and Exploitation in Racialized Capitalism. A Reply to Michael Dawson. In: Critical Historical Studies 3 (1), 163–178

Freymond, Jacques (Hg.), 1962: La première Internationale. Receuil de documents publiés sous la direction de Jacques Freymond, Bd. 2

Jacoud, Gilles, 2014: Droit de propriété et économie politique dans l'analyse saint-simonienne. In: Revue Economique 65 (2), 299–315

La femme libre, 1832–34. Die Zeitschrift ist archiviert in zwei Bänden greifbar: Apostolat des femmes (1832–33) und Tribune des femmes (1833–34)

Pateman, Carole, 1988: The Sexual Contract. Stanford CA

Rancière, Jacques, 2004: Who is the Subject of the Rights of Man? In: The South Atlantic Quarterly, 103 (2/3), 297–310

Riot-Sarcey, Michèle, 1994: La démocratie à l'épreuve des femmes. Trois figures critiques du pouvoir (1830–1848). Paris

Eidgenössische Kommission dini Mueter (EKdM)[a]

Mütter und Betreuerinnen vereinigt euch

Am 14. Juni streikten unter vielen Frauen auch tausende Kinderbetreuerinnen und Mütter – und zwar gemeinsam. Die zum Frauenstreik gehörende Kinderwagendemo in Bern hat die kühnsten Erwartungen übertroffen und über 5000 Frauen mobilisiert, denen die Forderung «Zeit und Geld für gute Kinderbetreuung» wichtig war. Der Erfolg spricht für sich – doch die Mobilisierung von Müttern ist auch auf Fragen und Widersprüche gestossen. Warum sie wichtig ist und wie eine betreuerinnen- und müttergerechte Politik aussehen könnte, möchten wir hier kurz schildern.

Zeit und Geld für gute Kinderbetreuung

Die Bedingungen für Kinderbetreuung sind in der Schweiz schlecht, sehr schlecht sogar. Entweder werden Kinder unentgeltlich zu Hause betreut – meistens von ihren Müttern oder Grossmüttern. Oder es kümmern sich andere Frauen in Kindertagesstätten (Kitas), Spielgruppen und Tagesschulen um die Kinder. Dort wird die Arbeit zwar bezahlt, aber die Löhne gehören zu den schlechtesten in der reichen Schweiz. Noch schlechter bezahlt sind Tagesmütter und Nannies, diese Arbeitsverhältnisse sind darüber hinaus oft kaum reguliert und kontrolliert. Ungeklärte Aufenthaltsstatus verschärfen die prekäre Lage, Folge davon können regelrechte Ausbeutungsverhältnisse sein. Stark verbreitet sind Mischmodelle, das heisst Kinder werden sowohl von ihren Müttern, Grossmüttern wie auch von professionellen Betreuerinnen umsorgt. Kinderbetreuende Frauen verzichten also entweder

a Die Eidgenössische Kommission dini Mueter (EKdM) wurde im Anschluss an die Kinderwagendemo von den Organisatorinnen gegründet.

als Mütter und Grossmütter auf Einkommen, soziale Absicherung und Renten. Oder sie erwerben in Kitas, Spielgruppen, Tagesschulen oder Privathaushalten kaum existenzsichernde Löhne, was ebenfalls ungenügende soziale Absicherung und Renten zur Folge hat. Armut ist in der Schweiz unter anderem deswegen weiblich. So liegt zum Beispiel die Armutsquote von Erwerbstätigen bei Alleinerziehenden viermal höher als der Durchschnitt. Und in 86 Prozent dieser Fälle leben die Kinder bei ihrer Mutter.

Frauen, die Kinder betreuen, bezahlen also einen hohen Preis dafür. Gemäss Berechnungen, die die Ökonomin Mascha Madörin in *Widerspruch 73* dargelegt hat, arbeiten Frauen in der Schweiz jährlich rund eine Milliarde Stunden unbezahlt alleine für die gesellschaftlich unverzichtbare Arbeit der Kinderbetreuung, rund 250 Millionen Stunden kommen im bezahlten Bildungs- und Betreuungsbereich dazu. Neben den schlechten finanziellen Bedingungen ist die Arbeit von ständiger Zeitnot geprägt. Betreuerinnen in Kitas und Tagesschulen müssen sich in der gleichen Zeit um immer mehr Kinder kümmern. Dies weil sich, um Kosten zu sparen, Personalschlüssel verschlechtern und gleichzeitig Gruppen und Klassen vergrössert werden. Wenn eine Kitaangestellte alleine sechs oder sieben Kinder betreuen muss, kann sie sich kaum Zeit nehmen für spezifische Bedürfnisse. Sie muss vieles schnell und gleichzeitig erledigen, der Arbeitsalltag ist geprägt von Stress und Hektik. Darunter leiden Betreuerinnen und Kinder gleichermassen.

Den Mangel an Zeit für Betreuungsarbeit bekommen auch Mütter zu spüren. Sie werden nach nur vierzehn Wochen Mutterschaftsurlaub zurück in die Erwerbsarbeit gedrängt – oder aber sie verzichten auf Einkommen und geraten in eine starke finanzielle Abhängigkeit. Das sind keine guten Bedingungen, um sich in einem neuen Leben mit Kleinkind zurechtzufinden. Vielmehr ist dieser Zeitdruck Ursache für Erschöpfung, Depressionen und Burnouts bei Müttern, die eigentlich auf Ruhe, Zuversicht und haufenweise Unterstützung angewiesen wären.

Die skizzierten Bedingungen sind die Folge einer Politik, die Kinder und die Sorge um sie primär als Privatsache betrachtet. Du hast dich für Kinder entschieden? Schau selber, wie du dich organisierst und finanzierst! Du wolltest Kinderbetreuerin werden? Selber schuld! Hättest halt einen anderen Beruf wählen sollen!

Vereint an der Kinderwagendemo

Den zeitlichen und finanziellen Druck im Zusammenhang mit Kinderbetreuung kennen sehr viele Frauen. Und er steht in einem krassen Gegensatz zur Wichtigkeit dieser Arbeit. Mütter, Grossmütter sowie Betreuerinnen im bezahlten Bereich können unter den aktuellen Bedingungen ihre Arbeit nicht so verrichten, wie es richtig wäre und wie sie gerne arbeiten würden. Dieses Erfahrungswissen vereint sie. Sie teilen sowohl die schlechten Bedingungen wie auch das Selbstverständnis, dass ihre Sorgearbeit von zentraler Bedeutung ist. Und genau diese Verbundenheit und gemeinsame Betroffenheit hat die Kinderwagendemo zum Frauenstreik angesprochen. Beim gemeinsamen Kinderwagenschieben durch die Berner Altstadt wurden die Verbindungen zwischen Frauen sichtbar und erlebbar. Für einmal waren Hausfrauen, Teilzeiterwerbende, Grossmütter, Karrierefrauen, unterbezahlte Kitabetreuerinnen, Tagesschulmitarbeiterinnen und Kindergärtnerinnen vereint, und zwar über die Arbeit mit den Kindern, die sie alle im Stillen leisten und die viel zu selten jene politische Aufmerksamkeit bekommt, die ihr zusteht.

Die Kinderwagendemo hat aber noch etwas anderes gemacht, das wesentlich zu ihrem Erfolg beigetragen hat: Sie hat es gewagt, Mütter als Mütter und Betreuerinnen als Frauen anzusprechen. Anlässlich des Frauenstreiks machten wir die Tatsache sichtbar, dass es nach wie vor grossmehrheitlich Frauen sind, die Kinder betreuen und dass folglich auch vor allem sie von den schlechten Bedingungen für Kinderbetreuung betroffen sind. Das ist eine statistisch belegte Tatsache, die viele Frauen jeden Tag sehr konkret erleben. Die wenigsten Mütter haben Partner, mit denen sie die unbezahlte Arbeit teilen können, und auch die Kinderbetreuerinnen bleiben als Kolleginnen meistens unter sich. Allen gegenläufigen Bemühungen – die sich vor allem auf diskursiver Ebene abspielen, strukturell aber wenig bewirken – zum Trotz ist Betreuungsarbeit nach wie vor Frauenarbeit: Diese stille gemeinsame Erfahrung klar zu benennen und in die Öffentlichkeit zu tragen, ist unglaublich befreiend und vereinend.

Wir brauchen neue feministische Perspektiven auf Mutterschaft

Spätestens seit den 1990er-Jahren hat sich die Vorstellung durchgesetzt, dass Frauen über ein eigenes Erwerbseinkommen unabhängig werden sollen. Erwerbsarbeit gilt als emanzipatorische Chance für Frauen, durch die sie sich aus patriarchalen Verhältnissen befreien können. Das heisst offenbar zugleich, dass die Mutterschaft höchstens als Bürde und als Einschränkung im Leben einer Frau thematisiert werden kann. Eines der wichtigsten gleichstellungspolitischen Ziele besteht in der raschen (Re-)Integration von

Müttern in den Arbeitsmarkt. Dabei wird so getan, als wäre Mutterschaft ein vorübergehendes Malaise, das frau hinter sich bringen kann, um sich dann wieder dem eigentlichen Sinn des Lebens zuzuwenden. Sich zur Mutterschaft zu bekennen gilt als rückwärtsgewandte Provokation. Wer das Muttersein thematisieren möchte und damit einhergehend auch die Anerkennung der entsprechenden Leistungen im Haushalt fordert, sieht sich schnell mit dem Vorwurf konfrontiert, bei der geschlechtergerechten Aufteilung mit dem Partner oder bei der Kollektivierung dieser Arbeit schlicht gescheitert zu sein.

Mütter stehen heute vor anderen Herausforderungen als noch vor dreissig Jahren. Wir und unsere Freundinnen, geboren in den 1970er- bis 1990er-Jahren, haben nicht erlebt, dass Eltern oder Lehrpersonen uns «an den Herd» (zurück-)schicken wollten. An uns wurde nie die einschränkende Anforderung gerichtet, in erster Linie gute Hausfrauen und Mütter zu werden und alles andere (Bildung, Beruf) als Nebensächlichkeit zu betrachten. Wir sind vielmehr mit dem Versprechen und der Sicherheit aufgewachsen, dass beides möglich sei. Muttersein und Beruf – oder gar «Karriere». Als wir dann aber tatsächlich Mütter wurden, mutierte das Versprechen schnell zur Zumutung, die sich in ständiger Zeitnot, einem Gefühl der Zerrissenheit, Erschöpfung oder gar einem Burnout äussert. Darüber hinaus sind unsere Löhne oft nicht existenzsichernd und sogar die versprochene Unabhängigkeit bleibt also weiterhin aus. Welche feministische Strategie ist angebracht in dieser Situation? Viele von uns sind nicht mehr bereit, zuallererst immer die Kinder und damit die Mutterschaft als problematischen Teil des sogenannten Vereinbarkeitsarrangements zurückzuweisen oder darin Abstriche zu machen. Wie auch viele von uns Erwerbsarbeit nicht als eindeutig emanzipierend erfahren. Häufig sind es gerade Erwerbsarbeitsverhältnisse, in denen wir Prekarität und Diskriminierung erfahren. Vonseiten der Politik werden die Forderungen von Müttern, wenn überhaupt, unter dem Begriff der Elternschaft subsumiert. Die Kinderwagendemo hat das Bedürfnis sichtbar gemacht, die spezifische Situation von Frauen als Mütter und von Betreuerinnen zu thematisieren und unbezahlte und schlecht bezahlte Frauenarbeit zu politisieren. Diese gegenseitige Solidarisierung hat grosse Freude gemacht und uns gestärkt!

Jetzt kommt die Eidgenössische Kommission dini Mueter

Aus den dargelegten Gründen haben wir, Mütter und Betreuerinnen und Kindergärtnerinnen, nach dem Frauenstreik die EKdM – Eidgenössische

Kommission dini Mueter gegründet. Wir fordern eine Politik, die die Erfahrungen von Müttern und Betreuerinnen als gemeinsame Perspektive ernst nimmt. Wir fordern Zeit und Geld für gute Kinderbetreuung, unabhängig davon, wo und von wem diese Arbeit verrichtet wird.

In ihrer jungen Geschichte hatte die EKdM bereits verschiedene Gelegenheiten zu zeigen, was das konkret heisst. So setzen wir uns beispielsweise für einen massiven Ausbau des Mutterschaftsurlaubs und für eine Elternzeit ein. Momentan werden auf kantonaler Ebene unterschiedliche Elternzeitprojekte lanciert und auch auf nationaler Ebene wird es wohl bald eine Initiative geben. Einige Modelle geben sich zufrieden mit den heute für Mütter vorgesehenen vierzehn bis sechzehn Wochen – sie sehen vor allem für die Väter Handlungsbedarf. Das ist ein Hohn für alle Mütter, die heute unbezahlten Urlaub beziehen müssen, weil vierzehn bis sechzehn Wochen schlicht zu kurz sind – auch in Anbetracht der enormen körperlichen und psychischen Beanspruchung durch Schwangerschaft, Geburt und Stillzeit. Mit der EKdM werden wir dafür sorgen, dass die spezifischen Bedürfnisse von Müttern in aktuellen Debatten um Elternschaft nicht verloren gehen.

Ein weiteres Anliegen der EKdM sind bessere Arbeitsbedingungen in Kitas, Kindergärten und Tagesschulen. Gerade jüngst – in den Monaten nach dem Frauenstreik – sind an verschiedenen Orten Sparmassnahmen oder ungerechte Lohnverhältnisse in diesem Bereich angekündigt worden. Oft passiert dies still und ohne öffentliche Debatte. Die einzigen, die mitbekommen, was läuft, sind die Betreuerinnen und manchmal die Eltern. Die EKdM sorgt für Öffentlichkeit und sucht das Gespräch mit den verantwortlichen Behörden und PolitikerInnen.

Zum Beispiel in den Kindergärten: Es werden immer mehr Teamteaching-Lektionen gestrichen. Die Anforderungen sind gestiegen, nicht aber die Wertschätzung und der Respekt gegenüber der geleisteten Arbeit. Die Kinder sind bei Kindergarteneintritt jünger, gleichzeitig werden die Klassen immer grösser und die Anforderungen sind mit dem Lehrplan 21 und mit zusätzlichen Fächern wie M+I (Medien und Informatik) gestiegen. Oft wurde wegen Geldmangel zu wenig in die Räumlichkeiten investiert, was eine kindgerechte Betreuung sowie das Lernen nach Lehrplan 21 zusätzlich erschwert.

Möchte eine Kindergartenlehrperson zum Beispiel nicht mehr mit mehr als zwanzig Kindern (4- bis 6-jährig) auf mehreren Stockwerken ohne Unterstützung einer ausgebildeten Kollegin ganz alleine und weit weg vom nächsten Kindergarten oder Schulhaus verbringen, kann sie in einer Ganztagesschule arbeiten, weil diese in Dreierteams aufgebaut wird (bestehend aus zwei Lehrpersonen und einer Betreuerin). Nur: Wenn eine Kindergarten- oder Unterstufenlehrperson künftig im neuen Modell «Ganztagesschule» arbeitet, wird sie am Morgen regulär nach Lektionen (Lehrerinnenlohn) bezahlt und ab Mittag nur noch im Betreuungsansatz, der halb so hoch ist wie der Ansatz für Kindergärtnerinnen in regulären Kindergärten. Das bedeutet im Klartext: nachmittags doppelt so lange arbeiten für den gleichen Lohn wie vorher. Ist das fair? Ist Betreuung so viel weniger wert als Unterricht? Nein, gute Betreuung ist zentral, denn nur gut betreute Kinder können dem Unterricht überhaupt folgen.

Oder in den Kitas: Die Stadt Bern hat kürzlich bekannt gegeben, keine Kitapensen unter vierzig Prozent mehr zuzulassen. Von dieser Änderung betroffen sind in erster Linie Kindergartenkinder. Viele von ihnen besuchen die Kita seit dem Säuglingsalter. Es ist ihre vertraute und konstante Umgebung, zu den Betreuerinnen bestehen enge Beziehungen. Die kleinen Pensen entstehen mit dem Kindergarteneintritt dadurch, dass eine Betreuung der Kinder häufig nur noch halbtags oder gar nur über den Mittag anfällt, da sie die Vormittage und einen Nachmittag pro Woche im Kindergarten verbringen.

Die Alternative zu den Kitas sind die Tagesschulen. Viele Eltern von Kindergartenkindern entscheiden sich aber dagegen, ihr Kindergartenkind in die Tagesschule zu schicken und dies mit gutem Grund. Denn weder die Räumlichkeiten noch der Betreuungsschlüssel in den Tagesschulen werden den Bedürfnissen von 4- bis 6-jährigen Kindern gerecht: Einerseits kümmern sich nur wenige Betreuerinnen – mit einem Betreuungsschlüssel von 1 zu 10 – um die Bedürfnisse von fünfzig oder sechzig schulpflichtigen Kindern vom Kindergarten bis zur neunten Klasse; und andererseits decken die Tagesschulen lediglich den Schulbetrieb ab und sind während den Schulferien geschlossen, während die Kitas fünfzig Wochen im Jahr geöffnet sind.

Hinzu kommt: Die Verunmöglichung tieferer Kitapensen bringt auch eine Verschlechterung der Arbeitsbedingungen der Kitamitarbeiterinnen mit sich. Pensen unter vierzig Prozent betreffen zum heutigen Zeitpunkt fast nur Kindergartenkinder. Kinder also, die sich bereits eine gewisse Selbständigkeit angeeignet haben und viele Dinge des alltäglichen Lebens mit weniger Hilfe bewerkstelligen, als dies Kleinkinder und Säuglinge tun können. Werden diese Plätze nun – zwangsläufig – frei und durch Plätze für Babys und Kleinkinder ersetzt, erhöht sich die Arbeitsbelastung der Betreuungspersonen immens.

Kinder brauchen Zeit, Aufmerksamkeit und stabile Beziehungen. Die Betreuungspersonen brauchen Zeit, Raum und gerechte Löhne, damit sie ihre Arbeit gut machen können. Die EKdM ist eine Mütter- und Betreuerinnenlobby und greift überall dort ein, wo meist stillschweigend Bedingungen für Kinderbetreuung verschlechtert werden. Wir schreiben Briefe an Behörden, mischen uns ein in parlamentarische Politik und öffentliche Debatten. Wir sind die Stimme derjenigen, die so viel leisten und viel zu wenig dafür bekommen.

Jonas Frick / Lea Küng

Der Frauen*streik als soziale Bewegung

Am 14. Juni 2019 gingen in der Schweiz mehr als eine halbe Million Frauen* auf die Strasse und beteiligen sich an Aktionen, Streiks und Demonstrationen. Der Frauen*streik geht somit als grösste politische Mobilisierung seit dem Generalstreik 1918 in die Schweizer Geschichte ein. Mit Blick auf den Bewegungscharakter des Frauen*streiks in Zürich lassen sich thesenartig Gründe für diese Mobilisierungsstärke finden. Darin zeigen sich zugleich Interventionsmöglichkeiten und die positive Rolle, die eine zyklisch funktionierende soziale Bewegung für langfristige Organisierungsprojekte spielen kann. Damit wird allerdings nur ein kleiner Teil der Mobilisierungsfrage abgedeckt: Andere wichtige Bestandteile, die die Gemengelage des Frauen*-streiks prägten, werden im Folgenden nicht berücksichtigt, beispielsweise die Feminisierung von Arbeitskämpfen, die gewerkschaftliche Perspektive auf den Streik oder die Perspektiven ausserhalb der grossen Städte.

Die anhaltende Repräsentationskrise bildet ein wichtiges Politisierungsmoment

In den letzten Jahren zeigte sich keine Verbesserung der Lebensrealitäten von Frauen*. Lohnungleichheit, prekäre Arbeitsbedingungen und fehlende Anerkennung der Reproduktionsarbeit wurden genauso wenig verringert oder abgeschafft wie Gewalt gegen Frauen*, Sexismus oder andere Diskriminierungsformen ein Ende fanden. So machte etwa die 2017 ausgelöste Debatte um MeToo[1] öffentlichkeitswirksam deutlich, dass sexuelle Belästigung und Übergriffe für Frauen* allgegenwärtig sind, genauso wie die Folgenlosigkeit für die Täter. Der Widerspruch zwischen anhaltender Diskriminierungs- und Ungleichheitserfahrung und der Kontinuität nicht eingehaltener Versprechen zur Abhilfe davon förderte die Delegitimierung bestehender politischer Integrationsfaktoren. Anders gesagt: Die bisherige politische Repräsentation durch Institutionen oder gewählte Vertreter*innen verliert ihre Legitimationskraft. Der Frauen*streik reagierte darauf, indem er implizit und explizit aufzeigte, dass die Handlungsmacht in die Hände der Betroffenen gehört. Dies zeigte sich organisatorisch wie auch politisch. Ob als Basisorganisation, als Aktionsgruppe oder als Hochschulgruppe gab es im Umfeld des Zürcher Frauen*streikkollektivs Organisierungsangebote gegen die Machtlosigkeit und fehlende Veränderung. Und inhaltlich wurde darauf beharrt, dass Diskriminierung und Lebensrealitäten von Frauen* weder einem Naturgesetz folgen noch das Resultat einer individuellen Aushandlungsleistung sind, sondern gesellschaftlich und ökonomisch bedingt und folglich umfassend politisiert werden müssen. Diese Politisierung reicht unter Umständen über ihren ursprünglichen Gegenstand hinaus, indem sie als katalysierender Moment auf andere Bewegungen wirkt und dazu beiträgt, aus der politischen Defensive auszubrechen.

Der internationalistische Blick auf andere Frauen*bewegungen war grundlegend für das Aufgehen der latenten Mobilisierungsgründe in einer neuen Bewegungsdynamik

Die in der Mobilisierungsphase zum Frauen*streik erlebte Politisierung vermochte nicht nur aufzuzeigen, wie es möglich ist, linke Antworten auf die Repräsentationskrise zu finden, sondern auch jenes Terrain neu zu bespielen, unter dessen Delegitimierung die Linke selbst zu leiden hat. Nicht nur staatliche Institutionen, sondern auch Akteure wie Gewerkschaften leiden unter fehlendem Vertrauen und damit einhergehenden fehlenden Basisaktivitäten und betrieblichen Aktionen beziehungsweise Verbindungslinien von allgemein politischen und betrieblichen Kämpfen. Dass Streik als Aktionsform kein Relikt der Vergangenheit ist, war zwar vielen Aktivistinnen* bewusst, allerdings braucht es konkrete Anknüpfungspunkte, um dieses allgemeine Wissen in eine neue Praxis zu überführen. 1991 richteten in der Schweiz nationale Referenzpunkte wie das zwanzigjährige Bestehen des Frauenstimmrechts, die zehnjährige Verankerung der Gleichstellung in der Verfassung sowie die Lohndiskriminierung die Aufmerksamkeit erneut auf die anhaltenden Geschlechterungleichheiten und führten zum ersten Schweizer Frauenstreik. Demgegenüber spielte 2019 die internationale Lage die entscheidende Rolle. So zeigten die Bilder, Videos und Berichte von verschiedenen Frauen*kämpfen in Lateinamerika, Polen oder Spanien auf, dass neue Offensiven möglich sind und die Strasse zentraler Ort der politischen Auseinandersetzung bleibt.[2] Zudem verdeutlichten die globalen Bewegungen zum 8. März, die seit 2016 immer häufiger vom Kampfmittel des Streiks Gebrauch machten, dass sie ihren Feminismus auch als einen klassenkämpferischen verstehen. In diesem Sinne inspirierten die Streiks und Bewegungen in Lateinamerika und Spanien den Schweizer Frauen*streik auch inhaltlich. Unter anderem thematisierten die lokalen Streikkollektive die Anliegen von bezahlt und unbezahlt arbeitenden Frauen* und grenzten sich mit der zunehmend antikapitalistischen Position von einem «Lean-In-Feminismus»[3] ab. Dass diese inhaltliche Positionierung in die Breite getragen werden konnte, zeigte sich beispielsweise, als sich die Frauen der Freisinnig-Demokratischen Partei (FDP) im letzten Moment zum Streik äusserten und das Mittel Streik sowie die Inhalte als zu links verurteilen, es ihnen jedoch nicht gelang, sich Gehör zu verschaffen.

Die Stärke der Mobilisierung resultierte aus der Verzahnung konkreter und allgemeiner Elemente: Das Utopische wirkte als gesamtgesellschaftlich mobilisierende Perspektive, das Konkrete als Anknüpfungspunkt am Arbeitsplatz oder in der Schule

Dass ein Streik- und Aktionstag, der verschiedene Inhalte und Formen kennt, auch Forderungen auf unterschiedlichen politischen Ebenen beinhaltet, mag auf den ersten Blick als eine Banalität erscheinen. Allerdings liegen dahinter Erkenntnisse, die nur allzu schnell wieder vergessen werden. Die antikapitalistische Stossrichtung der verschiedenen Kollektive war nicht zu weit links, um mobilisierend zu wirken. Ganz im Gegenteil: Perspektiven, die im jetzigen System gar nicht zu realisieren sind, wirkten als katalysierender Faktor der Mobilisierung. Die Vorstellung, dass eine andere Welt notwendig und möglich ist, durchbricht die grassierende politische Lethargie mit ihrer Utopielosigkeit. Solche Aussichten tragen auch dazu bei, dass sich Menschen eher kollektiv wehren, statt sich mit der individuellen Situation abzufinden. Damit diesbezüglich keine Missverständnisse entstehen: Die Verbindung konkreter und allgemeiner Forderungen bedeutet nicht, einem allgemeinen Programm jeweils noch ein, zwei konkrete Forderungen anzuhängen. Viel wichtiger – und für den Frauen*streik erfolgreich – war es, in den grossen Kollektiven einen politischen Rahmen zu setzen, der Widersprüche benennt, Strukturen sichtbar macht und eine Perspektive einfordert, während die Basisorganisierung und die nicht zu unterschätzende Eigendynamik innerhalb der Betriebe und Schulen konkrete Forderungen entwickelten.

Unterschiedliche Formen der Organisierung bei gleichzeitiger Vernetzung ermöglichen eine breite Partizipation sowie die Möglichkeit, Differenzen als Stärke umzusetzen

Dieses Nebeneinander von konkreten und utopischen Perspektiven und die daraus resultierende Mobilisierungskraft fusste in Zürich auf der Ausgestaltung der Organisierung im Vorfeld des Streiks. Als sich anfangs Herbst 2018 die Vorzeichen für den Frauen*streik verdichteten, fanden erste Vernetzungstreffen statt, die zur Gründung der regionalen Streikkollektive führten.[4] In Zürich fungierte das Streikkollektiv als Kristallisationspunkt für politisch noch unorganisierte Frauen*, Arbeitsgruppen, feministische Aktionsgruppen und ausserparlamentarische Organisationen. Aus der Dringlichkeit, die Handlungsautonomie der am Kollektiv Beteiligten nicht infrage zu stellen und gleichzeitig eine politische Zusammenarbeit zu ermöglichen, entstand ein starker Konsens. Dieser bestand darin, keine politische Konformität zu erzwingen, sondern unterschiedliche Positionen und Forderungen nebeneinander stehen zu lassen und sich weder durch innere Differenzen noch durch äussere politische und mediale Angriffe schwächen oder spalten zu lassen. Auch wenn sich im Anschluss an den Frauen*streik wie bei allen sozialen Bewegungen die Frage stellt, wie der (strategische) Konsens und die Organisierung fortgeführt werden können, darf die Wiederbelebung der Basisorganisierung sowie deren Bedeutung als politisierender Moment nicht verkannt werden. Dies zeigt sich nicht nur an der Beteiligung am Frauen*streik, die alle Erwartungen übertroffen hatte, sondern auch an der erheblichen Eigendynamik, die sich im Vorfeld und am 14. Juni selbst entfaltete. Diese selbstermächtigende Politik sowie die Stärkung der feministischen Bewegung waren dann auch für viele Streikkollektive die eigentlichen Ziele des Frauen*streiks 2019. Ob dies nachhaltig erreicht wurde, wird sich unter anderem daran messen müssen, ob der Ermächtigungsmoment über die intensivierte populärkulturelle Inszenierung feministischer Kämpfe hinausgeht. Diese müssen vielmehr Ausdruck an verschiedenen Fronten finden, sei es indem beispielsweise Arbeitskämpfe als Widerstandsformen revitalisiert werden oder dass die Überwindung des Bestehenden weitere Legitimation erhält.

Anmerkungen

1 Der Hashtag MeToo erlangte seit Oktober 2017 in den sozialen Medien grosse Resonanz, nachdem die US-Schauspielerin Alyssa Milano Frauen dazu aufforderte, sexuelle Übergriffe nicht länger zu verschweigen. Die MeToo-Bewegung wurde allerdings bereits 2006 von der US-Aktivistin Tarana Burke gegründet mit dem Ziel, sexuellen Missbrauch von schwarzen Frauen an die Öffentlichkeit zu bringen.

2 Letzteres bleibt nicht auf die internationale Erfahrung beschränkt. Mit der Kontinuität der 8. März-Mobilisierungen, den neu auch am 25. November in verschiedenen Städten durchgeführten Demonstrationen oder dem Women's March gab es auch in der Schweiz einen kontinuierlich wieder wichtiger werdenden Bezug zur Strasse.

3 Die Facebook-Managerin und Milliardärin Sheryl Sandberg vertrat 2013 in ihrem Buch *Lean In: Women, Work and the Will to Lead* das neoliberale Versprechen, dass bei ausreichendem Willen und Disziplin alle Frauen die Chefetagen erreichen könnten.

4 Während es zu Beginn der Mobilisierung noch Kontakt zu den Gewerkschaften gab, kristallisierte sich bald eine «Arbeitsteilung» heraus. So konzentrierte sich das Zürcher Streikkollektiv auf die Medienarbeit, die politischen Inhalte, Aktionen sowie die Demonstration am 14. Juni; die Gewerkschaften arbeiteten in ihren Strukturen und unterstützten das Kollektiv bei grösseren Organisationsfragen.

Therese Wüthrich

Besser als ein Traum, ein Streik

Zum Frauenstreik 1991

Mit Stolz erinnern sich Aktivistinnen von damals, landauf landab, an den ersten Frauenstreik von 1991 in der Schweiz. Engagiert, motiviert und verbunden mit vielseitigen Betrachtungen, gaben sie im Vorfeld zum Frauenstreik 2019 ihr Wissen und ihre Erfahrungen an Podien, in Diskussionsrunden, in den Medien weiter – und viele junge Aktivistinnen liessen sich von dieser Geschichte inspirieren.

In verschiedener Hinsicht drängte sich im Jahr 1991 ein Frauenstreik geradezu auf. In diesem Jahr feierte die offizielle Schweiz ihr 700-jähriges Bestehen. Für viele Feministinnen und engagierte Frauen, die jahrelang für ihre Rechte einstanden, waren diese Gedenkanlässe Feiern einer männlich dominierten Schweiz, in der Frauen eine untergeordnete, kaum mit Rechten ausgestattete Rolle zu spielen hatten. Beispielsweise gab es damals weder eine gesetzliche Mutterschaftsversicherung, obschon 1945 ein entsprechender Verfassungsauftrag verabschiedet worden war, noch das Recht auf einen straflosen Schwangerschaftsabbruch. Zwar gab es einen Kündigungsschutz während der Schwangerschaft und nach der Geburt; in der Regel gab es aber keinen Anspruch auf Lohnfortzahlung.

«Wenn Frau will, steht alles still!»

1991 wurde auch auf zwanzig Jahre Frauenstimm- und Wahlrecht zurückgeblickt sowie auf zehn Jahre Gleichstellungsartikel, dem in der Volksabstimmung vom 14. Juni 1981 zugestimmt worden war. Seither ist in der Bundesverfassung festgeschrieben: «Mann und Frau sind gleichberechtigt. Das Gesetz sorgt für ihre rechtliche und tatsächliche Gleichstellung, vor allem in Familie, Ausbildung und Arbeit. Mann und Frau haben Anspruch auf gleichen Lohn für gleichwertige Arbeit» (BV, Art. 8, Abs. 3). In Tat und Wahrheit war dieser Verfassungsauftrag bis ins Jahr 1991 mehr oder weniger ignoriert worden.

Zu diesem Schluss kam auch eine Gruppe von gewerkschaftlich organisierten Uhrenarbeiterinnen aus dem Vallée de Joux im Jura. Die Arbeiterinnen mussten realisieren, dass sie immer noch rund einen Drittel weniger verdienten als ihre männlichen Kollegen. Und es zeigte sich, sie waren nicht länger gewillt, sich tatenlos zu gedulden. Während eines Treffens mit Christiane Brunner, der damaligen Zentralsekretärin des Schweizerischen Metall- und Uhrenarbeiter-Verbandes (heute die Gewerkschaft Unia), stellte Liliane Valceschini, eine Uhrenarbeiterin mit italienischen Wurzeln, die Frage: «Was hältst du davon, wenn wir Frauen am 14. Juni schweizweit in den Streik treten?» (Komposch 2019). Gesagt, getan. Die spontane Idee setzte sich sofort in Brunners Kopf fest, wie sie in einem Interview erzählt: «Ich traf mich mit Freundinnen aus Politik, Gewerkschaften sowie den Medien und wir sammelten Ideen, wie ein solcher Streik aussehen könnte. Es sollte ein Frauenstreik werden. Und alle Frauen sollten sich beteiligen können – auch Hausfrauen, die arbeiten schliesslich auch. Das Datum war für mich klar: Der 14. Juni 1991.» (Küng 2018, 58).

Ein Streik auf nationaler Ebene benötigte eine Struktur, Organisation und Geld. Mit gewerkschaftlicher Unterstützung konnte jedoch nicht von Vornherein gerechnet werden. In heftigen Auseinandersetzungen galt es dem Argument entgegenzutreten, ein Streik sei das allerhöchste gewerkschaftliche Protestmittel, mit dem in der Regel ein Betrieb oder eine Produktionskette lahmgelegt werde, um bestimmte Forderungen zu erlangen. Liliane Valceschini, die Uhrenarbeiterinnen und Christiane Brunner setzten sich in den Gewerkschaftsgremien aber durch und erreichten knappe Mehrheiten für einen Frauenstreik. Neben dem innergewerkschaftlichen Kampf galt es auch aussergewerkschaftliche Kreise zu gewinnen, was Brunner zu einer sechsmonatigen Reise kreuz und quer durch die Schweiz führte. Ohne Berührungsängste sprach sie in jeder noch so kleinen Gemeinde zu Frauengruppen jeder politischen Couleur.

Die Aufrufe «Mieux qu'un rêve, une grêve» (besser als ein Traum, ein Streik; der Slogan der französischsprachigen Schweiz) und «Wenn Frau will, steht alles still!» (der Slogan der deutschsprachigen Schweiz) brachten am 14. Juni 1991 eine halbe Million Frauen aus allen Berufen und Generationen sowie Bäuerinnen und Kirchenfrauen auf die Strasse, mit vielfältigen und farbigen Aktionen, Kundgebungen und voller beeindruckender Regelbrüche. Der Protest ging von einer kleiner Gruppe Uhrenarbeiterinnen aus und konnte Gewerkschaftskolleginnen und ganze Gewerkschaften sowie die unterschiedlichsten Gruppen aus der Frauenbewegung mobilisieren. Der damalige Präsident des Schweizerischen Gewerkschaftsbundes, Paul Rechsteiner, beschrieb ein paar Jahre später den Frauenstreik als einen politischen Streik, der die Männerwelt in der Schweiz gehörig durchlüftet habe.

Die Schweiz nach dem 14. Juni 1991

Die Mobilisierung des Frauenstreiks 1991 geht nach dem Generalstreik 1918 als zweitgrösste politische Manifestation im 20. Jahrhundert in die Geschichte ein und hatte in den danach folgenden Jahren nachhaltige Ausstrahlung. Zum Beispiel wäre es ohne den Frauenstreik undenkbar gewesen, dass im Frühling 1993 Ruth Dreifuss als zweite Frau nach dem Rücktritt von Elisabeth Kopp (1984 bis 1989) in den Bundesrat gewählt wurde. Die Gewerkschafterin Christiane Brunner, Hoffnungsträgerin der Frauenbewegung und von der Sozialdemokratischen Partei (SPS) nominierte Kandidatin, wurde nicht gewählt. An ihrer Stelle wurde Francis Matthey gewählt. Aufgrund des Protests von zehntausend Frauen vor dem Bundeshaus am 3. März 1993 und auf Druck der Partei musste Matthey aber zurücktreten. Eine Woche später wurde die Gewerkschafterin Ruth Dreifuss gewählt.

Ebenso war der Frauenprotest vor dem Bundeshaus gross, als Ruth Metzler als Bundesrätin von der Bundesversammlung im Dezember 2003 abgewählt wurde und Christoph Blocher Platz machen musste. Als Angehörige der Christlichdemokratischen Volkspartei (CVP) hat sie wesentlich zum gesetzlichen Durchbruch der seit dem 1. Oktober 2002 in Kraft getretenen Fristenregelung (dem straflosen Schwangerschaftsabbruch) beigetragen. Grossen Frauenprotest gab es vor dem Bundeshaus auch vier Jahre später, im Dezember 2008, als Eveline Widmer-Schlumpf anstelle von Christoph Blocher in den Bundesrat gewählt wurde. Die Schweizerische Volkspartei (SVP) drohte ihr, sie aus der Partei auszuschliessen, sollte sie nicht sofort als Bundesrätin zurücktreten.

Ein weiteres Beispiel für den Erfolg des Frauenstreiks ist das Gleichstellungsgesetz. Die Streikenden forderten die Umsetzung des Gleichstellungsartikels, der seit zehn Jahren ohne gesetzliche Verankerung in der Schweizer Bundesverfassung stand. Fünf Jahre nach dem Streik, am 1. Juli 1996, konnte das Gleichstellungsgesetz in Kraft gesetzt werden; für schweizerische Verhältnisse beinahe sensationell schnell. Auch der Verfassungsartikel für eine Mutterschaftsversicherung erhielt durch den Frauenstreik Auftrieb. Das Gesetz dazu wurde am 1. Juli 2005 in Kraft gesetzt. Zudem wurden Gleichstellungsbüros in den Verwaltungen von Kantonen und Städten geschaffen.

Auch die Gewerkschaftswelt veränderte sich nachhaltig. Es bildeten sich Frauenkommissionen und es wurden Sekretariatsstellen für die Arbeit mit und für Kolleginnen eingerichtet. Beispielsweise führte die Gewerkschaft Druck und Papier (GDP, heute syndicom, Gewerkschaft Medien und Kommunikation) Mitte Juni 1991 ihre Delegiertenversammlung durch und debattierte am 14. Juni unter anderem über einen Antrag für eine Frauensekretariatsstelle. Nach einer hitzigen Auseinandersetzung votierte die Versammlung für ein Frauensekretariat. Der Antrag ging zurück auf eine mutige Gruppe von GDP-Frauen, die schon früh Vorarbeit für den Frauenstreik geleistet hatte. Sie klagte 1990 ihre eigene Gewerkschaft ein, weil sie das Gesetz für gleichen Lohn von Mann und Frau bei den Hilfsarbeiterinnen in der Buchbinderei missachtete. Die Gewerkschafterinnen erhielten im Vorfeld des Frauenstreiks, im Februar 1991, vor Gericht Recht und der Gesamtarbeitsvertrag musste neu verhandelt werden.

Sodann hat der Frauenstreik 1991 dazu beigetragen, dass Lohnungleichheit nicht mehr akzeptiert wird. Heute verurteilen viele Menschen diese Diskriminierung. Es geht aber noch um mehr, nämlich um die strukturelle Ungleichheit. Immer noch arbeiten Frauen eher in Tieflohnbereichen und in Teilzeitarbeit. Dies sind Themen, die seit Jahren prominent in der gewerkschaftlichen Agenda stehen. Mit viel Engagement haben die Gewerkschaften in den vergangenen Jahren wiederholt Aktionen durchgeführt und Aktivitäten gegen die Missstände entwickelt, denen Frauen in der Arbeitswelt ausgesetzt sind. So zum Beispiel eine grosse schweizweite Kundgebung für Lohngleichheit und gegen Diskriminierung: Unter dem Slogan «#ENOUGH18: Wir haben genug» demonstrierten am 22. September 2018 in Bern rund 20 000 Teilnehmende. Die Entschlossenheit und Wut der Frauen und Gewerkschafterinnen über die Untätigkeit der Politik führte auch dazu, dass der Frauenstreik 2019 möglich wurde.

Schliesslich ist hervorzuheben, dass der Impuls für den Frauenstreik 1991 von Uhrenarbeiterinnen ausging, namentlich von Liliane Valceschini, einer Seconda mit italienischen Wurzeln. Sie ist eine von vielen Immigrantinnen, die zur Beschleunigung der Gleichstellung in der Schweiz beigetragen haben (siehe die Rezension zu Francesca Falk: *Gender Innovation and Migration in Switzerland* in diesem Heft). Liliane Valceschini hielt am Frauenstreik 2019 in Yverdon eine Rede (Komposch 2019). Im Spätherbst 2019 ist sie im 82. Lebensjahr verstorben. Ihr Kommentar zur Mobilisierung wird so zum Vermächtnis: «Es macht mich glücklich, wenn ich sehe, wie die Frauen jetzt wieder mobilisieren. Wir dürfen einfach nie aufgeben!»

Literatur

BV, Bundesverfassung der Schweizerischen Eidgenossenschaft: bv-art.ch/8 (Abfrage 28.1.2020)

Komposch, Jonas, 2019: «Dann träumte ich von einem Frauenstreik», Interview mit Liliane Valceschini. In: work, 14. Juni 2019. www.workzeitung.ch/2019/06/dann-traeumte-ich-von-einem-frauenstreik (Abfrage 28.1.2020)

Küng, Lea, 2018: «Die Uhrenarbeiterinnen meinten: Eigentlich müssten wir streiken!» In: Frauenfragen. Zeitschrift der Eidgenössischen Kommission für Frauenfragen. Bern, 58–61. www.ekf.admin.ch/ekf/de/home/dokumentation/fachzeitschrift-frauenfragen-/frauenfragen-2018.html (Abfrage 28.1.2020)

Meral Kaya

Antimuslimischer Diskurs und der Frauen*streik[a]

Der Streik von 2019 wurde im Vergleich zu demjenigen im Jahre 1991 als besonders intersektional[1] gefeiert. Ein Artikel in der WOZ beschrieb den Frauen*streik 2019 in Zürich mit folgenden Worten: «Feminismus muss intersektional sein, er muss auch People of Color einschliessen, illegalisierte Frauen, Sexarbeiterinnen, Musliminnen, Behinderte, Lesben, Queers, Trans- und Interpersonen. Dem Frauenstreik 2019 ist das gelungen. Sie alle hatten Platz auf den Bühnen, um ihre Forderungen zu formulieren, allen stand die Euphorie ins Gesicht geschrieben.» (Landolt 2019) Einen Schritt weiter ging ein Eintrag auf dem INES (Institut Neue Schweiz)-Blog: «Wenn 1991 die Stimmen der Migrantinnen nur spärlich oder höchstens über die Lautsprecher der Gewerkschaften zu hören waren, erhoben in vielen Städten dieses Mal auch die Migrantinnen ihre eigenen Stimmen. [...] In diesem Sinne darf der Frauen*streik 2019 auch als erster intersektionaler Streiktag der Schweiz gelten. Das ist neu und stimmt hoffnungsvoll.» (Mateos 2019)

Die beiden Berichte informieren voller Freude und Stolz über diesen erfolgreichen Streiktag – an dieser Wahrnehmung soll hier auch gar nicht gezweifelt werden. Dennoch drängen sich zwei Fragen auf: Ist diese intersektionale Situation wirklich so neu, oder haben wir einfach nur vergessen, dass sich 1991 bereits Frauen* of Colour (F*oC)[2] am Streik beteiligt haben? Eine kleine Recherche im Sozialarchiv zeigt, dass F*oC auf Bildmaterialien von 1991 durchaus zu sehen sind. Allerdings wird nicht ersichtlich, inwiefern sie beteiligt waren und ob ihre Forderungen von der Streikbewegung auf-

a Dieser Text ist eine stark überarbeitete Version eines Beitrags, der unter dem Titel *Rassismus am Frauen*streik* in der Zeitschrift *Neue Wege 12.19* erschienen ist. Ich danke Jovita dos Santos Pinto und Patricia Purtschert für das gemeinsame Nachdenken.

genommen wurden. Denn in Broschüren, auf Flyern oder auch in den Manifesten sind sie kaum sichtbar. Die Rede ist von Frauen im Allgemeinen. Vereinzelt tauchen jedoch die Begriffe «Ausländerfrauen» und «Rassismus» (SozArch 1991) auf. Beim Frauen*streik von 2019 sind Rassismus wie auch Intersektionalität als Themen auf Bildmaterial wie auch in Manifesten und auf Flyern sichtbarer. Können wir aber deshalb die Schlussfolgerung ziehen, dass der Streik von 2019 intersektionaler war als der von 1991? Die dürftige Quellenlage zur Beteiligung der F*oC am Frauenstreik 1991 lässt keine vertiefte Analyse dieser Frage zu, was zu einer nächsten Frage führt: Wessen Geschichten schaffen es in die Archive?[3]

Und ich frage weiter: Verbindet die beiden Streiks nicht eher, dass nichtweisse, migrantische und muslimische Frauen* zwar mitgemacht haben, aber ihre Forderungen kaum aufgenommen und sie selbst marginalisiert wurden? So geschehen zum Beispiel mit den Frauen* der Foulards Violets. Die Foulards Violets haben sich im Vorfeld des Frauen*streiks 2019 in Genf gegründet – die Farbe Violett ist an die Farbe des Streiks angelehnt. Sie setzen sich für einen intersektionalen Feminismus ein: «In der Schweiz lebende Musliminnen sind sowohl Opfer von Sexismus als auch von Rassismus, wobei die Islamophobie nur eine von vielen Varianten ist. Deshalb können wir unsere Kämpfe nicht aufteilen: Wir müssen sie gemeinsam bekämpfen.»[4] (Foulards Violets 2020) Einer ihrer Kritikpunkte richtet sich gegen das Laïzitätsgesetz, das am 10. Februar 2019 in Genf angenommen wurde. Das Gesetz verbietet Parlamentarier*innen und staatlichen Mitarbeiter*innen, religiöse Symbole zu tragen. Obwohl das Laïzitätsgesetz nicht ausschliesslich auf Frauen* mit Hijab zielt, wurde ein Grossteil der Diskussion rund um Hijabs ausgetragen.[5]

Gleicher Lohn für alle: Wer regelt den Zugang zu qualifizierter Arbeit?

Das Laïzitätsgesetz wie auch weitere Regelungen rund um das Tragen von «Kopftüchern» führen in der Schweiz dazu, dass Frauen* mit Hijab von repräsentativen und höher qualifizierten (z. B. Lehrer*innen) Funktionen verdrängt werden. Es reiht sich damit in eine gesamteuropäische Tendenz ein, Muslimas* strukturell in den Niedrigarbeitssektor zu lenken (Farris 2017, 15). Wie kommt es also, dass diese geschlechterspezifische Diskriminierung, die vor allem muslimische Frauen* betrifft, nicht in die dominant rezipierten Forderungen des Streiks – wie beispielsweise die Lohngleichheit – aufgenommen wurden? Die Forderung «Gleicher Lohn für gleiche Arbeit» ist wichtiger denn je, spannend diesbezüglich wäre aber, wer denn genau Zugang zu dieser «gleichen» Arbeit hat.

Am 14. Juni 2019 versammelten sich etwa hundert Foulards Violets zum landesweiten Frauen*streik in Genf. Sie hielten Banner und Schilder mit folgenden Parolen: «Ne me liberez pas – Je m'en charge», «Foulards ou pas – c'est mon choix» oder «Mon foulard n'est pas la cause pour mon oppression, mais le prétexte pour mon éxclusion».[6] Die Aussagen sind klar und deutlich: Die Foulards Violets sprechen sich für mehr Selbstbestimmung aus und verurteilen die Diskriminierungen, die sie aufgrund ihres Hijabs erleben. Es sind starke Parolen von starken Frauen* – genau das, was der Frauen*streik landesweit auf die Strasse getragen hatte.

Aber nicht alle Streikteilnehmerinnen* waren dieser Ansicht. Laut der Zeitung *Blick* wurden die Foulards Violets mit folgenden Aussagen angefeindet: «Es ist eine Schande» und «Schämt ihr euch nicht, am Frauen*streik teilzunehmen?» (Szopinski 2019). Eine Bekannte, die mit den Foulards Violets am Streik teilgenommen hatte, bestätigte diese Aussagen und fügte noch eine hinzu: «Kehrt in den Iran zurück, wenn euch die schweizerischen Gepflogenheiten nicht gefallen.» Später erfuhr ich von ähnlichen Vorfällen in Bern, Basel und Zürich. Eine betroffene Frau in Bern entschied sich, den Streik zu verlassen.

Keines der als progressiv geltenden, linken Medien berichtete über solche Vorfälle. Vielmehr lobten sie den Frauen*streik als intersektionale Bewegung. Dabei wurden Muslimas* explizit miterwähnt – aber ihre Inhalte und die Anfeindungen, denen sie ausgesetzt waren, ignoriert. Bedeutet intersektionaler Frauen*streik vielleicht sogar, dass Muslimas* zwar gezeigt, aber nach wie vor nicht gehört werden?

Muslimas* werden in der Schweiz oftmals – und nicht nur von der SVP! – als rückständige Frauen* und Objekte in der Opferposition stigmatisiert, deren einzige Chance zur Emanzipation in der sogenannt westlichen, christlich-säkularisierten Moderne liegt (dos Santos Pinto 2019). Durch eine solche Haltung werden die weiss-europäischen Frauen* als emanzipiert und von frauenfeindlichen Verhältnissen befreit imaginiert. Diese Ansicht folgt einer kolonialen Logik, wonach – mit einer Adaption des bekannten Satzes von Gayatri Spivak – weisse Männer und Frauen braune Frauen vor braunen Männern retten (Spivak 2008, 78).[7] Die Vorstellung, dass weisse Menschen besser wüssten, was gut für braune Frauen* sei, war Teil einer Legitimationsstrategie für den Kolonialismus und dessen gewaltsame Eingriffe. Diese Logik ist auch in der Schweiz wirkmächtig geblieben und widerspiegelt sich in der Legitimation für die anhaltende Arbeitssegregation sowie in der restriktiven Migrationspolitik. Im gleichen postkolonialen Kontext sind auch die Ereignisse am Frauen*streik in Genf und schweizweit zu betrachten.

Sara R. Farris prägte den Begriff «Femonationalismus». Damit analysiert sie die Mobilisierung feministischer Ideen und Emanzipationskämpfe im neoliberalen Zeitalter für rassistisch gewendete Politiken in westeuropäischen Ländern mit Blick auf unterschiedliche politische Akteur*innen wie rechtsradikale Nationalist*innen, feministische Intellektuelle und neoliberale Kräfte. Diese stellen Frauen* mit Hijab als Opfer ihrer (heterosexuellen) muslimischen Männer* dar, die ausserdem für den Rest der Gesellschaft als gefährlich inszeniert werden (Farris 2017, 1). Ein wichtiger Punkt ihrer Analyse ist, dass sich einige Feminismen mit dem Neoliberalismus an relevanten Punkten verbinden. Dies zeige sich dadurch, dass die Emanzipation reduziert werde auf die wirtschaftliche Integration in die Arbeitswelt (ebd., 139). Die Lohnarbeit werde so zur Etappe stilisiert, die Migrant*innen im allgemeinen und Muslim*innen im besonderen durchlaufen müssten, um die richtige, sprich: westliche Emanzipation zu erleben. Farris führt weiter aus, dass diese Frauen* dabei in diejenigen Arbeitsbereiche gelenkt würden, in welchen westeuropäische Frauen* nicht mehr sein wollten: Beispielsweise in die Hausarbeit, Putztätigkeiten, Kinderbetreuung und andere Care-Arbeiten. Damit würden diese Feminist*innen (wissentlich oder unwissentlich) dazu beitragen, dass Pflege- und Hausarbeit als geschlechtsspezifischer – und zunehmend rassisierter – Bestandteil des Arbeitsmarkts reproduziert würde (ebd., 137). Es würden Bedingungen geschaffen und aufrechterhalten, die F*oC in einem Zustand der Unsicherheit hielten: Dieser Zustand sei gekennzeichnet durch unsichere Rechte, institutionelle Diskriminierung und wirtschaftliche Segregation innerhalb rassisierter und geschlechtsspezifischer Nischen des Arbeitsmarktes (ebd., 141).

Genau diese Segregation sprechen die Foulards Violets mit ihrer Kritik am Laïzitätsgesetz an. Damit stossen sie auf wenig Verständnis, weil der Säkularismus als historischer Triumph der Aufklärung über die Religion verstanden und mit Vernunft, Freiheit, Frauenrechten und Modernität assoziiert wird. Die Historikerin Joan Scott weist aber darauf hin, dass Säkularismus über lange Zeit die Geschlechtersegregation verstärkt und legitimiert hat und erst seit kurzem als unhintergehbare Grundlage für Emanzipation gilt (Scott 2018, 3).

Säkularismus und Aufklärung als (post)koloniales Argumentarium für Rassismus

Scott weist weiter auf die Verbindung zwischen dem heutigen Säkularismusdiskurs und seiner Gleichsetzung von Geschlechtergleichheit mit einer antimuslimischen Haltung hin, die ihre Wurzeln in der kolonialen Geschichte hat: während der kolonialen Ausbreitung des Westens im sogenannten Orient wurde immer wieder darauf hingewiesen, wie der muslimische Mann* seine Frau* schlecht behandelte (Scott 2018, 31). Der Islam galt als Zeichen für die arabische Unterlegenheit, das Christentum als Markenzeichen einer weissen Überlegenheit. Die Zivilisierung sollte dann auch dazu dienen, den Status der muslimischen Frau* zu erhöhen, ein Status, der vermeintlich niedriger war als der der weissen Frauen*, die damals wohlgemerkt weder Bürger- noch Mitspracherechte genossen. Diese Ideen werden zur Legitimation der weissen, westlichen und christlichen Überlegenheit herbeigezogen – früher wie auch heute. Auf diese Weise wird die Aufmerksamkeit von den anhaltenden Schwierigkeiten im Zusammenhang mit Geschlechterunterschieden abgelenkt, welche westliche wie auch nicht-westliche, christliche wie auch nicht-christliche Menschen teilen.

Eine solche Argumentationsweise, die sich auf die Geschlechtergleichheit bezieht, und sich zudem als christlich und säkular positioniert, wird nicht nur von der politischen Rechten oder von liberalen Kräften benutzt, sondern auch von feministischen Kreisen aufgegriffen. Sie beziehen sich damit auf einen Säkularismusdiskurs, der mit Bezug auf die Aufklärung einzig dem Christentum Modernisierungsfähigkeit attestiert und dabei ausser Acht lässt, dass genau diese Aufklärung Frauen* und nicht-weissen Menschen eine mindere Natur zuschreibt und sie von der Kategorie Mensch ausschliesst.

In diesem Text geht es darum, Rassismus als strukturelles Element unserer Gesellschaft zu verstehen, kritisch zu beleuchten und unsere individuellen, kollektiven und sozialen Positionierungen daraufhin zu befragen. Entsprechend versucht er zu analysieren, weshalb F*oC unsichtbar werden, obwohl sie teilnehmen. Und weshalb sie zwar auf Bildern sichtbar sind, aber ihre Forderungen – solange es sich um welche handelt, die nicht einem weissen christlichen Wertesystem folgen – nicht gehört, geschweige denn als feministische Statements anerkannt werden.

Es braucht weiterhin Mut, antirassistische Kritik zu formulieren – denn oft wird darauf defensiv reagiert. Als Frau, die Rassismus schon seit Kindesalter erlebt und regelmässig als Muslima gelesen wird, weiss ich, dass eine der grössten Hürden, solche Momente als rassistisch anzuerkennen, darin besteht, dass Rassismus grundsätzlich verleugnet wird: Es gebe ihn nicht – nicht mehr. Allenfalls bei den Rechten. Doch dem ist nicht so: Rassismus ist ein gesamtgesellschaftliches Problem. Und nur, weil wir nicht über Rassismus sprechen, heisst das nicht, dass es ihn nicht gibt. Vielmehr werden dadurch rassistische Handlungen normalisiert.

Angesichts der rassistischen Anfeindungen, denen gerade auch muslimische Feminist*innen in Genf, Basel und Bern am Frauen*streik ausgesetzt waren, zielt dieser Text darauf ab, sich Gedanken über eine Dekolonisierung von Feminismus zu machen. Indem muslimischen Frauen* jegliche Selbstbestimmung abgesprochen wurde, wurde am Frauen*streik die feministische Kritik am Laïzitätsgesetz – und zwar die Kritik an der Verdrängung von muslimischen Frauen* in den Niedrigarbeitssektor – ignoriert. Die Forderung «gleicher Lohn für gleiche Arbeit» sollte nicht nur die geschlechtsspezifische Ungleichbehandlung thematisieren, sondern auch die rassisierten Arbeitssphären. Denn je höher wir in der Bildungsbiografie steigen, umso «weisser» werden diese hoch qualifizierten Arbeitssphären – von deren Ausschluss muslimische Frauen* besonders betroffen sind. Gleichzeitig sollten wir die Vorstellung einer säkularisierten Gesellschaft hinterfragen, die zum Beispiel die vermeintlich weisse Schweiz und die christlichen Religionen (in welchen auch der Atheismus seinen Platz habe) privilegiert und als demokratie- und emanzipationstauglich beschreibt, während sie dem Islam keinen Platz für all das zugesteht. Diese beiden Gedankenstränge müssen neu gedacht werden – auch in feministischen Kontexten.

Es ist wahr, der Frauen*streik 2019 war überwältigend und ein historischer Moment: Mit über 500 000 Teilnehmenden wurde ein kraftvolles Zeichen gesetzt. Die Euphorie hat aber nicht alle Streikenden erfasst. Lasst uns diese Ereignisse als Anstoss nehmen und fragen, weshalb das so ist. Feminismus als Machtkritik bedeutet nämlich, genau hinzuschauen, welche Positionen zu den schwächsten gemacht werden und diese zu stärken. Es bedeutet zu analysieren, wie bei der Diskriminierung von Muslimas* Rassismus und Sexismus zusammenwirken. Solidarität würde zudem bedeuten, unterschiedliche Emanzipationsprozesse und Befreiungskämpfe miteinander zu verbinden. Denn nicht nur unsere Unterdrückung ist verschränkt, sondern, wie der F*oC-Block am Frauen*streik in Zürich schrieb: «Auch unsere Befreiung ist aneinandergebunden».

Anmerkungen

1 Intersektionalität untersucht das Zusammenwirken sozialer Ungleichheitsmechanismen. Dabei werden die verschiedenen Unterscheidungskategorien nicht additiv, sondern in ihrer Verwobenheit und Wechselwirkung betrachtet. Zudem werden gesellschaftliche Macht- und Herrschaftsverhältnisse analysiert und geschaut, wie dominante und unterdrückte Positionierungen in diesen funktionieren.

2 Das *-Sternchen steht für alle, die sich nicht in eine Kategorie einordnen wollen. Es soll sichtbar machen, dass es kein einheitliches «wir», wie zum Beispiel «wir Frauen», gibt (Anmerkung der Autorin).

3 Die Recherche dazu würde den Rahmen dieses Artikels sprengen, da hier ein Forschungsraum eröffnet wird, bei dem nicht mit gängigen Methoden und Fragestellungen gearbeitet werden kann. Für die Aufarbeitung dieser unsichtbaren Geschichten müsste beispielsweise stärker mit Oral History gearbeitet werden als mit archivierten Quellen, um die vielen Lücken befragen zu können.

4 Original-Wortlaut: Les femmes musulmanes vivant en Suisse sont en proie tant au sexisme qu'au racisme, dont l'islamophobie n'est qu'une des nombreuses variantes. De ce fait, nous ne pouvons compartimenter nos luttes : nous nous devons de les mener de front.

5 Genauso das Kopftuchverbot in Basler Gerichtssäälen, das seit 2018 gilt: Obwohl darauf bestanden wurde, dass es nicht um eine Abstimmung über das Kopftuch gehe, rahmte dieses Bild die Diskussion. Zumal die Bewerbung einer Juristin mit Kopftuch ausschlaggebend war, um überhaupt darüber nachzudenken.

6 «Hört auf mich zu befreien – ich kümmere mich selbst darum», «Kopftuch oder nicht – das ist meine Wahl», «Mein Kopftuch ist nicht der Grund für meine Unterdrückung, sondern der Vorwand für meinen Ausschluss».

7 Spivak machte darauf aufmerksam, dass es bereits zu Zeiten des Kolonialismus galt, die indigene Frau vor ihrer eigenen, frauenverachtenden Kultur zu retten. Die sogenannten zivilisatorischen Eingriffe der Kolonialmacht wurden mit der Vorstellung «weisse Männer retten braune Frauen vor braunen Männern» legitimiert.

Literatur

dos Santos Pinto, Jovita, 2019: Samira. Hüterin der Kolonialnostalgie. In: Neue Wege, Heft 10.19., 3–5

Farris, Sara R., 2017: In the Name of Women's Rights. The Rise of Femonationalism. Durham

Foulards Violets, 2019: Cahier de revendications. lesfoulardsviolets.org/2019/06/07/cahier-de-revendications-les-foulards-violets/?fbclid=IwAR3cZGXwamBr9w-xvjlxTgJE6dPSXib1KVdaxvxFXK_pVtfI-U4HLV9Wg2fkQ (Abfrage 23.01.2020)

Landolt, Noemi, 2019: Schluss mit dem Patriarkater! Die Frauenstreik-Bewegung entwickelte eine Wucht, die man(n) nicht mehr ignorieren kann. www.woz.ch/1925/frauenstreik/schluss-mit-dem-patriarkater (Abfrage 22.1.2020)

Mateos, Inés, 2019: Frauenstreik 2019 – der Kampf ist intersektional. institutneueschweiz.ch/De/Blog/205/Frauenstreik_2019_Der_Kampf_ist_intersektionell (Abfrage 22.1.2020)

Scott, Joan Wallach, 2018: Sex & *Secularism.* Princeton

SozArch (Schweizerisches Sozialarchiv), Sachdokumentation: Sammlung Dokumente zum Frauenstreik 1991. www.sozialarchiv.ch/wp-content/uploads/2019/04/Sammlung_Dokumente_Frauenstreik_Teil1.pdf (Abfrage 10.2.2020)

Spivak, Gayatri Chakravorty, 2008: Can the subaltern speak? Postkolonialität und subalterne Artikulation. Wien.

Szopinski, Marsel, 2019: Unschöne Szenen in Genf. Muslimas am Frauenstreik wegen Kopftüchern angepöbelt. www.blick.ch/news/schweiz/westschweiz/unschoene-szenen-in-genf-muslimas-am-frauenstreik-wegen-kopftuechern-angepoebelt-id15374056.html (Abfrage 25.1.2020)

Anna-Lea Imbach

Männerkritik am Frauen*streik

Im Frühling 2019 wuchs zwar die leise Ahnung, dass der Frauen*streik gross werden würde, jedoch hatte sogar ich am 13. Juni noch Zweifel, ob er «gelingen» würde. Die Zweifel kamen nicht von ungefähr, sah ich mich doch stets mit Kritik konfrontiert, musste Anliegen wie auch Organisation und Dynamik des Frauen*streiks rechtfertigen. Vier kritische Einwände gegen den Frauen*streik waren im Vorfeld wie in der Rezeption des 14. Juni besonders präsent: Erstens, dass es sich beim Frauen*streik nicht um einen «richtigen» Streik handle, zweitens dass er chaotisch organisiert war, drittens, dass gar nicht so viele Menschen beteiligt waren, wie angegeben wird, und viertens, dass der Tag zwar eindrücklich war, aber nicht «wirklich» etwas verändert habe.

Kein «richtiger» Streik

Die Aussage, dass es sich beim Frauen*streik nicht um einen «richtigen» Streik handle, wurde in einer Art und Weise ins Feld geführt, als wäre damit DAS Wesentliche zum Frauen*streik gesagt und die Diskussion damit beendet. Die Verwendung des Begriffs «richtig», der in diesem Zusammenhang bereits 1991 ins Feld geführt wurde, verweist auf etablierte politische Ausdrucksformen und Protestmittel (z. B. einen Streik), die als legitim gelten und entsprechende Instanzen, die über Legitimität und Korrektheit dieser Ausdrucksformen bestimmen. Gemäss diesem Verständnis haben die Akteur*innen des Frauen*streiks offensichtlich nicht verstanden, wie Politik funktioniert, bezeichnen sie doch als Streik, was ganz offensichtlich KEIN Streik ist. Die Bezeichnung des Frauen*streiks als kein «richtiger» Streik beruht auf der klassischen Trennung zwischen produktiver und reproduktiver

Arbeit. Der «richtige» Streik ist ein Protestmittel im Rahmen eines «richtigen» Arbeitsverhältnisses, wie Brigitte Studer in der NZZ vom 21.3.2019 schreibt. Reproduktive Arbeit ist in dieser Logik der produktiven Arbeit gegenüber zweitrangig: Sie ist keine «richtige» Arbeit. Zudem erlaubt diese Denkweise der etablierten Politik stets die Verantwortung für die Organisation der Reproduktion zurückzuweisen und sie wird als etwas Unregulierbares, nicht Vergesellschaftetes dargestellt.

Die Aussage, dass es sich beim Frauen*streik nicht um einen «richtigen» Streik handle, offenbart aber auch einen weiteren klassisch sexistischen Abwertungsmodus: Fokussiert wird darauf, WIE feministische Anliegen geäussert werden, die vorgebrachten Inhalte werden vernachlässigt.

Chaotische Planung

Die Frage danach, wie feministischer Protest geäussert wird, ist auch Bestandteil des zweiten Kritikpunktes: Der Frauen*streik sei ja schon gut gewesen, aber doch etwas chaotisch organisiert und schlecht geplant. Diese Kritik verdeutlicht den Wunsch nach planbaren Steuerungs- und Kontrollmechanismen sowie klaren Rollenverteilungen. Hierarchien, Verantwortlichkeiten, Zuständigkeiten, Arbeits- und Rollenteilung machen sichtbar, wer Lob und Anerkennung verdient und wer die Schuld für ein Nicht-Gelingen trägt.

Diese Kritik macht jedoch nicht nur patriarchale Vorstellungen und Mechanismen bezüglich Organisationsstrukturen sichtbar, sie weist auch auf spezifische Eigenschaften des Frauen*streiks hin, die keinesfalls Schwächen darstellen, sondern im Gegenteil massgeblich zu dessen Erfolg beigetragen haben. Die Organisation des Frauen*streiks funktionierte über Kollektive: Es gab keine Führungsstrukturen, keine Hierarchien, keine von aussen sichtbaren Verantwortlichkeiten, hingegen wurden Entscheidungen nach langen Diskussionen gemeinsam gefällt. Diese Offenheit in Bezug auf Rollen und Verantwortlichkeiten hat dazu geführt, dass sich sehr viele Frauen* spontan eingebracht haben, wodurch der Frauen*streik erst seine Breite und spezifische Dynamik entwickelte. Für viele FLINT-Personen ermöglichte er eine politisch antiautoritäre und selbstermächtigende Erfahrung.

Zudem war wenig individueller Protagonismus wahrzunehmen: Es ging nicht darum, einzelne Frauen* ins Zentrum zu rücken, sondern um eine gemeinsame politische Schlagkraft, die an einem Tag sichtbar werden sollte. Ein Fakt, der vor allem die Medien immer wieder herausforderte, wollten sie doch verantwortliche Personen, die sich mit Gesicht und Namen zu Protagonist*innen und Held*innen hochstilisieren lassen, aber auch angefeindet werden können. Der Frauen*streik liess diese patriarchalen Formen der Held*innenbildung und Repräsentation ins Leere laufen.

So viele können es gar nicht sein!

Zweifel an der Mobilisierungsstärke war eine der ersten Bemerkungen, die ein Cis-Mann in Machtposition noch am 14. Juni mir gegenüber äusserte. In Anbetracht der unglaublichen Anzahl Demonstrierender – seien das nun 120 000 oder 150 000 Personen – ist die Aussage zu diesem Zeitpunkt schlicht lächerlich. Auch die ersten offiziellen Zahlen, die medial kommuniziert wurden, bezifferten die Anzahl Teilnehmenden auf weit unter 100 000 und erst die Streikkollektive sowie die Polizei korrigierten die Zahlen dann nach oben. Dies sind ziemlich banale Formen von Bagatellisierung. Statt auf die beeindruckende Mobilisierung mit Freude und Anerkennung zu reagieren, stellen diese Reaktionen den Versuch dar, den Frauen*streik kleiner und damit politisch unwichtiger zu machen, als er tatsächlich war. Zum einen kann man die These aufstellen, dass die Organisator*innen in einem ersten Schritt von der Anzahl Teilnehmer*innen überrascht waren und selbst kaum an eine so hohe Zahl glaubten. Durch das Kleinhalten der Zahlen wird aber auch die Potenz des Frauen*streiks, und damit die in ihm enthaltene Bedrohung für patriarchale Strukturen, verschwiegen. Diese Potenz soll nicht ins Bewusstsein geraten – am allerwenigsten ins Bewusstsein der beteiligen FLINT-Personen selbst.

Klar kann es wichtig sein, mithilfe von Zahlen das Ausmass eines Protestes zu erfassen. Aber meist impliziert die Frage nach den genauen Zahlen die Unterstellung, Frauen* seien wegen ihrem Unvermögen, die Übersicht zu behalten, unfähig, genaue Angaben zu machen. Ausserdem ist es ebenfalls ein Versuch, die Diskussion um konkrete Inhalte und Forderungen zu verhindern.

Und nichts wurde erreicht

Der letzte hier aufgeführte Kritikpunkt behauptet, dass der Frauen*streik zwar toll war, schliesslich aber nicht «wirklich» etwas gebracht habe. Auch diese Kritik transportiert eine Vorstellung «richtiger», also traditionell männlicher Politik. Messbare Veränderungen in Form von Gesetzgebung oder konkreter Verbesserungen der Arbeitsbedingungen zählen dazu.

Soziale und kulturelle Verschiebungen, Basisorganisierung, Vernetzung und Selbstermächtigung gelten hingegen nicht als «tatsächliche» Errungenschaften. Die Veränderungen, die der Frauen*streik mit sich bringen kann, werden so aus der Sphäre des politisch Relevanten ausgeschlossen. Und selbst wenn die Aussage, dass der Frauen*streik nicht «wirklich» etwas gebracht habe, korrekt wäre, würde sie doch vor allem den Wunsch ausdrücken, dass das Patriarchat noch immer genügend wirkmächtig sei, um eine halbe Million Frauen* auf den Strassen zu ignorieren und die herrschende Ordnung aufrecht erhalten zu können. Nicht zuletzt ist die Kritik jedoch performativ bezüglich patriarchaler Verhältnisse, indem sie Tatsachen schafft. Eine Folge könnte denn auch sein, dass im Anschluss an den Frauen*streik viel weniger «tatsächlich» passiert und effektiv weniger gesellschaftliche Veränderungen in Gang gesetzt werden, als es möglich wäre. Je mehr die Kritik nämlich auch von Frauen* verinnerlicht wird, desto weniger müssen konkrete Ziele und Inhalte des Frauen*streiks aufgenommen und umgesetzt werden. Als ich im Dezember 2019 in Wien an einer Veranstaltung vom Frauen*streik berichtete, reagierten die Anwesenden mit Begeisterung. Sie waren beeindruckt, was in der Schweiz am 14. Juni 2019 zustande kam. Diese Reaktionen überraschten mich und ich realisierte, wie ich mich bereits an die Kritik, «dass der Frauen*streik nicht wirklich etwas gebracht habe», gewöhnt hatte.

Verletzlichkeit patriarchaler Strukturen

Gemein haben die genannten Kritiken, dass sie die politischen Inhalte und Forderungen des Frauen*streiks aus der Diskussion entfernen. Indem die Kritik den Versuch darstellt, die Bedeutung des Frauen*streiks zu schmälern und dessen Stärken als Schwächen darzustellen, verdeutlicht sie aber gleichzeitig auch dessen Potenzial, patriarchale Organisationsformen und Strukturen herauszufordern. Sie offenbart die Schwächen und die Vulnerabilität patriarchaler Strukturen und zeigt, wo Machtverlust gefürchtet wird und Deutungshoheit ins Wanken gerät.

Verantwortungsdiffus, antiautoritär, undogmatisch, chaotisch, selbstbewusst, schnell, subversiv, heterogen, überraschend, entschieden: Feministische Anliegen äussern wir so, wie wir wollen, die Definitionsmacht über die Äusserungsformen liegt bei uns. Im Frauen*streik haben wir erlebt, dass wir uns trotz Widerständen und Widersprüchen wirkungsvoll organisieren können, und zwar so, dass es angenehm ist und sogar Spass macht.

Sina Deiss / Franziska Stier

Sorge um die anderen und um sich

Fast ein Jahr lang bewegte uns der Frauen*streik 2019 in Basel. Wir organisierten im Vorfeld mehr als fünfzig öffentliche Veranstaltungen, trafen uns regelmässig zu Vorbereitungssitzungen und in diversen Arbeitsgruppen. Noch nie haben wir eine so starke, lebendige und vielfältige Bewegung erlebt. Und selten haben wir Politik so nah an unserer Lebensrealität gedacht und über alle Lebensbereiche verzahnt diskutiert wie in der Vorbereitung des Streiks: mit allen Sinnen, Mitgefühl und Sorge, Wut und Verzweiflung, Kreativität und Lust. Neben ungezählten eindrucksvollen Momenten gab es aber auch schmerzhafte Erkenntnisse und Auseinandersetzungen mit unseren eigenen Gefühlen und Rollen innerhalb der Gesellschaft, die wir zu verändern suchen. In der Auseinandersetzung mit unserer eigenen Lebensrealität spürten wir die Hierarchisierungen unserer Arbeiten und die Struktur unserer eigenen Abwertung nochmals bewusster. Die kollektive Erkenntnis über die Systematik dieser Struktur machte uns nicht nur wütend, sondern ermächtigte uns auch, neu über Widerstandsformen nachzudenken und uns auf die Suche nach befreiender Praxis zu begeben, die noch lange nicht abgeschlossen ist.

An der ersten Retraite im September 2018 nahmen rund fünfzig Frauen und genderqueere Menschen aller Altersklassen teil. Wir waren von Beginn an nicht einfach Frauen*, die ein Schicksal miteinander teilten, nämlich als weiblich gelesen zu werden, sondern fünfzig Menschen, deren Leben in diesen Verhältnissen auf unterschiedliche Weise zugerichtet wird.[1] Unsere Biografien trugen sehr unterschiedliche Male der Diskriminierung und Abwertung. Besonders eindrucksvoll zeigte sich bei unseren pensionierten Freundinnen*, wie stark ihr Leben mit der Erfahrung der Abwertung ihres Lebensentwurfs einherging, wie sehr sie auf ihr Mutter- oder Grossmuttersein reduziert wurden und dass sie nicht den gleichen Zugang zu Bildung und Arbeitsmarkt hatten. Aber auch kinderlose Frauen* blieben von Stigmatisierungserfahrungen nicht verschont. Doch uns scheint es einfacher zu sein, sich den gesellschaftlichen Vorwürfen zu entziehen, wenn man als Leistungsträgerin gelesen wird und berufliche Erfolge vorweisen kann. Schliesslich haben die Zeiten des Neoliberalismus für viele von uns auch Türen geöffnet. Heute ist es fast selbstverständlich, dass Frauen* studieren, ihre Sexualität (in den Ballungszentren und Städten der Schweiz) weitgehend frei ausleben und über ihr Geld selbst entscheiden können.

Die Bäuer*innen brachten die Frage der individuellen Ökonomie besonders deutlich auf den Tisch. Täglich arbeiten sie in der Produktion des Lebens und der Lebensmittel über ihre Subsistenz hinaus und erhalten dafür häufig weder Lohn, noch Rentenansprüche (Pensionskasse). Nun ist es, wie Marx sagen würde, kein Glück, ein produktiver Arbeiter zu sein, «sondern ein Pech» (Marx/Engels 1867, 532), und dennoch ist der Kampf um Lohnarbeit nötig. Gerade weil elementare Errungenschaften der Arbeiter*innenbewegung an den Bäuerinnen vorbeigezogen sind – verschleiert durch den Mythos des Alleinernährers beziehungsweise des besitzenden Ehemannes. Diesen Mythos galt es endlich zu entzaubern.

Auch als wir uns daran machten, ein Streikbudget aufzustellen, kam die Frage der Ökonomie auf. Wir beschlossen, im Budget unsere Arbeit als Eigenleistung sichtbar zu machen. Rückblickend hört sich das banal an, aber dass unsere Leistung, all die unbezahlte Arbeit, die wir in diesen Streik steckten, ausgewiesen wurde, war für viele ein Befreiungsschlag. Wir diskutierten intensiv über den Stundensatz, der schliesslich 45 Franken betrug. Die Anzahl der budgetierten Stunden war natürlich viel zu bescheiden – wie auch die Höhe des Lohns. Doch Fakt war auch, dass viele von uns noch nie einen solch hohen Stundensatz erhalten hatten.

Mit der Ausweisung unserer Arbeit im Kampagnenbudget machten wir unsere Arbeit sichtbar und verliehen ihr, wenn auch nur symbolisch, einen Wert. Wir waren stolz darauf, unsere eigene Arbeit durch diese Form der Sichtbarmachung aufgewertet zu wissen. Ausserdem machten wir uns zu gleichberechtigten Kompliz*innen, deren Arbeitsfelder alle gleich viel Wert besassen. Aber dieser kleine innere Sieg zeigte auch, wie sehr unser Verhalten, aber auch unser Fühlen mit kapitalistischer Logik verbunden sind. Und wir zu Mittäter*innen eines kapitalistischen Patriarchats werden, denn auch wir werten Tätigkeiten ab – im Zweifel auch unsere eigenen –, wenn sich dahinter kein Tauschwert im Sinne einer Lohnziffer verbirgt.

Beide Beispiele zeigen, wie widersprüchlich und notwendig unsere

Kämpfe zugleich sind. Der Kampf um Sichtbarmachung des Unsichtbaren ist genauso nötig wie Haus- und Sorgearbeit selbst. Viel zu selten kommen die Produzent*innen des Lebens und der Sorge überhaupt in den Genuss der Gesellschaftsgestaltung, denn die aktuelle Organisierung dieser Tätigkeiten lässt keinen Raum für politische Betätigung und Veränderung der Struktur. Gleichzeitig führt politische Betätigung häufig dazu, sich nicht oder zu wenig in die Sorge um das Leben einbringen zu können.

Der Kampf um notwendige Arbeit

Von Marx kennen wir die Begriffe der notwendigen Arbeit und der Mehrarbeit. Mehrarbeit umfasst alle «wertbildende» Arbeit, die über die Subsistenz hinaus geht und schliesslich die fremde Aneignung des Mehrprodukts in kapitalistischen Gesellschaften ermöglicht. Notwendig ist die Arbeit, «die unter den Gesetzen des Mehrwertzwangs und der so aufgefassten Mehrarbeit gar nicht getan würde, die aber für eine humane Gesellschaft, in der für das Leben aller gesorgt wird, notwendig ist.» (Haug 2018, 426) Eine feministische Lesart bezieht neben der Produktion von lebensnotwendigen Gütern auch die Arbeit mit dem Menschen in den Begriff der notwendigen Arbeit ein. Was heute in getrennten hierarchisierten Sphären von verschiedenen Menschen – die profitorientierte Produktion von Gütern einerseits und die geringer geschätzte Sorgearbeit andererseits – geleistet wird, gilt es zusammenzubringen. Ein feministischer Arbeitsbergriff bezieht alle zur gesellschaftlichen (Re-)Produktion notwendigen Arbeiten ein.

Neuverteilung der Arbeit

Der feministische Streik brachte unsere Herzen und Köpfe in Bewegung. Die getrennten Bereiche von Berufs- und Privatleben zusammenzubringen, war für uns eine neue Praxis. Es war ein umfassender Streik, der sich während Monaten der Organisierung über alle Arbeitsbereiche der Gesellschaft zog. Tausende Küchen blieben in der Zeit der Streikvorbereitung ungeputzt, tausende Mahlzeiten ungekocht. Hunderte unterbrachen ihre Erwerbsarbeit, indem sie Streik-E-Mails lasen, telefonierten und Streikabsprachen trafen. Bereiche, in denen wir getrennt tätig waren, trugen nun vielfach die gemeinsamen Spuren des Streiks und Spuren des Aufbruchs.

Der Organisierungsprozess war ein Kraftakt und bedeutete für viele von uns, zwischen Erwerbsarbeit, Sorgearbeit – auch um sich selbst – und den unglaublich vielen Streikterminen zerrissen zu sein. Das herrschende

Zeitregime begrenzte unsere Möglichkeiten, unserem Verlangen nach gesellschaftlicher Veränderung, nach Partizipation und Entfaltung aller nachzugehen. Beispielsweise war es fast unmöglich, Orte und Tageszeiten zu finden, um Pflegende, Sorgende und Erwerbstätige gleichermassen zusammenzubringen. Öffentliche Kinderbetreuung ist nicht so organisiert, dass Frauen* Raum zur politischen Einmischung bleibt, sondern damit unsere Arbeitskraft für die Lohnarbeit frei wird.

Gesellschaftliche Partizipation und Teilhabe darf jedoch nicht Männern und den Frauen* vorbehalten bleiben, die die Arbeit der Sorge delegieren können – zumeist an andere Frauen*, die diese Tätigkeit zu einem schlechten Lohn und zu schlechten Bedingungen oder gratis (beispielsweise als Grossmütter) ausführen. Die lebensnotwendige Sorgearbeit muss zentrale Aufgabe der gesamten Gesellschaft sein. Genauso muss die kulturelle Entfaltung und politische Teilhabe einschliesslich der Sorge um die Bewohnbarkeit des Planeten zur Aufgabe aller werden.

Dazu braucht es eine radikale Umgestaltung der Gesellschaft und eine neue Perspektive auf Zeit, Arbeit und Anerkennung. Eine kurze Vollzeit von zwanzig Stunden pro Woche würde uns Freiräume geben, die notwendige Arbeit auszuweiten, sie gerecht zu verteilen und auch Männer* in die Sorgearbeit einzubeziehen. Wir alle hätten so die Möglichkeit, uns an politischen Prozessen zu beteiligen, uns in den Quartieren zu organisieren und das gesellschaftliche Leben gemeinsam zu gestalten.

Daher war einer der wichtigsten Sätze der Basler Streikvision (2019):

«Notwendige gesellschaftliche Arbeiten werden gemeinsam organisiert und jede Arbeit hat gleichen Wert, egal ob mit oder ohne Ausbildung, ob im Haus, in der Landwirtschaft oder im Handwerk.»

Anmerkungen

1 Im vorliegenden Artikel werden in erster Linie Hierarchisierungen durch die bezahlten und nicht bezahlten Tätigkeiten benannt. Die Hierarchisierungsmerkmale nach Klasse und Race brauchen ebenfalls eine intensive Auseinandersetzung, die im Rahmen dieses Artikels nicht geleistet werden konnte. Ebenso beschränken wir uns weitestgehend auf eine mitteleuropäische Perspektive.

Literatur

Basler Streikkollektiv, 2019: Unsere Vision … wie Basel und die Welt sein könnte. Frauenstreikbs.ch/wp-content/uploads/2019/05/Vision_Frauen-streik_Ansicht.pdf (Abfrage 17.1.2020)

Haug, Frigga, 2018: Mehrarbeit. In: Haug, Wolfgang Fritz u. a (Hg.): Historisch-kritisches Wörterbuch des Marxismus 9/1. Hamburg

Marx, Karl / Engels, Friedrich, 1867: Das Kapital, Bd. 1 (MEW Bd. 23)

Dania Alasti / Carolin Blauth

Die andere Öffentlichkeit

«Wir geben unsere Forderungen nicht aus der Hand, wir wollen etwas Anderes bauen von unten.»

Aktivistin des Frauen*streikkollektivs Zürich

Die Öffentlichkeit war noch nie von oder für Frauen bestimmt. Mit der Herausbildung der bürgerlich-kapitalistischen Gesellschaft entstand eine klare Trennung der öffentlichen und privaten Sphäre. Frauen wurden für das reibungslose Funktionieren der privaten Sphäre verantwortlich gemacht, während die öffentliche Sphäre Bereich der Männer war. Im Zuge von Emanzipationsbewegungen und der Veränderungen des Arbeitsmarktes sind Frauen heute zunehmend in der Öffentlichkeit präsent. Dort werden sie jedoch immer noch mit Anfeindungen konfrontiert. So beschreibt Margarete Stokowski in ihrer Dankesrede für den Kurt-Tucholsky-Preis 2019, was Publizieren für Frauen heute bedeuten kann: Gewaltandrohungen, Vergewaltigungs- und Vernichtungswünsche, gegen welche die rechtlichen Mittel oftmals nicht ausgeschöpft werden. Auch bei expliziten Drohnachrichten gegen Stokowski lehnte die deutsche Staatsanwaltschaft die strafrechtliche Verfolgung mit der Begründung ab, dass kein öffentliches Interesse vorliege.

Die Trennung zwischen Privatleben und gesellschaftlichem Leben ist nicht nur mit schweren Belastungen von Frauen in der Öffentlichkeit, sondern auch in der Privatsphäre verbunden: Sowohl durch die Aneignung der unbezahlt geleisteten Versorgungsarbeit als auch hinsichtlich häuslicher Gewalt. Beide Themen gehörten zu den fundamentalen Anliegen des Frauen*streiks in der Schweiz 2019. Der Streik zeigte zudem Möglichkeiten auf, das Verhältnis von öffentlich und privat zu verändern. Durch die Arbeit in den politischen Gruppen entwickeln viele Frauen ein anderes Verhältnis zur bestehenden Öffentlichkeit und gestalten eigene Formen des Öffentlichen, die den Sinn von Politik redefinieren. Mit der Aktionsform des Streiks findet eine Unterbrechung der hegemonialen Praxis statt, da die Teilnahme am und somit die Unterstützung des gesellschaftlichen Machtkomplexes für einen Tag partiell verweigert wird. Auch das bestehende Verhältnis von öffentlichem Diskurs und den Organen politischer Entscheidungen wird dadurch prinzipiell hinterfragt. Denn die Formen von Öffentlichkeit des Schweizer Frauen*streiks zeichnen sich durch eine Unabhängigkeit von etablierten Strukturen aus. Erstrebt wird ein anderer Zusammenhang von Öffentlichkeit, Freiheit und Politik.

Entwicklung einer gemeinsamen Sprache

Die Aktionen des Frauen*streiks am 14. Juni 2019 entwickelten sich auf dem Nährboden teils seit Jahrzehnten bestehender, kontinuierlicher Arbeit feministischer Gruppen. Die Entscheidung der Aktivistinnen* für den Streik gab der politischen Arbeit einen Wachstumsschub: neue Gruppen gründeten sich, bestehende Gruppen vernetzten sich und formierten Koordinationsgremien wie die regionalen Frauen*streikkollektive. Viele Interessierte schlossen sich den Gruppen an. Während in der medialen Berichterstattung hauptsächlich über die Ereignisse am Aktionstag berichtet wurde, vertreten wir die Auffassung, dass es ergiebiger ist, den Blick auf die Prozesse zu richten, die sich in der Vorbereitung auf den Streik abgespielt haben. Unsere Analyseperspektive ist inspiriert von Eva von Redeckers Buch *Praxis und Revolution* (2018), in welchem sie den Fokus auf kollektive widerständige Handlungen richtet, die sich in den Zwischenräumen etablierter Strukturen abspielen, also in den entlang des Alltagslebens formierten Kollektiven, die geläufig (noch) nicht zum Bereich des Politischen zählen. Sie untersucht, unter welchen Umständen sich diese ausweiten und zu sozialem Wandel führen können. Anhand von Interviews, die wir mit sechs Beteiligten kurz vor beziehungsweise nach dem Schweizer Frauen*streik 2019 geführt haben, wollen wir darlegen, welche Praktiken sich im Rahmen des Streiks ausweiten konnten und wie diese zu einem anderen Verständnis von Öffentlichkeit beitragen.

Ein Anknüpfungspunkt hierzu ist das Entstehen einer anderen Art des Sprechens – sowohl nach innen als auch nach aussen. Eine Aktivistin der Zürcher Gruppe FIST (feministisches, internationalistisches, solidarisches Treffen), die einige Monate vor dem Streik von Frauen* unterschiedlicher Herkunft und diverser Lebensrealitäten gegründet wurde, bemerkte, dass sich zwischen den Frauen* «eine gemeinsame Sprache» herausbildete, obwohl bei den Treffen Übersetzungen in Deutsch, Spanisch, Englisch und Portugiesisch stattfanden. Eine weitere Beteiligte der Gruppe, deren Muttersprache Spanisch ist, beschrieb, bei den Treffen «frei» sprechen zu können, «weil jede anders ist». Die Diversität nahm ihr die Angst vor Sprachbarrieren beziehungsweise davor, «etwas Dummes zu sagen». Indem Art und Weise der Verständigung nicht von vornherein feststeht, sondern als Teil des Gruppenprozesses verstanden wird, wird die Vielfältigkeit der Beteiligten berücksichtigt und sprachbedingten Hierarchien und verinnerlichten Ausschlussmechanismen entgegengewirkt.

Gleichzeitig beschrieben viele Beteiligte des Streiks, dass im Vergleich zu anderen politischen Räumen in den Streikkollektiven ein gewisser Konsens besteht, sodass grundlegende feministische Positionen nicht erst erstritten werden müssen. Eine Interviewte des Frauen*streikkollektivs Zürich berichtete von ihrer Frustration, vor dem Frauen*streik bei der Arbeit und im Freundeskreis «tausendmal» die Anliegen des Frauen*streiks verteidigen zu müssen. Sie beschrieb die Ohnmachtsgefühle, wenn auf das Thema sexuelle Gewalt mit Abwehr in Form von Negierung oder Verharmlosung reagiert wird: «Es ist ein Verstummen, eine Sprachlosigkeit, man möchte schreien.» Im Frauen*streikkollektiv machte sie hingegen die Erfahrung: «Man wird gehört». Zum Finden der gemeinsamen Sprache gehört dazu, verstanden zu werden; dass traumatische Erfahrungen nicht auf Abwehr stossen; und, dass manches nicht mehr abgesprochen werden kann.

Affirmation der Diversität

Mit gemeinsamer Sprache ist jedoch nicht eine gleiche Meinung gemeint. Im Gegenteil, das Ausdiskutieren kontroverser Ansichten wurde als Teil der Ausformung eines Gruppengefühls dargestellt. Eine Aktivistin von FIST beschreibt, dass interne Diskussionen den Zusammenhalt der Gruppe nicht infrage stellen, da sie sich auf grundlegende Positionen verständigt haben und diese bei Aktionen als gemeinsame politische Position vertreten: «Wir können es unter uns besprechen, aber das schwächt uns nicht nach aussen.» Zudem hatte das Engagement der Frauen* in den Organisationsgruppen des Streiks auch Auswirkungen auf ihr individuelles Sprechen im alltäglichen Leben. Durch den Austausch mit anderen Frauen und die Erfahrung der kollektiven Handlungsfähigkeit fühlten sie sich bestärkt, in Situationen das Wort zu ergreifen, in denen sie früher sprachlos geblieben waren. Eine Interviewte erzählt, wie sie sich «getraut habe, bei meiner Arbeit ganz anders hinzustehen, … einfach, weil ich wusste: Da sind ganz viele Menschen hinter mir, obwohl die gar nicht da waren.» Hierin zeigt sich auch, dass vermeintliche Trennungslinien zwischen gesellschaftlichen Sphären – in diesem Fall zwischen politischem Engagement und alltäglichem Leben – von den Beteiligten als durchlässig erlebt werden.

Auch die Diversität der Gruppen wurde nach aussen offen thematisiert und präsentiert. Wie eine Aktivistin des Zürcher Frauen*streikkollektivs berichtet, rief dies mitunter Unverständnis hervor:

«Es gab Männer, die haben gesagt: ‹Das Manifest hatte so viele verschiedene Themen drin, so breit. Es wäre besser gewesen, man hätte sich nur auf ein Thema konzentriert.› Und das ist aber gerade, dass wir als Kollektiv denken: ‹Genau das Gegenteil. Weil jede Gruppe ihre Sachen reinbringen konnte, hatte jede Gruppe Platz.›»

Die Berücksichtigung der Vielfalt wird nicht als Hindernis angesehen, sondern zur Möglichkeitsbedingung für das Bestehen und die Einheit der Bewegung sowie ihrer Handlungsfähigkeit umgedeutet.

Zusammenhängend mit den veränderten Formen des Sprechens haben sich in den Organisationsstrukturen des Frauen*streiks auch andere Formen des Verstehens und somit neue Resonanzräume entwickelt. Die Wirkung des geteilten Resonanzraums, der sich in den Monaten der Vorbereitung etablieren konnte, hatte Auswirkung auf den Wunsch vieler Frauen, ihre Kollektive öffentlich zu präsentieren. Eine Beteiligte des Zürcher Frauen*streikkollektivs, die für die Planung des Bühnenprogramms bei der Abschlusskundgebung auf dem Helvetiaplatz mitverantwortlich war, sagte:

«… wir hatten fast fünfzig Anfragen für Redebeiträge, was doch irgendwie sehr untypisch ist für diese feministischen Kontexte, in denen sich oft, ja, Frauen, Inter-, Transpersonen nicht so getrauen, auf so eine grosse Bühne vor irgendwie mehrere zehntausende Menschen zu treten.»

Um diese gesteigerte Lust an öffentlicher Rede zu erklären, wollen wir nochmal auf Eva von Redeckers prozessuales Verständnis sozialen Wandels zurückkommen. Gesellschaftliche Veränderungen werden hierbei im Hinblick auf die sich ausbreitende kollektive Praxis untersucht, die ihren Ursprung in gesellschaftlichen Zwischenräumen hat. Diese Zwischenräume werden eingenommen von Gruppen, die jenseits der hegemonialen institutionalisierten Strukturen agieren. In diesen können sich durch das Austarieren von geteilten Forderungen und verständlichen Ausdrucksweisen neue kollektive Praktiken entwickeln, die sich von den bestehenden im öffentlichen Raum unterscheiden. Die von den Frauen* gestalteten Gruppentreffen zur Vorbereitung des Streiks können als solche gesellschaftlichen Zwischenräume angesehen werden. Hier entwickelten sie eine kollektive Praxis, indem sie sich auf einen Umgang miteinander einigten, gemeinsame Anliegen formulierten und ein geteiltes Vokabular entwickelten. Das Anwachsen der Bewegung führte zu einer Ausbreitung dieser kollektiven Praxis und bestärkte wohl viele Beteiligte darin, dies auch im öffentlichen Raum präsentieren zu wollen. Durch die Erfahrung des gemeinsamen Resonanzraums in den Gruppen konnten die Frauen* ein Vertrauen darauf entwickeln, von dem Publikum auf dem Helvetiaplatz nicht nur gehört, sondern auch verstanden zu werden. Denn das Publikum war für sie nun keine gesichtslose und potenziell feindselige Masse, keine abstrakte Öffentlichkeit mehr, sondern erschien ihnen viel wahrscheinlicher als Vergrösserung der Gruppe, die sie bei den Treffen kennengelernt hatten.

Kollektive Praktiken einer anderen Öffentlichkeit

Die Frauen*streikgruppen wirken nicht nur in der bestehenden Öffentlichkeit, sondern können auch als Ausgangspunkte einer anderen Öffentlichkeit angesehen werden. Statt die Trennung von öffentlich und privat vollständig aufzulösen, bildete sich mit der Arbeit in den Gruppen ein anderes Wechselverhältnis zwischen den beiden Sphären. Die Arbeit in den Gruppen stärkte die Einzelnen sowohl für das Heraustreten in den öffentlichen Bereich als auch für die private Sphäre. Gleichzeitig bilden all die Gruppen, Kollektive und Koordinierungsgremien des Frauen*streiks einen neuen gesellschaftlichen Raum. Die Manifeste des Frauen*streiks sind daher auch eher als Selbstverständigung der Bewegung über ihre Ziele und Inhalte sowie als Aufruf zur Ausweitung kollektiver Prozesse zu verstehen, anstatt als unmittelbar realpolitisch umsetzbare Forderungen. So erzählte eine Aktivistin:

> **«Auch im Zürcher Kollektiv geht es überhaupt nicht darum, dass wir quasi unsere Forderungen oder unsere Arbeit an irgendwelche institutionalisierten Politikerinnen abgeben wollen, sondern eigentlich umgekehrt, dass für uns so klar ist, dass wir irgendwie eine Bewegung formen, die grösser und stärker wird, und dass wir uns auch selber organisieren müssen und das passiert jetzt seit Monaten.»**

Es genügt den Frauen nicht, ihre Bewegung in die bestehenden Strukturen der Öffentlichkeit einzufügen; stattdessen gestalten sie eine neue Öffentlichkeit an sich. Darin zeigt sich ein anderer Sinn von Politik, nach dem die Prozesse der kollektiven Willensbildung nicht relevanzlos neben Wahlen stehen. Gemeinsames Überlegen, Entscheiden und Handeln gehört zusammen.

Literatur

von Redecker, Eva, 2018: Praxis und Revolution. Eine Sozialtheorie radikalen Wandels. Frankfurt a. M.

Stokowski, Margarete, 2019: Rede zur Verleihung des Kurt-Tucholsky-Preises. www.taz.de/Tucholsky-Preis-fuer-Margarete-Stokowski/!5639020 (Abfrage 3.1.2020)

Münevver Azizoğlu-Bazan

Kurdische Ermächtigung in der Diaspora[a]

Geschichte der kurdischen Frauenbewegung in Deutschland

Kurd*innen sind die grösste staatenlose Diaspora der Welt.[1] Sie entwickeln transnationale Netzwerke, etablieren Interessengruppen und mobilisieren gegen die Unterdrückung in den jeweiligen Herkunftsländern Türkei, Syrien, Iran und Irak (Baser 2017). Die kurdische Frauenbewegung[2] hat sich parallel zum «letzten» kurdischen Widerstand (1978)[3] entwickelt und innerhalb von dreissig Jahren zu einer transnationalen Bewegung etabliert.

Ethnische Unterdrückung und Verfolgung durch Nationalstaaten beziehungsweise Pflege der eigenen kulturellen Identität sind für Kurd*innen Hauptmotive für die politische Mobilisierung und Aufrechterhaltung des national motivierten Aktivismus. Leider versiegten die Gründe, auf die Strasse zu gehen, in den letzten Jahrzehnten nie und der politische Kampf in den kurdischen Städten sprach vor Ort wie in der Diaspora zunehmend auch Frauen an.[4]

Erste autonome Organisierung

Die erste autonome kurdische Frauenorganisation YJWK (Yekitiya Jinên Welatparêzên Kurdistan – Union der patriotischen Frauen aus Kurdistan) wurde 1987 in Hannover gegründet. An der Gründungsfeier nahmen mehrere hundert Frauen teil. Ein wichtiger Beweggrund für die Teilnahme war der in Kurdistan geführte «nationale Unabhängigkeitskrieg», der auch

a Dieser Artikel basiert auf empirischen Daten für Münevver Azizoğlu-Bazans Doktorarbeit (in Arbeit) *Analysen zum Beitrag der kurdischen Frauenbewegung für das Empowerment von (kurdischen) Frauen – untersucht am Beispiel der Entwicklung der kurdischen Frauenbewegung in der deutschen Diaspora und ihrer Auseinandersetzung mit dem «westlichen Feminismus».*

Kurd*innen im Exil sehr beschäftigte. Organisiert wurde die Veranstaltung von Sympathisantinnen und Kaderfrauen der PKK (Partiya Karkerên Kurdistan – Arbeiterpartei Kurdistans) mit dem Ziel, in der Diaspora lebende kurdische Frauen für die «nationale Befreiungsbewegung» zu gewinnen. Eine Aktivistin, die damals siebzehn Jahre alt war, erinnert sich an die Gründungsfeierlichkeiten: «Meine Mama hat mich und meine Geschwister [...] mitgenommen. Es waren nur Frauen im Raum. Die Veranstaltung wurde von den Genossinnen Gurbet,[5] Sozdar und Xanê geleitet. Alle drei hatten einen sehr ernsten Gesichtsausdruck. Sie lächelten nicht, verhielten sich sehr militärisch und männlich. Dieses ‹männliche› Auftreten von Frauen hat mich damals sehr empört. Ich erinnere ganz genau, wie ich danach zu meinem Vater, der von diesen Frauen sehr beeindruckt war, gesagt habe, dass ich kein Mann, sondern eine Feministin werden möchte. [...] Aber wenn ich zurückblicke, weiss ich, dass Frauen damals nur so Anerkennung finden konnten. Mit ‹weiblichen› Attributen hätten sie weder in der patriarchal geprägten kurdischen Gesellschaft noch in der Bewegung Akzeptanz für ihre politische/militärische Identität finden können.» Dieser durch «männliches Verhalten» erkämpfte Raum wurde erst viel später zur Entwicklung eigener Frauenperspektiven genutzt.

Die Veranstaltungsteilnehmerinnen repräsentierten die ganze Bandbreite kurdischer Frauen im Exil: Es kamen Ezidinnen, die zusammen mit ihren Familien nach dem Militärputsch 1980 aus der Türkei in die Flucht getrieben wurden; politisch-linksaktivistische kurdische, nicht-kurdische und alevitische Frauen, die ebenfalls nach dem Putsch fliehen mussten; kurdische Frauen, die als Arbeitsmigrantinnen seit den 1970er-Jahren mit ihren Ehemännern nach Deutschland gekommen waren. Anders als bei der gleichzeitigen Mobilisierung von Frauen in Kurdistan, die insbesondere Frauen aus einfachen Verhältnissen ansprach, kamen in der Diaspora Frauen unterschiedlicher Schichten zusammen. Dies, weil die Frauen anders als in der Türkei oder in Kurdistan hier ihre religiöse Zugehörigkeit öffentlich ausdrücken konnten, aber auch weil sie sich über gemeinsame Unterdrückungserfahrungen verbunden fühlten. Historisch betrachtet gründet der Erfolg der kurdischen Bewegung in der Diaspora genau in diesem Zusammenbringen diverser gesellschaftlicher Gruppierungen unter dem Dach des «Kurdisch-Seins».

Der Krieg, die Assimilierung und Verfolgung von Kurd*innen, wie auch der sich daraus entwickelnde Widerstand vermochte aber nicht nur Kurd*innen zu mobilisieren. Ab Beginn der 1990er-Jahre solidarisierte sich ein breites Spektrum an Deutschen mit der Bewegung. Eine deutsche Aktivistin, die seit 1994 in der kurdischen Frauenbewegung aktiv ist, erzählt von ihrer Bewunderung für die aktive Beteiligung von kurdischen Frauen an Demonstrationen: «Die Frauen sprangen mit ihren Kinderwagen aus dem Bus und haben gleich angefangen, Parolen zu rufen, und mir stand der Mund offen. Ich habe gespürt, da ist eine ganze Gesellschaft, ein ganzes Volk involviert.» Auf ähnliche Weise berichtet eine junge kurdische Frau, die damals vierzehn Jahre alt war, wie sie 1993 mit ihrer Schwägerin ohne Erlaubnis ihres Bruders an einer Demo in Bonn teilnahm: «Natürlich wusste ich, dass wir dafür einen Preis bezahlen mussten und zu Hause ein Streit auf uns wartete. Aber wir haben das in Kauf genommen. Allen Hindernissen zum Trotz sind wir zur Demo gegangen.» Die Demonstration war alles andere als friedlich. Es kam zu Auseinandersetzungen mit Sicherheitskräften und die Demo wurde gewaltsam aufgelöst. Zu Hause angekommen, bekam ihre Schwägerin von ihrem Ehemann noch eine Ohrfeige. Ihre Mitgliedschaft in der Bewegung beschreibt die Aktivistin heute als Reaktion auf diese zwei Gesichter der Gewalt: die staatliche und die patriarchale.

Sozdar Avesta, die als junge ezidische Frau Anfang der 1980er-Jahre mit ihrer Familie ins Ausland floh, nachdem ihr Heimatdorf zerstört worden war, und die sich 1987 der PKK anschloss, erzählt von ihren Bemühungen zur Organisierung von Frauen in Europa: «Heval Mizgîn (Genossin Mizgîn) und ich diskutierten, wie man die kurdischen Frauen erreichen könnte. Wir kannten kaum eine Familie. So entstand die Idee, als Händlerinnen aufzutreten und Töpfe und Pfannen zu verkaufen. Wir nahmen das Telefonbuch und begannen, nach türkischen Namen zu suchen. Wir stellten uns als Verkäuferinnen vor und fingen an, Familien zu besuchen. Im direkten Gespräch spürten wir sofort, ob es sich um türkische oder kurdische Familien handelte oder ob sie der türkisch links-sozialistischen Tradition angehören. So haben wir damals Frauen und Familien organisiert.» Auch dieses Vorgehen war damals nicht feministisch motiviert, sondern der einzige Weg, Akzeptanz und neue Mitglieder gewinnen zu können. Männliche Mitglieder der Bewegung hingegen durften kurdische Häuser nicht betreten, weil die Familien streng patriarchal und konservativ geprägt waren. Erst als weibliche Mitglieder kamen, öffneten die Familien ihre Türen. Inhaltlich dienten diese Hausbesuche primär organisatorischen Zwecken und der Mobilisierung, die grundsätzlich an beide Geschlechter gerichtet waren: «Dass wir damit auch Frauen erreichten, war ein willkommener Nebeneffekt.» Denn Frauen beteiligten sich im Wohnzimmer durchaus an politischen Debatten, die sonst nur unter Männern geführt wurden. Wenn auch nicht ideologisch, sondern eher pragmatisch, war dieses Vorgehen ein erster Bruch mit patriarchalen Beziehungen und kann folglich als Infragestellung der Geschlechter- und Machtverhältnisse betrachtet werden.

Später nutzten die Aktivist*innen den vertrauten Raum auch gezielt, um familiäre Probleme anzusprechen und aus der Frauenperspektive Lösungen zu suchen. In der Diaspora griffen patriarchale und migrationsspezifische Aspekte der Unterdrückung ineinander. So etwa Gewalt in der Familie, Zwangsheirat, Fremdgehen, Suchtspiele, Alkohol et cetera. Die Organisierung ermöglichte es Frauen, sich auch ausserhalb des Hauses zu treffen, zu reden und andere kurdische Frauen ausserhalb ihrer Umgebung kennenzulernen.

Während nicht-kurdische Aktivistinnen insbesondere die Dominanz von Männern in den kurdischen Vereinen, die sexistische Rollenverteilung und die den Frauen zugewiesene Verantwortung in der Küche in den frühen Zeiten der Bewegung vehement kritisierten, problematisierten kurdische Aktivistinnen insbesondere männliche Ignoranz gegenüber Leistungen von Frauen, den Ausschluss von Frauen aus Entscheidungsstrukturen und die Einschränkung des Rederechts. Die Mobilisierung von Frauen im Interesse der nationalen Unabhängigkeit und die dadurch gewonnene Sichtbarkeit erforderte eine radikale Haltung von Frauen in den kurdischen Organisationsstrukturen. Aktivistinnen kämpften gemeinsam gegen geschlechtsspezifische Unterdrückung in den inneren Strukturen, wo auch körperliche und verbale Gewalt gegen Frauen ausgeübt wurde. In diesem Sinne veranlasste die Mobilisierung auf der Strasse, die auf den ersten Blick kein geschlechtsspezifisches Bewusstsein zu erfordern schien, Frauen dazu, in unterschiedlichen öffentlichen und privaten Sphären politisches Selbstbewusstsein zu entwickeln.

Soziale Mobilisierung

Mit der massenhaften Beteiligung kurdischer Frauen am bewaffneten Kampf in Nordkurdistan (Türkei) Anfang der 1990er-Jahre, dem autonomen Organisierungsprozess in den militärischen Strukturen und der Zulassung kurdischer Parteien ins türkische Parlament[6] begann auch in der kurdischen Frauenbewegung eine neue Ära der Mobilisierung. Endlich konnten sie ihre autonomen Strukturen auf alle sozialen Bereiche ausdehnen. 1994 gründeten sie eine eigene Frauenkommission, was ermöglichte, Frauenthemen in die Parteiprogramme und -aktivitäten einzubringen. Bald folgten zentrale Frauenausschüsse, Frauenkomitees und Frauenräte, wie auch die obligatorische Frauenquote zur Gleichstellung der Geschlechter. Die

HADEP (Halkın Demokrasi Partisi – Volksdemokratiepartei – 1994) führte als erste Partei in der Türkei auf allen Ebenen die zwanzig Prozent Frauenquote ein; die HDP (Halkların Demokratik Partisi – Die demokratische Partei der Völker – 2012) garantiert aktuell eine Repräsentanz der Frauen von vierzig Prozent und hat das System der Co-Leitung durch je einen Mann und eine Frau in allen Entscheidungspositionen etabliert.

Die «kurdische Frauenbewegung», wie wir sie heute kennen, ist ein Zusammenschluss von verschiedenen kurdischen Frauenorganisationen im Jahr 2005 (Kışanak 2018, 30), nachdem der Anführer und Repräsentant der PKK, Abdullah Öcalan, aus der Haft heraus das Selbstverwaltungsmodell für alle Strukturen der kurdischen Bewegung vorgeschlagen hatte und alle autonomen Strukturen zu Rätestrukturen umgebaut wurden. Auch in der Diaspora fand der demokratische Konföderalismus schnell Anklang. Neu versuchte man zusätzlich ganz spezifisch die Bedürfnisse der Diaspora zu berücksichtigen. Zahlreiche autonome Frauengruppen rund um Glaubensgemeinschaften (Eziden, Aleviten, Muslime) oder soziale und politische Zugehörigkeiten (junge Frauen, Studentinnen, Friedensmütter, Künstlerinnen, etc.) wurden gegründet. Alle diese Gruppen arbeiten weitgehend unabhängig, gehören aber über die Rätestrukturen zur kurdischen Frauenbewegung der jeweiligen Staaten, sei es in den Herkunftsländern oder in den Ländern der Diaspora. Allerdings sind die Gruppen zwar autonom, der erste Impuls aber kam meist von «oben» aus den zentralen Strukturen. Üblicherweise ist es die kurdische Frauenbewegung, die aktuelle Themen auf die Agenda setzt und Basisarbeit initiiert.[7]

Die kurdische Frauenbewegung in Europa spielt eine besondere Rolle. Sie verbreitet die Stimme der kurdischen Frauen weltweit und unterstützt Kampagnen in Kurdistan mit ihrer eigenen Dynamik. Kampagnen wie «Women rise up for Rojava», «Die Freiheit der Frauen in Shengal ist die Freiheit der Menschheit!», «Frauen für Frieden in Europa» und «Women Defend Rojava», die auch über aktuelle Entwicklungen und Angriffe auf Kurdinnen in Kurdistan berichten, sind nicht nur Solidaritätsaufrufe oder Einladungen zu einem gemeinsamen Kampf, sie tragen die kurdische Stimme auch in die Weltöffentlichkeit.

Obwohl die kurdische Frauenbewegung international vor allem durch den Kampf gegen den Islamischen Staat (IS) in Nordsyrien/Rojava bekannt wurde, ist es wichtig zu erwähnen, dass die Beteiligung der Frauen an der militärischen Verteidigung nur aus der historischen Entwicklung der kurdischen Frauenbewegung erklärt werden kann. Aus der Perspektive der kurdischen Frauenbewegung wird der Widerstand der YPJ-Kämpferinnen

(Yekineyên Parastina Jin – Frauenverteidigungseinheiten 2013) als ein Ergebnis der Frauenbefreiung betrachtet. Studien zur Partizipation kurdischer Frauen an bewaffneten Kämpfen belegen sehr unterschiedliche Motivationsstrukturen (Wedel 2000; Flach 2003; Çağlayan 2007). Arbeiten, die behaupten, dass Kurdinnen die Bewegung als Fluchtort vor den patriarchalen, sexistischen Beziehungen auswählten, ignorieren die ideologisch-politische Identifikation mit dem Befreiungskampf vieler (auch nicht-) kurdischer Frauen aus allen gesellschaftlichen Verhältnissen (Yalcin-Heckmann 1999; Savelsberg/Hajo/Carsten 2000). Unter den Kämpferinnen finden sich nicht nur «Opfer» des Patriarchats, sondern viele gebildete und intellektuelle Frauen. Ausgeblendet wird dabei die unermüdliche Organisierung durch die Bewegung und ihre Überzeugungskraft. Das Zerrbild, das die kurdische Frau als »Opfer« von rückständigen, patriarchalen Strukturen beschreibt, wurde nun durch ein neues Zerrbild der jungen schönen, kurdischen Frauen mit ihren vielbeachteten bunten Tüchern, Waffen und Militäruniformen als «Verteidiger*innen der westlichen Werte» ersetzt (Dirik 2014). Beide Bilder werden der Komplexität der Unterdrückung der kurdischen Frauen und ihrer Widerstandsstrategien nicht gerecht. Sie romantisieren den Kampf der Frauen um Freiheit und reduzieren die kurdische Frau mit einem orientalistischen Blick auf einen «Opfer- und Objektstatus».

Die Entwicklung der transnationalen Zusammenarbeit

Die Zusammenarbeit der kurdischen und nicht kurdischen (Frauen*-)Organisationen in der Diaspora hat insbesondere in Deutschland eine lange Tradition. Sie basierte zuerst auf der marxistisch-sozialistischen Ideologie der früheren kurdischen Bewegung und dem Interesse von linken, sozialistischen Organisationen am Kampf um das Recht auf Selbstbestimmung für das kurdische Volk. Die Sympathie für nationale Unabhängigkeitsbewegungen, die Verfolgung und die Unterdrückung des kurdischen Volkes in Kurdistan und die Basisarbeit der Bewegung motivierte schon Anfang der 1990er-Jahre viele Internationalist*innen, die in linken, sozialistischen und antifaschistischen Organisationen aktiv waren, sich der kurdischen Bewegung anzuschliessen.

Während für kurdische Frauen mehrheitlich die ethnische Zugehörigkeit und die kulturelle Identität ausschlaggebend für die Organisierung waren, überzeugte nicht-kurdische Frauen, die sich bereits früh der Bewegung anschlossen, in erster Linie die internationalistische Solidarität. Später rückte auf beiden Seiten die Frauenbefreiungsperspektive ins Zentrum.

In jüngster Zeit lösten die Revolution in Rojava und die Repressionspolitik des türkischen Präsidenten Erdogans gegen die kurdische Bevölkerung in Nordkurdistan (Türkei) eine neue Welle der internationalen Solidarität und Mobilisierung aus. Hunderte von Internationalist*innen haben sich an der Revolution in Rojava beteiligt und so wurde Rojava zu einem zentralen revolutionären Bezugspunkt für Linke und Feminist*innen aus ganz Europa. Dank ihrem «geschlechtergerechten, ökologischen und basisdemokratischen» Konföderalismusmodell wurde die Revolution in Rojava schon früh als Frauenrevolution bezeichnet. Neben vielen Internationalist*innen, die sich am Widerstand beteiligten, haben weltweit auch viele Frauen*organisationen und Feminist*innen ihre Solidarität mit kurdischen Frauen beziehungsweise der Frauenbewegung bekräftigt. Diesmal kam die Unterstützung nicht nur aus Europa, sondern auch aus Lateinamerika, Afghanistan, Südafrika, Japan, Russland et cetera. Überall haben Frauen*organisationen und Feminist*innen Aktionen und Kampagnen lanciert und Spenden gesammelt. Diese Transnationalisierung hat den Mobilisierungscharakter der kurdischen Frauenbewegung von einem ehemals «ethnischen» zu einem «universellen» gewandelt und vermag heute auch tausende Frauen* anzusprechen.

Neben internationalen Konferenzen und Foren und der Etablierung von Jineolojî-Komitees in vielen europäischen Ländern entstanden unterschiedliche Plattformen, in denen praktische Erfahrungen ausgetauscht werden. Der von Abdullah Öcalan vorgeschlagene und von der kurdischen Frauenbewegung weiterentwickelte Ansatz Jineolojî (Wissenschaft der Frau) versucht, die theoretischen und praktischen Erfahrungen der kurdischen Frauenbewegung zu bündeln. In der Mobilisierung dient Jineolojî dazu, Frauen dahingehend zu stärken, dass sie ihre eigene Entwicklung selbst gestalten und Positionen in der Gesellschaft und Bewegung einnehmen können. Aus dieser Perspektive postuliert die Bewegung eine «universelle Schwesterlichkeit» und betont die Notwendigkeit eines gemeinsamen Kampfes gegen das Patriarchat, den Kapitalismus und den Nationalstaat. Auch damit vermag sie heute tausende Frauen* anzusprechen

Anmerkungen

1 Es gibt keine aktuellen oder verlässlichen Daten zur kurdischen Bevölkerung in Europa. Schätzungen sprechen von rund eineinhalb Millionen.

2 Kurdische Frauen haben im Laufe des 20. Jahrhunderts in allen vier Regionen Kurdistans wie auch im Exil Frauenorganisationen gegründet. Meist waren es Frauenkommissionen der damaligen nationalen Befreiungsbewegungen bzw. Parteien, im Laufe der Zeit bildeten sie aber auch unabhängige feministische Frauenorganisationen. Dieser Beitrag betrachtet die «kurdische Frauenbewegung», die sich parallel zur Arbeiterpartei Kurdistans (PKK 1978) in der Türkei entwickelt hat. Als transnationale soziale Bewegung unterscheidet sie sich von früheren und zeitgenössischen Frauenorganisationen durch konzeptionelle und organisatorische Strukturmerkmale.

3 Die Arbeiterpartei Kurdistans (PKK) wurde 1978 aus dem Widerstand gegen die Unterdrückungs- und Assimilierungspolitik gegründet und aus Protest gegen das Niederschlagen aller Versuche religiöser, politischer und ökonomischer Selbstorganisation durch die türkische Republik. Der Kampf der PKK wird daher als «letzter» Aufstand bezeichnet. Da sich die PKK 2005 aus einer marxistisch-leninistischen zu einer «demokratisch-konföderalen» Organisation entwickelt und sich weit über die anfängliche Partei-Struktur hinaus verbreitert hat, werden die PKK und die daraus entstandenen Strukturen hier als «kurdische Bewegung» bezeichnet.

4 Die Organisierung kurdischer Frauen begann in der Türkei 1980 vor den Türen der Gefängnisse und bei Massendemonstrationen zur Ehre getöteter Guerillakämpfer*innen. Frauen besuchten dort ihre Männer und Söhne, in kleiner Zahl auch ihre Töchter. Diese Proteste trugen unter anderem dazu bei, dass die Mutterschaft in unterschiedlichen Widerstandsformen im öffentlichen Raum sichtbar wurde und sich zu einer politischen Identität transformierte (Çağlayan 2007; Çaha 2010; Genç-Yılmaz 2014).

5 Gurbet Aydin, die auch als Hozan Mizgîn bekannte Sängerin, musste mit ihrer Familie nach dem Militärputsch 1980 die Türkei verlassen. Neben ihrer kulturellen Arbeit wirkte sie in der ersten kurdischen Frauenorganisation mit. Nachdem sie sich dem bewaffneten Kampf anschloss, wurde sie im Jahr 1992 in Kurdistan in einer militärischen Auseinandersetzung mit der türkischen Armee ermordet.

6 Die erste pro-kurdische Partei HEP (Halkin Emegi Partisi – Arbeitspartei des Volkes) wurde 1990 gegründet und kurz darauf vom türkischen Verfassungsgericht verboten. In der Folge gründete die kurdische Bewegung alle paar Jahre eine neue Partei. Allesamt wurden sie unter dem Vorwurf «separatistischer Bestrebungen und Unterstützung der PKK» verboten. Auch die aktuelle pro-kurdische Partei dieser Tradition HDP (Halklarin Demokratik Partisi – Demokratische Partei der Völker) steht unter massivem Druck durch die türkische Regierung. Über zehntausend HDP-Politiker*innen wurden bisher inhaftiert, viele HDP-Institutionen geschlossen. Lokale Verwaltungen, die durch demokratisch gewählte HDP-Abgeordnete geführt wurden, werden seit mehreren Jahren durch Zwangsverwaltungen ersetzt. Zwar wurde die HDP bisher nicht verboten, aber alle ihre Versuche innerhalb legaler Strukturen politisch aktiv zu sein, werden blockiert. Das ist eine neue Form von Verbotspolitik unter einem diktatorischen Regime.

7 So arbeitete z. B. die Alevitin Sakine Cansiz kurz vor ihrer Ermordung an der Gründung der autonomen ezidischen Frauenorganisation. Sie besuchte in verschiedenen europäischen Städten ezidische Familien und organisierte Veranstaltungen. Ein Jahr nach ihrer Ermordung wurde 2014 der Dachverband der ezidischen Frauen (TAJE) unter Teilnahme von 150 Frauen in Hannover gegründet und widmete die Gründung Sakine Cansiz. Auch Kampagnen wie «Wir sind niemandes Ehre, unsere Ehre ist unsere Freiheit» oder «Gewalt gegen Frauen ist politisch» wurden durch die zentralen Koordinationen der kurdischen Frauenbewegung gestartet und dann verbreitet. Andere Beispiele sind spezifische Kampagnen wie die Mobilisierung ezidischer Frauen «gegen Brautgeld» oder die Kampagne junger Frauen «Xwebûn» (Selbstsein) gegen Assimilierung.

Literatur

Baser, Bahar, 2017: Staatenlose Diaspora. Das Beispiel der Kurdinnen und Kurden in Deutschland. Bundeszentrale für politische Bildung. www.bpb.de/gesellschaft/migration/kurzdossiers/256424/kurdischediaspora (Abfrage 11.2.2020)

Çaha, Ömer, 2010: Kürt Kadın Hareketi. Üçüncü Dalga Kadın Hareketine Türkiye'den Bir Örnek. www.hazardernegi.org/kurt-kadin-hareketi/ (Abfrage 4.2.2020)

Çağlayan, Handan, 2007: Analar, Yoldaşlar, Tanrıçalar- Kürt Hareketinde Kadınlar ve Kadın Kimliğinin Oluşumu. İstanbul

Dirik, Dilar, 2014: Ein Kampf an mehreren Fronten. Der radikale Widerstand kurdischer Frauen. www.emanzipation.org/articles/em_4-2/e_4-2_dirik.pdf (Abfrage 4.2.2020)

Flach, Anja, 2003: Ein anderes Leben. Zwei Jahre bei der kurdischen Frauenarmee. Köln

Genç, Yılmaz, A., 2014: Toplumsal Hareketin Kalbinde Bir Yeni Özne: Türkiye'de Cumartesi Anneleri ve Arjantin'de Mayıs Meydanı Anneleri üzerine Karşılaştırmalı Bir Analiz. Zeitschrift der Politikwissenschaften der Universität Marmara, 2(1), 51–74

Kışanak, Gültan, 2018: Kürt Siyasetinin Mor Rengi. İstanbul: Dipnot Yayınları

Savelsberg, Eva; Hajo, Siamend; Borck, Carsten (Hg.), 2000: Kurdische Frauen und das Bild der kurdischen Frau. Münster

Yalçın-Heckmann, Lale, 1999: Kürt Kadınlarının İmajı, Bazı Eleştirel Değerlendirmeler, www.birikimdergisi.com/birikim-yazi/2861/kurt-kadinlarinin-imaji-bazi-elestireldegerlendirmeler (Abfrage 19.1.2017)

Wedel, Heidi, 2000: Frauenbewegung und Nationale Bewegung – Ein Widerspruch? Gefahren und Chancen am Beispiel der Türkei und Kurdistans. In: Savelsberg, Eva; Hajo, Siamend; Borck, Carsten (Hg.): Kurdische Frauen und das Bild der kurdischen Frau. Münster, 105–128

Adriana Amparo Guzman[a]

Feminismo Comunitario und der Putsch in Bolivien

Die Erfahrungen indigener Frauen und der Prozess der gesellschaftlichen Transformation

Angesichts der Kugeln des Militärs und der Scharfschützen beim Massaker in El Alto, einer von indigenen Frauen des Aymara-Volkes bewohnten Stadt, haben wir 2003 im Kampf gegen die Privatisierung und den Verkauf des Gases verstanden, was Rassismus ist. Die Massaker finden nämlich in den indigenen Vierteln statt, wo verarmte Migrant*innen leben, nie schiesst das Militär in den Vierteln der Reichen. Kolonialismus und Extraktivismus begriffen wir 2003, als Präsident Sánchez de Lozada die Proteste auf der Strasse mit dem Militär niedermachen wollte. Dieser Präsident, der kein Spanisch sprach, war ein rassistischer und neoliberaler Kolonialist, aufgewachsen und ausgebildet in den Vereinigten Staaten. Er wollte das Gas an die Vereinigten Staaten verkaufen und alle Gewinne den transnationalen Konzernen überlassen. Mit unseren Protesten konnten wir ihn 2003 zum Rücktritt zwingen.

Zu Feministinnen wurden wir ebenfalls beim Massaker von El Alto, aus der direkten Erfahrung heraus, dass Frauen auch in den Kämpfen gegen Kugeln und im Widerstand auf der Strasse unter anderen Bedingungen kämpfen. Wir erkannten, dass Frauen kein Recht haben, in den Kämpfen zu sterben, denn wir müssen weiterleben, um die Kinder aufzuziehen und um täglich für deren Überleben zu kämpfen. Trotz unseres Widerstands auf der Strasse hatten sich Gewalt und patriarchale Machtausübung zu Hause, im «Privaten», nicht verändert. Unser Zuhause, mit all der nicht anerkannten, nicht bezahlten Arbeit, stellt einen Raum dar, in dem wir und unser Wort

a Diesen Artikel schreibt die Autorin als Teil der Gruppe Feminismo Comunitario Antipatriarcal – Qollasuyo Marka, Bolivien. Aus dem Spanischen von Regula Flury keinen Wert haben. Das Haus war schlimmer als die Kugeln in den Strassen. Wir verstanden nun, was das Patriarchat ist und wie es unsere Körper bestimmt, und deshalb nennen wir uns Feministinnen.

Mit dem Massaker von El Alto begann für uns die gesellschaftliche Transformation. In den vergangenen sechzehn Jahren haben wir sie jeden Tag weiterentwickelt, ausgehend von unseren Leben, unseren Gemeinschaften und unseren Organisationen, zum Teil mit Unterstützung durch den Staat, aber auch in Auseinandersetzung mit diesem. Denn wir wussten von Anfang an, dass nur Organisationen Revolutionen machen, nicht Staaten. Rassismus und Kapitalismus werden nicht per Dekret beendet, es ist ein Kampf und dieser muss vom Volk ausgehen. In diesem Prozess haben wir mit Schwestern und Brüdern, die nicht schreiben und lesen konnten, eine neue politische Verfassung geschrieben. Wir haben sie aus der Erfahrung unserer Geschichte und aus unserer Weltanschauung, der Kosmologie, geschrieben. So entstand der Plurinationale Staat,[1] mit dem wir uns gegen den Nationalismus positionieren, der die indigenen Völker ausgelöscht hat und der uns jeden Tag in den grossen Städten ausbeutet, um seine «Entwicklung» und seinen «Fortschritt» aufzubauen, immer mit Blick auf Europa und die Vereinigten Staaten. Als ob wir nicht wüssten, dass «Fortschritt» nur einigen wenigen landbesitzenden Geschäftsleuten vorbehalten ist, und dass wir, um ebenfalls in einer derartigen «Entwicklung» leben zu können, einen anderen Kontinent finden und ausplündern müssten, so wie es die Welt mit Abya Yala[2] getan hat.

Der Plurinationale Staat konstituiert sich aus der territorialen Autonomie und der politischen Selbstbestimmung der indigenen Völker. Das war für uns eine wichtige Voraussetzung, um mit dem nationalen, parteipolitischen und zentralistischen Staat Schluss machen zu können. Von dieser Autonomie leiten wir auch die Selbstbestimmung über unsere Körper und unsere Entscheidungen ab, eine Selbstbestimmung, die nicht individualistisch oder liberal ist, und auch nicht von individuellen Rechten handelt, wie es einige Feminismen vorschlagen. Es geht um eine politische Autonomie gegenüber der patriarchalen, kolonialen und kapitalistischen Macht, die uns zwingt, Kinder zu gebären und unter schlechten Bedingungen aufzuziehen. Unsere Grossmütter haben entbunden, wenn es Zeit zum Gebären war, und sie haben die Schwangerschaft abgebrochen, wenn es weder Zeit zum Gebären noch zum Aufziehen war. Abtreibung ist für uns eine Erinnerung an unsere Vorfahrinnen. Aber erst die gesellschaftliche Transformation ermöglicht solche Debatten.

Die mehr als 500 Jahre Widerstand seit der kolonialen Invasion und das

Leben in einer Republik, in der Landbesitzer die Sklaverei, die Ausbeutung unserer Territorien und Körper sowie die systematische Vergewaltigung unserer Grossmütter und Mütter fortsetzten, zeugen davon, dass wir in einem zutiefst rassistischen Land leben. Die gesellschaftliche Transformation und die Tatsache, mit Evo Morales einen indigenen Präsidenten zu haben, stellten deshalb einen unbestreitbaren Akt der Würde, der materiellen und symbolischen Veränderungen dar. Rassismus zu verstehen bedeutet, nicht mehr zu denken, dass wir es wegen einem schlechten Schicksal nicht schaffen, die Schule oder Universität zu beenden, und deshalb keine formelle Arbeit finden, sondern weil dies dem patriarchalen kapitalistischen System dient. Es bedeutet zu erkennen, dass wir, beinahe selbst noch Mädchen, bereits geboren haben, weil das System der Ausbeutung uns dazu zwingt; und dass wir doppelt verarmt sind, weil wir Aymara, Quechua, also Indígenas sind. Diese politische Erkenntnis hat die gesellschaftliche Transformation ermöglicht, und den Prozess der Dekolonisierung, die Entmachtung des Patriarchats und El Buen Vivir[3] in Gang gesetzt.

Wir Frauen haben dabei erkannt, dass ein wirklich antipatriarchaler und kommunitärer Feminismus bedeutet, von unseren Körpern, unseren Territorien und Kämpfen auszugehen und sich nicht eine feministische Theorie aufzwingen zu lassen, die anderswo entstanden ist. Feminismo Comunitario[4] bedeutet zu verstehen, dass es für die indigenen Frauen in diesem Land kein unausweichliches Schicksal sein muss, Dienerinnen in den Häusern der Landbesitzer zu sein, deren Kinder zu erziehen, oder als Bäuerinnen und Bauern auf ihren Höfen zu arbeiten.

Die neue Verfassung: mit der Regierung und gegen die Regierung

Die neue Verfassung anerkennt Hausarbeit und das Recht der indigenen Gemeinschaften. Sie beinhaltet ein Bildungsgesetz, das eine nicht patriarchale, gemeinschaftliche und intrakulturelle Bildung verankert, ein Gesetz gegen Gewalt gegen Frauen und vor allem die territoriale Autonomie der indigenen Völker. Diese befanden sich während der Erarbeitung der Verfassung oft an der Seite des Staats, bei deren oft ungenügender Umsetzung aber auch im Widerstand zu diesem. Wir wissen aus historischer Erfahrung, dass Selbstbestimmung nicht eingefordert, sondern ausgeübt wird, und dass unsere Würde nicht mit Gesetzen hergestellt wird – wir tragen sie in unserem Gedächtnis, ein Gedächtnis, das von allen kolonialen Zurichtungen befreit werden musste.

Der Prozess der gesellschaftlichen Transformation folgte zwei Richtungen. Auf der einen waren die unabhängigen Organisationen und die indigenen Völker und auf der anderen die Regierung, die immer weniger auf die Organisationen einging und sich zunehmend einer traditionellen Parteien- und Staatsstruktur anglich. Die Bewegung für den Sozialismus MAS,[5] eigentlich als politisches Instrument für das Erkämpfen der Souveränität der indigenen Völker geschaffen, wurde von einer kolonialen Linken übernommen. Diese verwaltete und stabilisierte die herrschenden staatlichen Institutionen, indem sie einen Pakt mit den Oligarchien und den Geschäftsleuten einging. Sie alle haben von der Regierung Evo Morales profitiert, unter anderem indem sie erreichten, dass die extraktivistische Rohstoffpolitik im Land nicht beendet wurde. Für uns Frauen lag der Hauptfehler der Regierung darin, dass sie politisch und wirtschaftlich diejenigen unterstützte, die nun den Putsch[6] gegen die sozialen und indigenen Bewegungen anführen. Wir haben öffentlich kritisiert, dass der MAS zu einer Partei und mit traditioneller linker Logik instrumentalisiert wurde. Obschon der Feminismo comunitario dem MAS nie beigetreten ist, halten wir es aber für die indigenen Völker für wichtig, in ihm ein politisches Instrument zu haben, da wir den Staat zerstören und die Gemeinschaft der indigenen Völker wieder aufbauen wollen.

Derart eng mit der Regierung verbandelt zu sein und aus dieser Perspektive über El Buen Vivir, die Gesetze und die Transformation nachzudenken, hatte zur Folge, dass die sozialen Organisationen zunehmend die Verwaltung des Staates im Blick hatten statt dessen Transformation. Die vielen Machtkämpfe um Positionen und Ministerien schwächten und spalteten die Organisationen. Dass es uns nicht gelang, den Transformationsprozess zu vertiefen, liegt aber nicht nur in der Verantwortung der Regierung, sondern auch in derjenigen der Organisationen, die Evo Morales nicht in Frage stellten. Denn das Patriarchat reproduziert sich im Caudillismo[7] und in der liberalen bürgerlichen Demokratie, die selbst völkermörderischen, diebischen Geschäftsleuten «das Recht» erteilt, sich zu beteiligen. Dies ist eine weitere Lektion für uns: Demokratie dient nicht dem Volk und der Caudillismo ist für uns immer gefährlich.

Aber nichts von all dem, nichts von dieser Kritik legitimiert einen Putsch – auch gegen unsere Organisationen –, einen faschistischen, rassistischen, unternehmerischen und religiös-fundamentalistischen Putsch, wie er im Oktober und November 2019 in Bolivien stattgefunden hat.

Rassismus siegt über Feminismus

Die Kritik an der MAS-Regierung und der Präsidentschaft von Evo Morales diente einigen feministischen Kollektiven, Akademikerinnen und feministischen Künstlerinnen[8] als Argument zur Rechtfertigung des Putsches. Sie weigern sich zum Teil bis heute, diesen als solchen anzuerkennen, weil dies ihrer Meinung nach den MAS reinwaschen würde. Für sie ist das offenbar schlimmer, als die rassistischen rechten Ideologien der Putschregierung anzuerkennen. Deshalb sagen wir, dass der Rassismus über den Feminismus gesiegt hat. Der Wahlgewinn durch Evo Morales vom 20. Oktober 2019 ist umstritten, weil er trotz Amtszeitbeschränkung nach einer Verfassungsreform erneut kandidierte und weil es angeblich zu Wahlbetrug gekommen ist. Aber auch dies rechtfertigt keinen Putsch. Wenn, dann sind das Vergehen, die untersucht werden müssen. Stattdessen mobilisierte die Plataforma 21F[9] zur «Verteidigung der Demokratie». Die an dieser Plattform Teilnehmenden waren allerdings bereits seit 2016 bekannt für ihre rassistischen Praktiken. Unter dem Deckmantel der «Demokratie» griffen bewaffnete paramilitärische Gruppen, die Unión Juvenil Cruceñista und die Resistencia Juvenil Cochala, Frauen und Männer der Urbevölkerung, Führer*innen sozialer Organisationen und Mitglieder der Regierung an und sie demütigten und massregelten Polleras, also indigene Frauen. Patricia Vera, eine Bürgermeisterin des MAS, wurde geschlagen, es wurden ihr die Haare abgeschnitten, sie wurde mit Farbe beworfen, es wurde auf sie uriniert, sie wurde durch die Strassen geschleppt und gedemütigt. Man versuchte sogar, sie lebendig zu verbrennen. Gegen all das gab es kaum Stellungsnahmen von Feministinnen.

Angesichts des laufenden Putsches äusserten bekannte bolivianische Feministinnen, dass der MAS und Evo Morales die Kritik am Rassismus als politische Kampagne benutzten. Sie löschten damit symbolisch die Kolonialisierung und den mehr als 500 Jahre währenden Widerstand dagegen aus. Heute ist der Rassismus wieder entfesselt, er bleibt ungestraft und tötet. Das wollen einige Feministinnen nicht sehen. Inmitten des Putsches in Bolivien, in dem es mehrere Massaker gab, über 34 Brüder und Schwestern ermordet und mehr als tausend illegal inhaftiert wurden und nun wegen Aufruhr, Terrorismus und anderen erfundenen Verbrechen angeklagt werden, misst dieser Feminismus den Kämpfen der autonomen, indigenen Völker keinen Wert zu. Denn der Putsch richtet sich auch gegen diese Kämpfe, gegen ein Leben in Würde, gegen ein Buen Vivir und nicht nur gegen Evo Morales. Die Kritik an diesen Feminismen schliesst auch die reduktionistische Sichtweise ein, den Putsch lediglich als Streit zwischen zwei Machos zu betrachten, zwischen Evo Morales und Luis Fernando Camacho, dem faschistischen Landbesitzer, Unternehmer und Anführer des Putsches. Dieser Feminismus übernimmt damit eine patriarchale Sichtweise. In Bolivien geht es um politisch-ideologische Projekte, um die Umsetzung des Buen Vivir gegenüber der kolonialen Oligarchie und der kapitalistischen Ökonomie sowie um strukturelle Auseinandersetzungen auf dem Hintergrund transnationaler Interessen. Dies kann nicht auf einen Streit zwischen Männern reduziert werden. Ganz zu schweigen davon, dass wir, bei aller Kritik, die wir an Evo Morales haben, doch wissen, dass er nicht das Gleiche bedeutet wie der faschistische Luis Fernando Camacho.

All dies lässt uns an einen eurozentrischen, rassistischen, liberalen Feminismus denken, der, indem er sich nicht gegen den Putsch stellt, dieselbe Demokratie verteidigt, die in vielen Parlamenten auf der ganzen Erde die Entkriminalisierung der Abtreibung verweigert. Sie lassen uns an einen Feminismus der individuellen Rechte denken, der die Kämpfe der indigenen Völker und die Bedeutung der Gemeinschaft nicht anerkennt, an einen überheblichen Feminismus, der sich über die Proteste und den Widerstand gegen das Massaker stellt. Ein Feminismus, der nicht weiss, in welche Richtung er kämpfen soll, der der Akademie verhaftet bleibt und mit derjenigen Straffreiheit schreibt, die ihm die Theorie und das in einer kolonialen Welt geltende Wort gewähren. Ein Feminismus, der den MAS in Frage stellen muss, damit nicht der Verdacht aufkommt, dass seine Vertreterinnen selbst MASistas, also Indigenas sind.

Wir, die antipatriarchalen Feministas comunitarias, kritisieren sie, weil sie mit ihrer Haltung letztlich den Rechten in die Hände spielen. Auch weil wir angesichts des Putsches und des Rassismus eine stärkere feministische Position erwartet hatten, weil wir hofften, dass wir in der Lage sein würden, gemeinsam auf uns achtzugeben und aus der Perspektive des Feminismus Widerstand zu leisten: Es war nicht möglich, und auch hier erfuhren wir den Rassismus an unseren eigenen Körpern. Wir aber weigern uns, mitten in einem Putsch zu leben, wir wollen nicht, dass die Kinder sich an Panzer in den Strassen gewöhnen, wir wehren uns gegen die politische Verfolgung, die heute alle erleben, die den Putsch denunzieren. Denn wenn der Putsch gegen die Basisorganisationen in Bolivien nicht als solcher denunziert wird, besteht die Gefahr, dass eine neue Form der Demokratie akzeptiert wird, eine Demokratie, die Massaker, Repression und den Einsatz von Militär «demokratisch» rechtfertigt.

Wir haben bei unseren Schwestern und Brüdern aus den sozialen Organisationen, von denen viele zum MAS gehören, Sicherheit und gemeinschaftlichen Widerstand gefunden. Dies, weil der MAS immer noch viel mehr als eine politische Partei ist und weil wir glauben, dass wir die politischen Instrumente, die das Volk geschaffen hat, verteidigen müssen. Als Feministas Comunitarias glauben wir an ein Leben und an Beziehungen in der Gemeinschaft und wir müssen sie gegen den Faschismus und den Rassismus, die sich heute in Bolivien ausbreiten, verteidigen. Als antipatriarchalische Feministas Comunitarias kämpfen wir gegen das System und gegen nationale Grenzen, deshalb erhalten wir die Unterstützung unserer Schwestern aus verschiedensten Regionen, die den Putsch als Putsch und die Rassist*innen als Rassist*innen bezeichnen.

Der Putsch in Bolivien geht weiter, unser Widerstand auch. Es ist dringend notwendig, einen Feminismus aufzubauen, der sich ausgehend von unseren Körpern und unseren Territorien verbreitet, einen Feminismus, der keine eurozentrischen, kolonialen und rassistischen akademischen Logiken reproduziert. Wir machen unseren Weg als Teil der Feministinnen der Abya Yala und erschaffen einen in den Gemeinschaften verwurzelten volksnahen, klassenorientierten, kämpferischen, militanten, gebietsbezogenen, heilenden, anti-patriarchalen Feminismus.

Unsere Toten sind nicht verhandelbar!

Anmerkungen

1 Die Grenzziehung der nachkolonialen Nationalstaaten setzt sich über die Gebiete der einzelnen indigenen Völker hinweg. Das Ziel der neuen Verfassung war das Errichten eines «Plurinationalen Staates», der Demokratie, Partizipation, Repräsentation, Autonomie und Wohlstand (El Buen Vivir) für alle Gesellschaftsgruppen garantieren soll. Er ermöglicht den indigenen Gemeinschaften Boliviens die Bewirtschaftung und politische Organisation ihrer Dörfer nach historisch verwurzelten Regeln.

2 Ursprünglicher indigener Name (des Volkes der Kuna) für den gesamten amerikanischen Kontinent. Heute wird er vermehrt verwendet, um die kollektiven indigenen Identitäten zu stärken und auch, um sich von der europäischen Bezeichnung Amerika abzusetzen.

3 Das Konzept El Buen Vivir basiert auf der Grundlage der Kosmovision der indigenen Völker, die darunter die Koexistenz zwischen Menschen und Natur in Respekt und Harmonie verstehen. El Buen Vivir kann nicht in einem kapitalistischen System hergestellt werden, es erlaubt keine Anhäufung von Reichtum und widerspricht auch einem patriarchalen System. In den indigenen Gemeinschaften ist es nur für Männer konzipiert, weshalb die Feministas Comunitarias auch das indigene Weltbild dekolonialisieren wollen.

4 Der Feminismo comunitario entstand 2003 mit Gruppen in La Paz, Cochabamba, Potosi, Santa Cruz, Camiri und Oruro. Er orientiert sich an der Anerkennung der eigenen Geschichte kolonialer und patriarchaler Unterdrückung und an der Kultur und den Zielen der indigenen Gemeinschaften. Er vertritt Bäuerinnen und indigene Frauen, deren komplexe – rassistische und patriarchale – Unterdrückung im traditionellen weissen Feminismus nicht berücksichtigt wird. Im Jahr 2016 formierte sich die Gruppe Feminismo Comunitario Antipatriarcal, die auch innerhalb der indigenen Organisationen gegen patriarchale Gewalt ankämpft.

5 Movimiento al Socialismo (MAS) ist die linksgerichtete Partei in Bolivien, die mit Evo Morales von 2005 bis zu seinem vom Generalstab des Militärs erzwungenen Rücktritt am 10. November 2019 den Präsidenten Boliviens stellte. Die Bewegung zum Sozialismus entstand 1997 als politisches Instru-

ment unterschiedlicher indigener Organisationen, politischer Parteien, Gewerkschaften und Nachbarschaftsorganisationen. Der vollständige Name ist «Movimiento al Socialismo – Instrumento Político por la Soberanía de los Pueblos» (MAS-IPSP), «Bewegung zum Sozialismus – Politisches Instrument für die Souveränität der Völker».

6 Anfangs November 2019 wurde Präsident Evo Morales vom Militär und der rechtsgerichteten Opposition unter dem Vorwurf von Wahlmanipulation und mittels massiver Ausschreitungen zum Rücktritt gezwungen. Dies ist ein Putsch, weil ein Wahlbetrug von grösserem Ausmass nie bewiesen werden konnte und weil das Militär und die Polizei sich gegen eine gewählte Regierung, die immer noch im Amt war, stellten. Zudem ging der Putsch mit massivem Terror gegen Regierungspolitiker*nnen und ihre Familien einher. Im Januar 2020, als dieser Artikel geschrieben wurde, waren die Strassen weiterhin durch Militär und Polizei besetzt.

7 Verherrlichung autoritärer männlicher Führungspersonen in Lateinamerika

8 Feministinnen wie María Galindo, feministische Umweltschützerinnen in Bolivien oder auch Rita Segato aus Argentinien anerkannten den Putsch erst nach den Massakern.

9 Die Plataforma von 21F, bestehend aus Vertreter*innen der Mittelschicht, Oligarch*innen und Geschäftsleuten, formierte sich gegen eine vierte Amtszeit von Evo Morales, übte aber nie Kritik an den anderen, rassistischen, korrupten, rechtsgerichteten und evangelikalen Regierungskandidaten.

Iris Hernández Morales / Victoria Aldunate Morales

Feministische Fronten in Chile

Ein Interview[a]

«Wir fordern die Dekolonisierung des Feminismus.»

Iris Hernández Morales und Victoria Aldunate Morales, zwei chilenische Feministinnen, sprechen über die breiten Volksaufstände im Herbst 2019 gegen die Regierung Piñera. Diese explodierten vorerst infolge der Preiserhöhung für Bustickets, zeigten aber schon bald die gesamte Misere der sozialen Versorgung auf. Die Regierung reagierte auf die Proteste mit massiver Repression und brutaler physischer Gewalt gegen Demonstrant*innen und Verhaftete. Die beiden Interviewpartnerinnen gehören zu dem Teil der Bevölkerung, der angesichts der erlebten Gewalt jegliche Zusammenarbeit mit staatlichen und staatsnahen Institutionen zurückweist.

WSP: Könnt ihr erläutern, wer in Chile der feministischen Bewegung angehört und mit welchen Gruppen und nationalen Minderheiten Feministinnen Allianzen schliessen?

In Chile gibt es keine geeinte feministische Bewegung. Heute können wir deutlich zwei Strömungen beobachten. Die institutionelle, die die liberal-reformistische Staatslogik stützt, und die autonome, die den Staat und seine Komplizenschaft mit dem Neoliberalismus und damit Kolonialismus und Patriarchat infrage stellt. Wir sind Teil der letzteren. Das Verbindende der stark fragmentierten autonomen Bewegungen sind das Klassenbewusstsein

a Das Interview wurde im Dezember 2019 per E-Mail geführt und aus dem Spanischen übersetzt von Nina Schneider.

und unsere antirassistischen Positionen. Zu uns gehören Bündnisse «von unten», zum Beispiel Mapuche-Gemeinschaften im Widerstand oder auch Jugendliche, die sich schon lange gegen das kolonial-patriarchale Wirtschafts- und Kulturmodell formiert haben, aus der Zona Cero von Santiago, dem Stadtteil, in dem die Aufstände im Herbst 2019 begannen. Wir sind durch viele Kämpfe verbunden. Gemeinsam kritisieren wir Anfeindungen gegen das Volk der Mapuche, unterstützen politische Gefangene, Aktionen der Studentenbewegung, Streiks gegen Landnahmen und wir üben uns im Zuhören, um den Bewegungen von unten nicht unsere eigene Rationalität aufzuzwingen. Das ist uns sehr wichtig, um nicht selbst mit universalistischen Ansätzen Standpunkte von Minderheiten abzuwerten.

Seit Ende des 19. Jahrhunderts gibt es in Lateinamerika feministische Anarchistinnen, Kommunistinnen und Arbeiterinnen, aber auch bürgerliche Frauen der Mittelklasse, die sich zu Frauenthemen organisieren. Darüber hinaus gibt es eine territoriale Komponente, welche die institutionellen und autonomen Strömungen spaltet, die in den 1990er-Jahren entstanden sind. Die einen reproduzieren mit dem «Gender»-Begriff ein nordeuropäisches Frauenbild, das die indigene Frau als «Hindernis für Entwicklung und Fortschritt» abwertet und eine koloniale Praxis fortschreibt. In universalistischer Manier und ohne Sensibilität für den Kontext werden Gender-Ideen und Projekte importiert, die unsere territoriale, also indigene Identität verwässern. Deren Akzeptanz des neoliberalen Systems erzeugt zusätzliche Spannungen. Staatsnahe feministische Institutionen nehmen für sich eine führende Rolle in Anspruch, während wir Autonomen das politische, wirtschaftliche und soziale Modell grundsätzlich kritisieren. Wir werden an den Rand gedrängt, wogegen wir im aktuellen Volksaufstand protestieren. Wir mobilisieren gegen diese feministische Spaltung in ein «oben» und «unten», das uns ausgrenzt. Denn die institutionellen Feministinnen verbünden sich mit einer Führungsschicht, die Ende der 1980er-Jahre als «Koalition der Parteien für die Demokratie» den Übergang aus der Diktatur in die Demokratie so aushandelten, dass sie sich illegitim bereichern können.

WSP: Wer und was hat die Aufstände im Herbst 2019 ausgelöst?

Die Einführung des neoliberalen Systems in Chile in den 1990er-Jahren, mit Unterstützung zahlreicher zivilgesellschaftlicher Gruppen, ist ein Präzedenzfall. Denn der postdiktatorische Staat knüpfte jegliche Bürgerbeteiligung strikt an die Akzeptanz dieses Politikmodells. So erhielt beispielsweise der institutionelle Feminismus Räume für Partizipation und finanzielle

Mittel, um Aufgaben im Dienste des Staates zu übernehmen. Wir Autonomen betrachten das als eine Art Ablasshandel für die neoliberalen Kosten, die Stabilität und die Sicherheit für einige wenige zulasten der grossen Mehrheit. Diese paradoxe und mit der Diktatur vereinbarte Demokratisierung schuf desolate Lebensbedingungen für breite Gesellschaftsschichten und dadurch die historischen Grundlagen für diesen Aufstand. Dessen Gründe sind unhaltbare Zustände im Gesundheitswesen, in der Bildung, im Verkehr genauso wie die dramatische Verarmung im Alter von grossen Teilen der Bevölkerung. Dies alles sind Folgen eines kollabierten Systems, das die Menschen aktiv prekarisiert hat. Dessen allem bewusst, geht es uns heute darum, Alternativen zum kolonialen und patriarchalen Neoliberalismus zu finden, weil diese Demokratie, die man uns als einzige ökonomische Alternative aufgedrängt hat, unsere letzten Ressourcen für ein würdiges Leben für alle zerstört. Dieses «demokratische» Bündnis, das auf der Diktatur Pinochets aufbaut, versucht mit allen Mitteln, unsere Proteste, aber auch Vorschläge und Aktionen für andere Beziehungsformen zwischen Menschen, Kommunen und mit der Natur unsichtbar zu machen.

WSP: Welche Rolle spielen die feministischen Gruppen in den aktuellen Kämpfen?

Wie gesagt, die feministische Partizipation hat sehr unterschiedliche Gesichter. Die einen arbeiten eng mit dem Staat zusammen, die anderen organisieren sich im Widerstand. Deshalb gibt es heute feministische Organisationen, die sich mit dem Aufgleisen der verfassungsgebenden Versammlung beschäftigen, ohne die Bedingungen in Frage zu stellen, unter denen sie zustande kommt. Sie sagen: «Nicht ohne uns!», ohne zu bedenken, dass jedes neue Abkommen innerhalb des Gewaltsystems der Regierung Piñera abgeschlossen wird. Es wird ein «Abkommen der Befriedung» sein – sagen wir, die Autonomen, da die Übergriffe, Verfolgungen und Verstümmelungen gegen diejenigen, die Widerstand leisten, fortdauern werden. Dabei erinnern wir uns an die «Befriedung Araukaniens» im 19. Jahrhundert,[1] bei der nach den Aufzeichnungen der Mapuche mehr als 60 000 Ureinwohner*innen ermordet wurden. Gestern wie heute entscheidet das Gewaltsystem, was für den Staat relevant ist oder nicht. Ohne nun weiter auf die strategische Ausgrenzung eingehen zu können, möchten wir betonen, dass wir, als Teil der autonomen feministischen Strömung, in einer neuen Verfassung keine Alternative sehen. Wir werden das «demokratische» Vokabular des «Multikulturalismus», der «Menschenrechte», oder der «neuen Verfassung» nicht verwenden und auch nicht missbrauchen: denn unter den aktuellen Bedingungen sind das leere Worte. Unsere autonomen Slogans lauten: «Kein Gott, kein Land, kein Ehemann, keine Partei», «Wir nehmen uns die Strasse», «Machismus tötet und der Kapitalismus auch», «feministische Autonomie gegen den terroristischen Staat». Sie stehen in Verbindung mit den wichtigsten lateinamerikanischen Klassenkämpfen von indigenen, bäuerlichen und afrikastämmigen Volksgemeinschaften. Für uns sind Würde und das Konzept des guten Lebens (Buen Vivir) zentral, und wir widersetzen uns dem traditionellen liberalen Diskurs sowie seinen Konzepten von «Menschenrechten», «Demokratie», «Staatsbürgerschaft» oder «Nachhaltigkeit». Uns ist es zudem wichtig, alle Kräfte zu bündeln, die von der dominanten Kultur verleugnet werden.

WSP: Wie werden die feministischen Forderungen auf der Strasse aufgenommen? Gibt es auch Themen, welche die Bewegung spalten?

Zu Beginn des Aufstandes im Herbst 2019 waren die Forderungen sehr breit. Mittlerweile fokussieren wir uns auf einige zentral wichtige Elemente, wie etwa den territorialen Charakter der Kämpfe. Anders als die Verfassungsformel, die herrschende Begriffe und politische Organisations- und Verwaltungsmodelle reproduziert, ist dies kein konventioneller Ansatz. Für den autonomen feministischen Kampf öffnen sich neue Möglichkeiten der Vernetzung an den Rändern der Gesellschaft, und die Berücksichtigung spezifischer territorialer Anliegen der indigenen Bevölkerung führt uns zu neuen Strategien gegen neoliberale, koloniale und patriarchale Gewalt. Dies ist ein langer und komplexer Prozess, der uns heute mehr als je zuvor erlaubt, die Dekolonisierung des Feminismus zu fordern.

Gleichzeitig kämpfen wir gegen patriarchale Strukturen innerhalb der antirassistischen Bewegung der Landbevölkerung. Auch das geht nicht ohne eine grundlegende Infragestellung des Kapitalismus. Angesichts der hegemonialen Machtverhältnisse stehen wir vor beachtlichen Herausforderungen, denn wir können uns Forderungen, die nur Teilbereiche abdecken, nicht mehr vorstellen. Es geht also nicht darum, ob andere Gruppen unsere feministischen Forderungen anerkennen, sondern darum anzuerkennen, dass uns alle gestellten Forderungen in ihrer Gesamtheit gemeinsam und direkt betreffen. Feministinnen kämpfen also nicht spezifisch gegen Gewalt gegen Frauen. Der Kapitalismus betrifft uns genauso. Was wir Autonomen versuchen, ist gerade diese Verbindung aller Kämpfe, so etwa auch den Kampf gegen Rassismus.

WSP: Welchen Einfluss hatte die Präsidentschaft Michelle Bachelets als ehemalige Hochkommissarin der UN-Frauenorganisation auf die Frauenbewegung? Stand sie für eine progressive nationale Frauenpolitik?

Die Präsidentschaft von Michelle Bachelet zeigt exemplarisch, welches Modell des Feminismus wir infrage stellen. Ihre Regierung war eine der gewalttätigsten gegen die Mapuche und machte in Chile die totale Ignoranz gegenüber der Gewalt gegen Ureinwohner*innen sichtbar. Unter anderem rufen wir den mehr als hundert Tage dauernden Gefängnis-Hungerstreik der damaligen Mapuche-Gemeindeführerin Patricia Troncoso Robles in der ersten Amtszeit Bachelets in Erinnerung oder die Ermordung von Chepa (Matías Catrileo Quezada), einem jungen Mapuche-Punk, Anarchisten und Hausbesetzer, durch die chilenische Polizei. In ihrer zweiten Amtszeit wurde in der Mapuche-Gemeinde Tranguil Macarena Valdés Muñoz im Widerstand gegen die Wasserkraftwerke der österreichischen Firma RP Global S. A. ermordet. Und wie alle Vorgänger ihrer Regierungskoalition trat Bachelet die Umweltfrage an den Privatsektor ab, vernachlässigte die lokal verankerte Wirtschaft und kriminalisierte die ländlichen Mapuche-Bäuerinnen, die die Städte mit ihrer eigenen Gemüseproduktion versorgen. Ausserdem verweigerte sie sich der öffentlichen Debatte über Aktionspläne gegen den Klimawandel. Sie schaffte es nicht, Abtreibung zu entkriminalisieren. Auch ihr Drei-Punkte-Plan, der den Zugang zu Abtreibung erleichtern sollte, bezeichnet die Fristenlösung weiter als Verbrechen. Nicht zuletzt fehlte es ihrer Justizministerin Javiera Blanco am politischen Willen, die Folter und den Tod von 400 armutsbetroffenen Kindern durch Sename, die Jugendstrafbehörde, zu untersuchen. Die wenigen durch Bachelet initiierten Frauenhäuser zum Schutz vor männlicher Gewalt sind bekannt für ihre umständlichen Aufnahmeverfahren und für die Viktimisierung von Frauen, die auf Anklagen gegen Täter verzichten, weil ihnen das Verfahren zu erniedrigend ist. All diese Beispiele zeigen Bachelets Beheimatung im Gender-Kolonialismus, den wir seit den 1990er-Jahren anprangern. Dabei möchte ich betonen, dass diese Politik Bachelets und die ihrer Verbündeten in den feministischen Institutionen sehr typisch für den lateinamerikanischen Rassismus, die soziale Abwertung und den Sexismus sind. Aus dieser Denktradition stammt die staatliche Gewalt in Wallmapu[2] genauso wie der «Gender-Fokus», der nur diejenigen schützt, die dem Staat wichtig sind oder den politischen Eliten angehören. Die angeführten Beispiele zeigen unmissverständlich, dass Massnahmen oder eine Perspektive «zugunsten von Frauen» nicht bedeuten, dass diese nicht rassistisch sind. Die systematische Gewalt gegen die indigene Bevölkerung und die Umsetzung des Gender-Ansatzes erfolgte nicht ohne die Mitarbeit privilegierter Frau, die die Sprache der Mächtigen übernommen haben. Durch ihr Festhalten an kulturellen Traditionen ihrer Gemeinschaften werden indigene Frauen weiterhin als Hindernis für Entwicklung und Fortschritt betrachtet. Mit anderen Worten: Frauen von oben sind wichtig und setzen ihre Bedingungen durch, diejenigen, die unter ihnen stehen, nicht.

WSP: Erinnert euch die gegenwärtige staatliche Repression an die Pinochet-Diktatur?

Unser kollektives physisches Gedächtnis steht seit dem 18. Oktober 2019 konstant in Alarmbereitschaft. Ausgangssperren, Militär in den Strassen, scharfe Munition gegen Demonstrant*innen, Razzien, Verhaftungen, Folter, Vergewaltigungen, Verstümmelungen, Verfolgung. Andererseits stärkt der fast dreimonatige Volksaufstand nach dreissig Jahren kollektiver Resignation unser Selbstbewusstsein. Aktuell hören wir viele Stimmen, die jahrzehntelang zum Schweigen gebracht worden waren und die den Widerstand gegen die patriarchale und neoliberale Gewalt würdigen, die der Staat gegen die indigenen Völker, Frauen, Kinder und armutsbetroffene sexuelle Minderheiten ausübt. Wir tragen eine Genealogie des Widerstandes in uns, die uns besänftigt und stärkt. Sie gibt uns Kraft gegen die staatliche Gewalt aufzubegehren, die nicht nur Aufständische angreift, sondern auch rassistische Gewalt gegen indigene Gemeinschaften, Migrant*innen, Frauen und Opfer von Femizid ausübt und darüber hinaus die Plünderung der Natur den multinationalen Unternehmen überlässt.

WSP: Von aussen schien es fast so, als ob Präsident Piñera relativ schnell einbrechen und den Forderungen der Strasse nachgeben würde. Er versprach Sozialreformen, erhöhte Mindestpensionen, eine Gesundheitsreform, höhere Steuern für die Einkommensstärksten, geringere Gehälter für Beamte und Abgeordnete und so weiter. Was halten Sie von seinen Versprechungen?

Die Zugeständnisse von Präsident Piñera sind Schall und Rauch. Die Vorschläge der Regierung bringen keine Reformen, sie nehmen die Forderungen des kollektiven Protests nicht ernst. Schauen Sie sich nur das Zulassungsverfahren der Universitäten für 2020 an, das dank des organisierten

Widerstands der High-School-Bewegung nun zurückgestellt wurde. Seit den Schüler*innen- und Student*innenaufständen von 2006 hat die Bewegung klare und differenzierte politische Positionen entwickelt und den merkantilistischen, segregierenden und ausschliessenden Charakter des Bildungswesens in Chile analysiert. Dennoch haben weder Bachelet noch irgendeine andere Regierung den Forderungen der Bewegung stattgegeben, weil sie das neoliberale Modell angreift. Das Regime will auch das miserable AHV-System, das lediglich dem Grosskapital zugute kommt, nicht wirklich reformieren. Neu sollen drei Altersklassen unterschieden werden, die unter 75-, die 75- bis 79-jährigen und die über 80-Jährigen, denen je eine Erhöhung der Rente um 25, 30 und 50 Prozent in Aussicht gestellt wird. Bedenkt man, dass die minimale Grundrente heute gerade mal 140 US-Dollar beträgt, also einen Bruchteil des offiziellen minimalen Warenkorbs von monatlich rund 3500 US-Dollar (November 2019) für eine Familie, dann ist die Erhöhung ein Hohn. Auch die neuen Renten können unmöglich die Kosten für Krankheit, Unfall, Schulden oder Miete abdecken. Was die Polizeigewalt betrifft, ist angesichts der Berichte internationaler Menschenrechtsorganisationen jedes Versprechen von Piñera zur Mässigung völlig unglaubwürdig.

WSP: Was haltet ihr von der Forderung, nun schnell eine neue Verfassung zu verabschieden? Was werden Feministinnen in diese Reform einbringen (können)? Werden sie überhaupt angehört werden und vertreten sein?

Es stimmt nicht, dass alle Demonstrant*innen eine neue Verfassung fordern. In den regionalen selbstorganisierten Volksversammlungen leben wir, angesichts der polizeilichen und wirtschaftlichen Unterdrückung unseres gemeinschaftsorientierten Lebens, eine andere Realität. Die Idee einer «Neuen Verfassung» wird uns durch die Eliten und die traditionellen Medien aufgezwungen. Uns bietet sie keine Alternativen. Neben uns distanzieren sich auch viele weitere Organisationen von der Idee, seit klar ist, dass sie keinesfalls zu einer radikalen Veränderung führt. Ob Feministinnen in einer zukünftigen «verfassungsgebenden Versammlung» vertreten sein werden, müssen wir diejenigen Feministinnen fragen, die sich durch das gegenwärtige politische und ökonomische System vertreten fühlen, also durch ein System, das wir autonomen Feministinnen und antirassistischen Lesben anprangern und zu brechen versuchen.

Anmerkungen

1 Die sogenannte «Befriedung Araukaniens» war in Wirklichkeit ein Plan zur Besetzung von Mapuche-Ländern durch die kreolische Bourgeoisie. Diese Invasion basierte unter anderem auf der Stigmatisierung des Mapuche-Volkes, das als «wild» und «aggressiv» betrachtet wurde. Damit rechtfertigte, naturalisierte und normalisierte man die Gewalt gegen die Wallmapu. Der Einmarsch basierte auf einer Zivilklage von chilenischen, deutschen und italienischen Bürgern, also auf einer Idee, die von «oben» und unter der Schirmherrschaft des Staates «denen unten» Gewalt antat. Analog fördert das heutige Abkommen von «oben» ein zivilisatorisches Projekt, das Gewalt normalisiert und diejenigen, die es kritisieren, als irrational, gewalttätig oder mit mangelnder politischer Perspektive bezeichnet.

2 Wallmapu ist seit den 1960er-Jahren ein militarisiertes Territorium, in dem durch staatlichen Schutz territoriale Usurpation zugunsten des Extraktivismus begünstigt wird.

Nula Frei

Gewalt an Frauen*

Ungenutzte Potenziale der Istanbul-Konvention

Schluss mit Gewalt gegen Frauen*! Dies war eine der zentralen Forderungen des Frauen*streiks 2019. Wenig überraschend, denn Gewalt gegen Frauen ist auch in der Schweiz ein Problem mit massivem Ausmass. 2018 wurden über 18 000 Straftaten im «häuslichen Bereich» registriert. Unter diesen 18 000 waren, nebst Körperverletzungen, Beschimpfungen, Drohungen, Vergewaltigungen und sexuellen Belästigungen, auch 52 versuchte und 27 vollendete Tötungsdelikte: Jede Woche gerät also eine Person durch Gewalt ihres Partners oder ihrer Partnerin in Lebensgefahr und jede zweite Woche wird eine Person getötet. Es handelt sich dabei meistens um Gewalt von Männern gegen Frauen: 76 Prozent der Beschuldigten sind männlich und 73 Prozent der Opfer weiblich. Da man bei häuslicher Gewalt von einer Anzeigequote von lediglich zwanzig Prozent ausgeht, ist ein Grossteil der Gewalt, die im häuslichen Bereich an Frauen ausgeübt wird, statistisch gar nicht erfasst (BFS 2019).

Aber nicht nur der private Bereich, auch der öffentliche Raum ist für Frauen nicht sicher. Von ungewollten Berührungen oder Verfolgungen im öffentlichen Raum, auf dunklen Strassen oder in Menschenmengen kann fast jede Frau berichten. Sexuelle Belästigung am Arbeitsplatz ist nach wie vor weit verbreitet, und öffentlich exponierte Frauen werden viel häufiger als ihre männlichen Kollegen online beschimpft und mit (oftmals sexualisierter) Gewalt bedroht.

Gewalt gegen Frauen hat also strukturellen Charakter. Dies anerkennt auch das Recht in jüngerer Zeit zunehmend. Das jüngste und von vielen als fortschrittlich gefeierte Rechtsinstrument, dessen Umsetzung auch eine Forderung des Frauen*streiks war, ist die sogenannte Istanbul-Konvention des Europarats (Übereinkommen des Europarats vom 11. Mai 2011).

Gewalt als Diskriminierung und Menschenrechtsverletzung

Die Konvention ist der weltweit erste multilaterale Vertrag, der ausdrücklich die Bekämpfung von Gewalt an Frauen und häuslicher Gewalt bezweckt. In der Tat ist es noch nicht so lange her, dass das Recht Gewalt gegen Frauen als ein spezifisches Phänomen anerkennt. Erst 1992 hat das CEDAW-Komitee (das Expert*innengremium, das die Umsetzung des Übereinkommens der Vereinten Nationen zur Beseitigung jeder Form von Diskriminierung der Frau überwacht) angefangen, den Begriff «Diskriminierung» so auszulegen, dass er auch Gewalt umfasst, die gegen Frauen ausgeübt wird, weil sie Frauen sind, oder die Frauen besonders betrifft (Committee CEDAW 1992). 2009 folgte der Europäische Gerichtshof für Menschenrechte mit dem Leitentscheid *Opuz gg. Türkei* (EGMR 2009), wo er staatliches Untätigbleiben bei Gewalt gegen Frauen als eine diskriminierende Verletzung des Rechts auf Leben (Art. 14 i. V. m. Art. 2 EMRK) einstufte.

Die Istanbul-Konvention baut auf diesen Entwicklungen auf und versteht Gewalt gegen Frauen als Form der Geschlechterdiskriminierung sowie als Menschenrechtsverletzung. Das hat rechtliche Folgen: Indem die Konvention nun Gewalt gegen Frauen als eine Menschenrechtsverletzung versteht, gliedert sie das Thema in die menschenrechtliche Dogmatik ein. Das bedeutet, dass Staaten sowohl negative Pflichten haben (sie dürfen nicht selber Gewalt gegen Frauen ausüben oder tolerieren), sie aber auch sogenannte positive Gewährleistungspflichten haben, das heisst dass sie Massnahmen treffen müssen, um Frauen vor Gewalt zu schützen. Die Anerkennung als Menschenrechtsverletzung stellt das Opfer ins Zentrum und bewirkt auch, dass sich Staaten rechtlich haftbar machen, wenn sie keine genügenden Massnahmen treffen. Das Verständnis von Gewalt gegen Frauen als Form der Geschlechterdiskriminierung führt dazu, dass ihr struktureller Charakter besser erfasst werden kann. Es liegt damit ein umfassender, auf gesellschaftliche Transformation hinwirkender Ansatz vor, der zudem verdeutlicht, dass die Bekämpfung von Gewalt an Frauen auch Gleichstellungsarbeit ist.

Die Konvention ist auch deshalb fortschrittlich, weil sie viele Erkenntnisse aus der feministischen Theorie umsetzt. Etwa beim Geschlechterbegriff: Artikel 3 lit. c definiert das Geschlecht als «die gesellschaftlich geprägten Rollen, Verhaltensweisen, Tätigkeiten und Merkmale, die eine bestimmte Gesellschaft als für Frauen und Männer angemessen ansieht». Geschlecht wird also als sozial konstruiert verstanden. Die Konvention integriert auch Kritik, die von feministischer Seite an der bisherigen Gewaltbekämpfung geäussert wurde, beispielsweise indem sie Massnahmen zur

Stärkung («empowerment») von Frauen vorschreibt (Art. 12 Abs. 6), und damit vermeidet, Frauen als passive, rettungsbedürftige Opfer zu essenzialisieren (Peroni 2016, 49f.).

Umfassender Gewaltbegriff

Die Konvention definiert Gewalt gegen Frauen als jede Handlung geschlechtsspezifischer Gewalt, «die zu körperlichen, sexuellen, psychischen oder wirtschaftlichen Schäden oder Leiden bei Frauen führen oder führen können» (Art. 3 lit. a). Bemerkenswert ist die Nennung von psychischer oder wirtschaftlicher Gewalt. Ausdrücklich nennt die Konvention die folgenden Gewaltformen: Psychische Gewalt (Art. 33), Nachstellung (Stalking, Art. 34), körperliche Gewalt (Art. 35), sexuelle Gewalt und Vergewaltigung (Art. 36), Zwangsheirat (Art. 37), Genitalverstümmelung (Art. 38), Zwangsabtreibung und Zwangssterilisierung (Art. 39) sowie sexuelle Belästigung (Art. 40). Eher schwach ausgestaltet ist die Konvention allerdings im Bereich Cybergewalt, die Frauen ebenfalls stärker betrifft. Zwar schliesst sie nicht aus, dass die aufgezählten Gewaltformen auch in der virtuellen Welt vorkommen können, jedoch adressiert die Konvention die mit Cybergewalt einhergehenden Schwierigkeiten (z. B. bei der Beweisaufnahme) nicht.

Veränderung von sozialen und kulturellen Verhaltensmustern

Um diese Formen der Gewalt gegen Frauen zu bekämpfen, verfolgt die Konvention einen umfassenden Ansatz, der eine Kombination von Massnahmen in der Prävention, der Strafverfolgung sowie beim Opferschutz vorschreibt. So sollen die Staaten Präventionsmassnahmen treffen, um «Veränderungen von sozialen und kulturellen Verhaltensmustern von Frauen und Männern» zu bewirken (Art. 12 Abs. 1) und «alle Mitglieder der Gesellschaft, insbesondere Männer und Knaben, zur aktiven Beteiligung an der Verhütung [...] von Gewalt zu ermutigen» (Art. 12 Abs. 4). Dazu gehören etwa Kampagnen zur Bewusstseinsbildung (Art. 13), Bildung in den Schulen (Art. 14) oder Interventionsprogramme für die Täter[1] (Art. 16). Entsprechend dem menschenrechtlichen Ansatz schreibt die Konvention Massnahmen zum Opferschutz vor, zum Beispiel müssen Opferhilfsdienste (Art. 20), Schutzunterkünfte (Art. 23), niederschwellige Telefonberatung (Art. 24) oder Krisenzentren für Opfer sexueller Gewalt (Art. 25) eingerichtet werden. Opfer haben Anspruch auf Soforthilfe sowie auf Rechtsberatung und Unterstützung in einem Strafverfahren (Art. 57). Schliesslich sollen die Staaten Massnahmen treffen, um die immer noch weitverbreitete Straflosigkeit von Gewalt gegen Frauen einzudämmen und die Strafverfolgung zu verstärken: Die oben genannten Gewaltformen müssen innerstaatlich wirksam unter Strafe gestellt werden und es muss den Strafverfolgungsbehörden möglich sein, Eilschutzanordnungen (Art. 52) oder Näherungsverbote (Art. 53) auszusprechen.

Damit die Verpflichtungen der Konvention auch wirksam umgesetzt werden, wendet die Konvention einige neuartige Konzepte an. So sollen die Staaten Frauen dabei unterstützen, bei internationalen Gerichten Klage erheben zu können (Art. 21). Damit wird der Tatsache Rechnung getragen, dass Frauen aufgrund diverser Hürden – etwa geringerer finanzieller Ressourcen – häufiger als Männer keinen Zugang zu Gerichtsverfahren haben. Ebenfalls muss die Zivilgesellschaft auf allen Ebenen der Umsetzung der Konvention einbezogen werden (Art. 9), und die Staaten verpflichten sich, genügend finanzielle Mittel für die Bekämpfung der Gewalt gegen Frauen bereitzustellen und auch Programme, die von nichtstaatlichen Organisationen durchgeführt werden, finanziell zu unterstützen (Art. 8).

Ein wichtiges Instrument zur Umsetzung ist die Überwachung durch das Expert*innengremium GREVIO (Group of Experts on Action against Violence against Women and Domestic Violence). Dieses kann die Umsetzung in den Mitgliedstaaten evaluieren und Empfehlungen zur besseren Umsetzung formulieren. Bei anderen Menschenrechtsverträgen haben sich solche dialogbasierten Überwachungsmechanismen als sehr wirkungsvoll erwiesen.

Transformatives Potenzial für die Schweiz?

Insgesamt kann der Konvention ein signifikantes transformatives Potenzial zugeschrieben werden (Meyersfeld 2012, 106f.; Gormley 2014, 606f.). Aber auch die beste völkerrechtliche Konvention ist immer nur so gut wie ihre innerstaatliche Umsetzung. Der Schweizerische Bundesrat kam in seiner Botschaft an das Parlament zur Genehmigung des Übereinkommens 2016 zum Schluss, dass die Schweiz bereits alle Vorgaben der Konvention erfüllt und deswegen keine weitere Anpassung im nationalen Recht notwendig sei, um die Konvention zu ratifizieren (Schweizerischer Bundesrat 2016).

Für die Koordination der Umsetzung ist auf Bundesebene die Abteilung Häusliche Gewalt des Eidgenössischen Büros für die Gleichstellung von Frau und Mann, bei den Kantonen die Schweizerische Konferenz gegen Häusliche Gewalt zuständig. Der Fokus liegt also stark auf häuslicher Gewalt, was auch daran liegt, dass hier bereits starke Strukturen vorhanden waren. Dies verstellt aber den Blick darauf, dass Gewalt gegen Frauen weit über den häuslichen Bereich hinausgeht. Andere Gewaltformen, insbesondere Gewalt im öffentlichen Raum oder im Internet, Gewalt gegen Transmenschen oder gegen asylsuchende Frauen, finden aufgrund dieser Umsetzungsstrategie wenig bis keine Beachtung. Sinnvoller wäre es meines Erachtens gewesen, die Schweizerische Konferenz der Gleichstellungsbeauftragten zur zentralen Koordinationsstelle für die kantonale Umsetzung zu bestimmen. Damit wäre auch dem Gleichstellungsgedanken der Konvention besser Rechnung getragen worden.

Zur Umsetzung haben sich die Kantone zunächst auf folgende sechs Themenbereiche fokussiert: Sicherstellung der Finanzierung, Arbeit mit gewaltausübenden Menschen, Erhöhung der Bekanntheit der Opferhilfe, genügend Schutzunterkünfte, Krisenzentren für Opfer sexueller Gewalt, Unterstützung gewaltbetroffener Kinder (EBG 2018, 16). Zweifellos sind das wichtige Bereiche, gerade die Finanzierung der Opferhilfe- und anderer Interventionsmassnahmen ist ein (politischer) Dauerbrenner. Gleichzeitig wurden aber auch erhebliche Auslassungen vorgenommen; zwei im Kontext des Frauen*streiks häufig diskutierte Aspekte möchte ich im Folgenden vertiefen: Die Notwendigkeit einer gesellschaftlichen Überwindung der «rape culture» sowie der Gewaltschutz von geflüchteten Frauen.

Rape culture überwinden

Auch in der Schweiz ist Gewalt gegen Frauen* gesellschaftlich verankert. Das zeigt sich etwa, wenn in den Medien ein Mord in der Familie als «Familiendrama» bezeichnet wird oder Gewalt implizit verherrlicht wird, indem ein gewalttätiger Prominenter als «waschechter bad boy» bezeichnet wird. Bei Vergewaltigung prägen schuldzuweisende Vorurteile die öffentliche Wahrnehmung, etwa das Opfer habe den Täter «provoziert» oder implizit «zugestimmt». Obwohl die Istanbul-Konvention die Beteiligung des privaten Sektors und der Medien an den Bemühungen zur Bekämpfung von Gewalt gegen Frauen vorschreibt (Art. 17), sind in der Schweiz derzeit keine solchen Massnahmen geplant.

Ein Ausdruck von «rape culture» ist sicherlich auch der an sehr hohe Voraussetzungen geknüpfte Vergewaltigungstatbestand im Schweizer Recht. Art. 190 Abs. 1 StGB statuiert: «Wer eine Person weiblichen Geschlechts zur Duldung des Beischlafs nötigt, namentlich indem er sie bedroht, Gewalt anwendet, sie unter psychischen Druck setzt oder zum Widerstand unfähig macht, wird mit Freiheitsstrafe von einem Jahr bis zu zehn Jahren bestraft.» Abgesehen von der veralteten und heteronormativen Vorstellung, dass Vergewaltigung nur von Männern an Frauen begangen werden kann, wurde in den letzten Jahren von der Zivilgesellschaft insbesondere das Freiwilligkeitserfordernis infrage gestellt. Nach geltendem Recht muss das Opfer zum Beischlaf genötigt worden sein, was umgekehrt vom Opfer einen aktiven Widerstand voraussetzt. Wie Expert*innen betonen, gibt es aber bei einem Grossteil sexueller Übergriffe gar keine Gewaltanwendung respektive keinen Widerstand des Opfers (Amnesty International 2019). Art. 190 StGB ist deshalb nicht konform mit der Istanbul-Konvention, die als Vergewaltigung (Art. 36) jedes nicht einverständliche, sexuell bestimmte vaginale, anale oder orale Eindringen in den Körper einer anderen Person versteht.

Die derzeit laufende Revision des Sexualstrafrechts im Parlament berücksichtigte diese Entwicklungen nicht. In der dreiköpfigen ständerätlichen Subkommission, welche die Vorlage vorberaten sollte, sassen ausschliesslich Männer. Jüngst scheint jedoch der zivilgesellschaftliche Druck Wirkung gezeigt zu haben: Am 17. Januar 2020 forderte die Rechtskommission des Ständerats den Bundesrat auf, einen neuen Gesetzestext zu formulieren, der auch die Frage berücksichtigt, wie sexuelle Handlungen gegen den Willen einer Person strafrechtlich behandelt werden sollen, wenn weder Gewalt noch Drohung vorliegen (Kommission für Rechtsfragen des Ständerates 2020).

Auch geflüchtete Frauen* sind Frauen*!

Der Schutz von Migrantinnen und geflüchteten Frauen wird in der Istanbul-Konvention durch ein eigenes Kapitel besonders hervorgehoben. So sollen etwa die Vertragsstaaten die Flüchtlingsdefinition geschlechtersensibel auslegen (Art. 60). Zwar ist geschlechtsspezifische Gewalt als Verfolgungsform in der Schweizer Asylpraxis grundsätzlich anerkannt, doch im Einzelfall müssen Frauen immer noch häufig gegen Widerstände ankämpfen. Die «culture of disbelief» ist im Asylbereich mit ihrer Fixierung auf die Glaubhaftigkeitsprüfung ohnehin stark verbreitet und wirkt zusätzlich zum Nachteil von Frauen. Häufig müssen sie in Anhörungen ihre Erlebnisse mehrmals wiederholen, vielen Frauen wird nicht geglaubt oder es wird ihnen unterstellt, sie hätten die sexuelle Gewalt bloss erfunden, um Asyl zu erhalten.

Zudem verpflichtet die Istanbul-Konvention die Staaten dazu, die Unterbringung asylsuchender Frauen geschlechtersensibel auszugestalten (Art. 60 Abs. 3). In diesem Bereich hat eine Studie des Schweizerischen Kompetenzzentrums für Menschenrechte (SKMR 2019), welche die Unterbringung in kantonalen Unterkünften untersucht hat, beunruhigende Erkenntnisse zu Tage gefördert. So fehlt es in vielen kantonalen Unterkünften an geschlechtergerechter Architektur, insbesondere an getrennten Sanitäranlagen oder beleuchteten Durch- und Zugängen. Viele befragte Unterkunftsmitarbeitende hatten Kenntnis von sexuellen Übergriffen, die aber meist nicht verfolgt wurden. In einigen Fällen wurde auch von Übergriffen durch Mitarbeitende berichtet. Hier muss man sich fragen, ob die Gewalt an Frauen nicht nur nicht verhindert, sondern sogar staatlich toleriert wird.

Rekapitulation

Die Istanbul-Konvention ist sicherlich das «Beste», was es derzeit juristisch zur Bekämpfung von Gewalt gegen Frauen gibt. Sie setzt zahlreiche feministische Erkenntnisse um und schreibt einen umfassenden Ansatz vor. Bedeutung erhält die Konvention aber erst durch ihre nationale Umsetzung. Hier ist in der Schweiz ein verengter Blick auf häusliche Gewalt vorherrschend, der ausserhäusliche Gewaltformen vernachlässigt. Zudem sind derzeit keine Bemühungen ersichtlich, die «rape culture» ganz grundsätzlich anzugehen. Hier bedürfte es grösserer Investitionen etwa in die Bildung und eine Sensibilisierung von Medienschaffenden. Schwerwiegende Mängel bestehen beim Schutz von geflüchteten Frauen* vor Gewalt. Hoffnung besteht seit kurzem hingegen für die Reform des Vergewaltigungstatbestandes. Hier scheint sich ein Umdenken auch der Parlamentarier*nnen – sicherlich auch dank des Frauen*streiks und dem Druck der Zivilgesellschaft – abzuzeichnen.

Letztlich kommt es auch sehr darauf an, wie die Konvention in der Rechtspraxis angewendet wird. Hier gibt es noch nicht viele Erfahrungswerte, aber durchaus schon gute Beispiele. Das Kantonsgericht Luzern hat kürzlich die Beschwerde eines Täters häuslicher Gewalt gegen eine ihm verordnete Pflichtberatung bei einer Gewaltberatungsstelle abgewiesen. Eines der zentralen Argumente des Gerichts war, dass die Istanbul-Konvention ein klares Signal sende, dass Gewalt gegen Frauen und häusliche Gewalt keine Privatprobleme sind (Kantonsgericht Luzern 2018, 548).

Anmerkungen

1 Da, wie in der Einleitung erwähnt, die Mehrzahl der Gewalt gegen Frauen ausübenden Personen männlichen Geschlechts sind, wird im gesamten Text das Wort «Täter» in der männlichen Form verwendet.

Literatur

Amnesty International, 2019: Petition «Stopp sexuelle Gewalt». stopp-sexuelle-gewalt.amnesty.ch/de (Abfrage 29.1.2020)

Bundesamt für Statistik (BFS), 2019: Häusliche Gewalt. www.bfs.admin.ch/bfs/de/home/statistiken/kriminalitaet-strafrecht/polizei/haeusliche-gewalt.html (Abfrage 29.1.2020)

Committee on the Elimination of Discrimination against Women (CEDAW), 1992: General Recommendation No. 19: Violence against women

Eidgenössisches Büro für die Gleichstellung von Frau und Mann (EBG), 2018: Umsetzungskonzept zum Übereinkommen zur Verhütung und Bekämpfung von Gewalt gegen Frauen und häuslicher Gewalt. 29. Oktober. Bern

Europäischer Gerichtshof für Menschenrechte (EGMR), 2009: Opuz v. Turkey, Nr. 33401/02, 9. September

Gormley, Lisa, 2014: The Council of Europe Convention on Preventing and Combating Violence against Women and Domestic Violence. A Consolidation of Existing International Law, or a Significant Progression. In: European Human Rights Law Review 6, 606–617

Kantonsgericht Luzern, 2018: Urteil vom 7. September 2018, 1H 18 3, LGVE 2019 I Nr. 3

Kommission für Rechtsfragen des Ständerates, 2020: Medienmitteilung. Revisionsbedarf im Sexualstrafrecht soll vertieft geprüft werden. 17. Januar. www.parlament.ch/press-releases/Pages/mm-rk-s-2020-01-17.aspx (Abfrage 13.2.2020)

Konvention vom 4. November 1950 zum Schutze der Menschenrechte und Grundfreiheiten (EMRK), SR 0.101

Meyersfeld, Bonita C., 2012: Introductory Note to the Council of Europe Convention on Preventing and Combating Violence against Women and Domestic Violence. In: International Legal Materials 51, 106–132

Peroni, Lourdes, 2016: Violence Against Migrant Women. The Istanbul Convention Through a Postcolonial Feminist Lens. In: Feminist Legal Studies 24, 49–67

Schweizerischer Bundesrat, 2016: Botschaft zur Genehmigung des Übereinkommens des Europarats zur Verhütung und Bekämpfung von Gewalt gegen Frauen und häuslicher Gewalt (Istanbul-Konvention), 2. Dezember. In: Bundesblatt (BBI) 2017, 185

Schweizerisches Kompetenzzentrum für Menschenrechte (SKMR), 2019: Postulat Feri 16.3407. «Analyse der Situation von Flüchtlingsfrauen». Zur Situation in den Kantonen. Bericht zu Händen des Staatssekretariats für Migration und der Schweizerischen Konferenz der kantonalen Sozialdirektorinnen und Sozialdirektoren. 18. März

Übereinkommen des Europarats vom 11. Mai 2011 zur Verhütung und Bekämpfung von Gewalt gegen Frauen und häuslicher Gewalt (Istanbul-Konvention), SR 0.311.35

Übereinkommen vom 18. Dezember 1979 zur Beseitigung jeder Form von Diskriminierung der Frau (CEDAW), SR 0.108

Julia Klebs

Held*innen und kollektive Handlungsmacht

Vor nicht allzu langer Zeit hatten wir uns schon beinahe damit abgefunden, in einer Post-Gesellschaft zu leben, in der persönliche Verantwortlichkeiten und «grosse Erzählungen» an den Rand gedrängt schienen. Nach dem Fall der Mauer wähnten sich westliche Gesellschaften am Ende der Geschichte (Fukuyama) und in postheroischen Zeiten (Münkler), in denen institutionell abgesichertes Aushandeln von Konflikten grössere Einsätze scheinbar überflüssig machte.

Angesichts der vielfältigen gegenwärtigen Problem- und Konfliktlagen haben sich die Vorzeichen aber grundlegend verändert. Heute gehört es beinahe zur salonfähigen Kritik, dass statt Post-Gesellschaften «marktkonforme Demokratien» bestehen, die dem Kapitalismus inklusive Ausbeutung von Mensch, Natur und Globalem Süden den Boden bereiten. Damit ist auch das Begehren nach grossen Veränderungen auf die politische Agenda zurückgekehrt und eine längst vergessen geglaubte Figur – der Held und die Heldin – feiert ihr Comeback. Die Schriftstellerin Jagoda Marinić schreibt unter dem Titel *SHEROES* «Neue Held*innen braucht das Land», das Schüler*innenmagazin *QUINT* titelt «Held*innen» und bildet neben Superman die von den Taliban angegriffene, pakistanische Aktivistin und Friedensnobelpreisträgerin Malala Yousafzai ab, der Philosoph Dieter Thomä plädiert «für einen zeitgemässen Heroismus» (Thomä 2019), das Schauspielhaus Zürich widmete dem Thema «Held*innen» im Dezember 2019 einen Abend – die Liste liesse sich verlängern, und Greta Thunberg und Carola Rackete wurden noch nicht einmal erwähnt. Auffällig daran ist, dass viele der neuen Held*innen weiblich sind.

Im folgenden Artikel wird auf der Grundlage einiger kulturgeschichtlich wirkmächtiger Figuren nach dem Potenzial des neuen Held*innenbegriffs gefragt. Ist er, wie die Soziologin Cornelia Koppetsch in der «Sternstunde Philosophie» des Schweizer Fernsehens argumentiert, ungeeignet, um die strukturell komplexen, zeitgenössischen Herausforderungen zu adressieren? Krankt er daran, dass «die Selbstverortung der Frau [...] erst dann beginnen kann, wenn wir alle männlichen Rollen einmal durchgespielt haben?» (Marinić 2019, 95) Oder zeugt er von einem Aufbruch, der einer kritischen Reflexion würdig ist?

Man soll sagen, ich lebte zu Zeiten Achilles'

Wolfgang Petersens Troja-Verfilmung von 2004 zoomt auf den auf dem Scheiterhaufen liegenden, im Zweikampf gefallenen Achill (Brad Pitt) und endet mit den Worten: «Man soll sagen, ich ging meinen Weg mit Giganten. Menschen vergehen [...] doch diese Namen vergehen nie. [...] Man soll sagen, ich lebte zu Zeiten Achilles'.» Dem Halbgott prophezeite seine Mutter einst, dass er entweder ein glückliches Alter erreichen und eine Familie gründen oder aber in den Krieg ziehen und «unvergänglichen Ruhm» (Homer 1975, 149) ernten werde. Wofür sich Achill entscheidet, steht ausser Frage – er entstammt einer archaischen Gesellschaft, in der überlegene Formen der Kampfführung und der dem Adel vorbehaltene Waffenbesitz gesellschaftliche Vormachtstellung etablierten und sicherten (Alföldy 2011, 22–23). Dieser Gesellschaft entstammt auch der Topos, gemäss dem der Mann neben anderen wichtigen und grossen Taten Wissen zur Welt bringe und sich damit einen unsterblich machenden, ins kulturelle Gedächtnis eingehenden Namen erschaffe (Ovid 2010, 867).

Achill reflektiert mit seinem Wunsch nach ewigem Ruhm aber nicht nur eine längst vergangene Gesellschaftsordnung, er stellt auch den Prototyp jenes Helden dar, der sich während Jahrhunderten durch die europäische Literatur und Kunst zieht – durchaus auch in komplexer, gebrochener oder schwacher und zweifelnder Form. Zum vorherrschenden Bild des Helden haben sich jedoch nicht die Komplexitäten verdichtet, sondern die Attribute eines Mannes, der sich auf den Feldern von Kampf und Krieg bewegt und sich durch Unerschrockenheit, grenzüberschreitende und gewaltförmige Taten auszeichnet. Erst die Moderne mit ihren ausdifferenzierten (Re-)Produktionsverhältnissen setzt diesem ursprünglich dem Adel entstammenden Heldentypus zu, ohne ihn jedoch ganz von der Leinwand und aus den Büchern zu vertreiben. Im Zwanzigsten Jahrhundert befindet sich die Heldenverehrung während der beiden Weltkriege noch einmal auf einem Höhepunkt, den nicht zuletzt die Schriftsteller aus sicherer Distanz zur

Gefahr ideologisch befeuern (Honold 2017). Wobei die (prä-)faschistische Heldenverehrung in diametraler, um nicht zu sagen kompensatorischer Opposition zum realen Kriegsgeschehen steht, das weniger von individuellen «Heldentaten», sondern vielmehr von Materialschlachten, moderner Kriegsführung (Thomä 2019, 43) und in die Hunderte von Millionen gehenden Opferzahlen geprägt war. An diese Begeisterung für «starke» Männer und ihre vermeintlich grossen Taten knüpfen auch zeitgenössische Reaktionäre an, wie etwa diverse Gegenreaktionen auf weibliche Emanzipationsbewegungen zeigen. Zu beobachten sind sie unter anderem in misogyn-neurechten Internetforen, in denen unter Rückgriff auf griechische und lateinische Texte belegt werden soll, dass ein an der Antike orientiertes, «heldenhaftes» Männlichkeitsmodell dem gegenwärtigen, «verweichlichten» überlegen sei (Zuckerberg 2018). Selbstredend handelt es sich dabei in den wenigsten Fällen um das Ergebnis eines Altphilologiestudiums, sondern um die ideologische Instrumentalisierung vielschichtiger literarischer Texte. Aus dieser Perspektive soll das Rad zurückgedreht werden, indem man sich auf den oben beschriebenen Heldentypus beruft und Männlichkeitsformen verklärt, deren Zeit abgelaufen ist.

Weibliche Heldinnen: Geschichten von Stimmverlust und Opfermut

Wenn es weibliches Handeln, ganz zu schweigen von unsterblich machender Autorinnenschaft, eher schwer hatte in der westlichen Kulturgeschichte, so gilt dies umso mehr für weibliche Heldinnen. Das Heldentum ist nämlich in zwei Felder gegliedert, die entlang der binären Geschlechterdifferenz verlaufen und unterschiedliche Massstäbe an den Helden und die Heldin anlegen. Letztere bewegt sich klassischerweise eher nicht auf dem Feld von Kampf und Krieg (Schluchter 2013). Laut Duden zeichnet die Heldin aus, dass sie eine «tapfere, opfermütige Frau ist» (Duden online). Zwar kommt auch ihr Profil nicht ohne die heroische Tat aus, deren Gewalt richtet sich aber nicht nach aussen, sondern letztlich gegen die Figur selbst. Antigone, die antike Neinsagerin, die sich dem Befehl des Königs widersetzt, bezahlt mit dem (nicht auf Unsterblichkeit zielenden) Tod für ihren Einsatz – und wird zu einer der vielen toten Frauen, deren Leichen die Theaterbühnen pflastern. Eine aus Theaterinteressierten und Schauspielerinnen des Theaters Basel zusammengesetzte Gruppe erinnerte ihrer am Frauen*streik mit einer Performance: Reglos und mit Namensschildern versehen, standen sie da, Verginia, Emilia Galotti, Ophelia – und wie sie alle heissen.

Mindestens so interessant wie die Heldinnen selbst ist allerdings ihre Rezeptionsgeschichte, beziehungsweise welche Aspekte im literarischen Spiel von Versionen, Varianten und Interpretationen weitergetragen werden. Dies soll kurz am Beispiel von Philomela, einer mythischen Königstochter aus Athen, skizziert werden. Philomela wird von Tereus, einem kaukasischen König, entführt, in einen Stall verschleppt, vergewaltigt und festgehalten. Die Entführte droht jedoch, die Tat öffentlich zu machen, woraufhin Tereus ihr die Zunge abschneidet und sein Opfer sprachlos macht. Philomela findet jedoch eine andere Sprache. Sie lässt ihrer Schwester Procne, Tereus' Ehefrau, gewebte Zeichen zukommen und die beiden Schwestern üben Rache. Sie töten Itys, den gemeinsamen Sohn von Tereus und Procne – gleichsam den «Stammhalter», kochen ihn und setzen ihn dem Tereus zur Speise vor (Ovid 2010, 318–337). Das Ende der Geschichte weicht vom Script des schamvollen Verschweigens einer Vergewaltigung offensichtlich ab (Klebs 2019, 52–57), wird in den zahlreichen Adaptionen des Mythos jedoch meist weggelassen (Behmenburg 2009). Ins kulturelle Gedächtnis geht stattdessen der Topos von der sprachlosen – das lateinische «lingua» heisst Zunge oder Sprache –, vergewaltigten Frau ein, und das ist kein Zufall, sondern entspricht der sozial (immer wieder) erwünschten weiblichen Passivität.

In den Geschichten von Heldinnen stehen nicht Ruhm, Ehre oder unsterblich machende Worte und Taten im Zentrum. An ihnen wurde vielmehr über lange Zeit ein Wertekatalog patriarchaler Weiblichkeit verhandelt, der noch immer nachwirkt. Selbst in der gegen patriarchale Gewalt gerichteten #metoo-Bewegung, die auf den weiblichen Opferstatus fokussierte (Flasspöhler 2018) – im Unterschied zu kulturellen Festschreibungen wie der obigen jedoch, um diesen hinter sich zu lassen. Dass andere Möglichkeiten – jenseits von (weiblich konnotiertem) Opfermut, (männlich konnotierter) «Grösse» und heroischem Kampf – immer schon denkbar waren, spricht indirekt indessen bereits Antigone aus. Darauf angesprochen, dass es etwas Grosses sei, berühmt und wie eine Göttin in den Tod zu gehen, fühlt sie sich verspottet und weist damit das tradierte heroische Modell zurück (Sophokles 2015, 69).

Neue Held*innen

Es ist eine Binsenweisheit, dass bestimmte kulturgeschichtliche Figuren während bestimmter historischer Konstellationen verschwinden, um unter veränderten Vorzeichen wieder aufzutauchen. Die gegenwärtige Konjunktur des Held*innenbegriffs erstaunt daher nicht, treten symbolhafte, tatkräftige Figuren doch nicht zum ersten Mal während Umbruchs- und Krisenzeiten in den Vordergrund. «So maskierte sich Luther als Apostel Paulus, die Revolution von 1789–1814 drapierte sich abwechselnd als römische Republik und als römisches Kaisertum.» (Marx 2018, 560) Nicht zuletzt berief sich diese Revolution auch auf Herakles, eine weitere entschlossenes Handeln symbolisierende, antike Heldenfigur (Thomä 2019, 164).

Gegenwärtig sind indessen interessante Umdeutungen zu beobachten, welche die bei Marx anklingende Lächerlichkeit der heroischen Maskierung unterlaufen und aus der Sackgasse der «grossen», den strukturellen Problemlagen nicht angemessenen Einzelfiguren herausführen. So erteilt etwa Andrea Marti in ihrem QUINT-Artikel der Erinnerung an «einzelne Personen» und «sagenhafte Helden» eine Abfuhr und fordert stattdessen eine Erinnerungskultur, die auf die «kleinen Schicksale» fokussiert. Auch Jagoda Marinić bezeichnet SHEROES als diejenigen vielen Frauen, die «einen Kampf hinter sich haben», als «Mutige, die vorangehen» und ihre Geschichten von Verletzbarkeit und Leid erzählen, um «die herrschenden Strukturen zu verändern» (Marinić 2019, 16, 71 u. 82).[1] Die Liste lässt sich verlängern mit Aktionen aus sozialen Bewegungen, die einen neu akzentuierten Held*innenbegriff als Referenzrahmen aufrufen. So stand «Be a hero» auf dem T-Shirt von Ana Maria Archila, als sie gegen Jeff Kavanaughs Wahl zum Richter im amerikanischen Supreme Court protestierte (Thomä 2019, 227), und auch Mobilisierungen zum Krieg gegen die demokratischen Selbstverwaltungsstrukturen in Nordostsyrien werden von heroisch inszenierten, namenlosen Frauenportraits begleitet. In Rojava selbst hat sich eine Kultur etabliert, die gefallene Kämpfer*innen als «Şehîd» (kurdisch für Gefallene) erinnert und ehrt. Etwa die im Kampf gegen den IS gefallene (von westlichen Medien aufgrund ihres Aussehens als kurdische Angelina Jolie inszenierte)[2] Asia Ramadan Antar, die für viele andere steht. Allerdings sind auch die Şehîd keine traditionell heldenhaften Figuren, die durch grosse Taten hervorstechen. Sie sind vielmehr Teil einer kollektiven Erinnerungskultur und gelten als Ausdruck höchsten Widerstands, der «über das eigene, zeitlich begrenzte Leben» (Federici 2019, 49) hinausreicht und die Verstorbenen in den Kampf der Lebenden integriert.

Held*innenkorrektur

Im Fall der oben erwähnten sozialen Bewegungen ist offensichtlich, dass Einzelne Überzeugungen zum Ausdruck bringen, die sich aufgrund verschlechternder Umstände über längere Zeit in breiten Bevölkerungsteilen herausgebildet haben. Es spricht daher einiges dafür, die Umdeutung der «grossen» Heldenfiguren hin zu vielen kleinen Held*innen mit Bertolt Brecht als produktive Korrektur alter Symbole zu verstehen (Brecht 1997, 338–341). Solche Korrekturen benötigen die Sprache und die Figuren der Tradition, interpretieren diese aber an entscheidenden Stellen um. Brecht setzt diese Programmatik etwa im Stück *Das Leben des Galileo Galilei* um. Der von der Inquisition angeklagte Wissenschaftler Galilei setzt sich darin mit seinem berühmten Ausspruch «Unglücklich das Land, das Helden nötig hat» (Brecht 1970, 295) deutlich vom individuellen Helden der Vorzeit ab. Im nächsten Augenblick propagiert er aber eine – individuellen und kollektiven Einsatz fordernde – Wissenschaft, die sich an die Seite der «römischen Hausfrau» stellt und den «Völkern» nicht nur die «Bewegungen der Himmelskörper» verständlich macht, sondern auch «die Bewegungen ihrer Herrscher» (ebd., 304–305). Gerade der Bruch mit alten Heldenbildern verdeutlicht, dass dies ein kollektives Programm ist, das von vielen Seiten getragen wird. Auch Peter Weiss arbeitet in der Ästhetik des Widerstands auf ähnliche Art und Weise mit einer Symbolik der Leerstelle: Seine Protagonisten stehen vor dem Berliner Pergamonfries, der den Kampf zwischen Göttern und Giganten abbildet, und deuten ihn als ursprünglich-mythologischen Klassenkampf. Auf dem Fries bleibt jedoch eine Stelle leer: Herakles – der von den französischen Revolutionären verehrte Held – fehlt und verweist darauf, dass die Protagonisten an seine Stelle treten werden (Weiss 2005, 14). Ein ähnliches Verständnis von horizontaler Führung lässt sich auch beim Frauen*streik und der Klimabewegung beobachten, die zum Beispiel Greta Thunberg – anders als die meisten Medien – nicht auf ein Podest stellt. Die Aktivist*innen verstehen ihren Beitrag zwar als wichtigen und inspirierenden Teil eines grösseren Kampfes, halten die öffentlich bekannten Gesichter der Bewegung jedoch keineswegs für Ikonen, die der Kritik entzogen wären. So wurde Greta Thunberg etwa die Teilnahme am World Economic Forum (WEF) vorgehalten, da sie dort lediglich als Feigenblatt diene, das die Funktion des Podiums als Drehscheibe für sozial- und klimaschädliche Hinterzimmergeschäfte verdecke (BFS 2020).

Einige Einwände gegen das Held*innenkonzept bleiben jedoch trotz Korrektur bestehen und wer den Begriff gebraucht, tut gut daran, sie zu reflektieren. So beinhalten Einzelfiguren immer die Gefahr, die Notwendigkeit grundsätzlicher Demokratisierung der Verhältnisse mit ihrer «Retterqualität» kompensatorisch zu verdecken. Zudem neigen von den boulevardisierten, personalisierenden Medien emporgehobene Personen zweifellos dazu, verehrt werden zu wollen, und auch in linken Bewegungen finden sich genügend Menschen, die der von charismatischen Persönlichkeiten ausgehenden Verführung nur zu gerne erliegen. Die darin liegende Problematik der Verantwortungsabgabe hat schon viel Schaden – von undemokratischen Diskussionskulturen bis zur Vernichtung des politischen Gegners – angerichtet und macht die Emanzipationsanliegen linker Politik nicht glaubwürdiger. Dennoch, zwischen einem autoritären Personenkult und einem korrigierten Held*innenbegriff liegt nicht nur der oben beschriebene Fokus auf «held*innenhafte» Handlungen «von unten», sondern mittlerweile auch eine differenzierte Vergangenheitsbewältigung. Neben Autor*innen wie Peter Weiss oder in jüngerer Zeit die Gruppe INEX, die das sozialistische Projekt bei aller Kritik nicht preisgeben, bieten nicht zuletzt feministische Theorien Ansatzpunkte, um vermeintliche Allwissenheit zu dekonstruieren. Zu ihren Grundsätzen gehört es, die Bedingungen und Voraussetzungen des eigenen Wissens und Handelns zu hinterfragen und damit (selbst-)kritisch gegenüber Machtverhältnissen zu bleiben.

Eingedenk aller Vorbehalte – sei es die in der Kulturgeschichte verankerte Geschlechteranordnung des heroischen Konzeptes oder die berechtigte Skepsis gegenüber Überhöhungen einzelner Personen – wird indessen abschliessend dafür argumentiert, das Potenzial des gegenwärtigen Held*innenbegriffs nicht zu unterschätzen. Zur Zeit steht er für eine Bedeutungserweiterung von der heroischen Einzelperson zur mutigen Aktivist*in und überschreitet im Zuge des feministischen Aufbruchs auch das überlieferte Geschlechterframing. Er insistiert auf der Notwendigkeit zu handeln und stellt dieses Handeln in einen breiteren Kontext – denjenigen von Einzelpersonen, die als Katalysatoren wirken, und von kollektiven Handlungen, die überkommene Verhältnisse in Bewegung setzen sollen. Damit kann er nicht zuletzt helfen, sich gegen den rauen Wind zu wappnen, der einem in Umbruchsphasen entgegenweht.

Anmerkungen

1 Inkonsequenterweise setzt der Essay dann aber doch an vereinzelten Stellen auf Frauen in Vorstandsetagen wie Michelle Obama, Angela Merkel oder Superwoman als Vorbilder. Dies tappt in die Falle, die Geschichte individueller Heldinnen weiterzuschreiben, indem deren einstiger Opferstatus in ein klassenblindes Gegenteil verkehrt wird.

2 Zur Orientalisierung solcher Bilder siehe den Beitrag von Münevver Azizoğlu-Bazan in diesem Band.

Literatur

Alföldy, Géza, 2011: Römische Sozialgeschichte. Stuttgart

Behmenburg, Lena, 2009: Philomela. Metamorphosen eines Mythos in der deutschen und französischen Literatur des Mittelalters. Berlin

BFS (Bewegung für den Sozialismus), 2020: WEF. Open Letter to Greta Thunberg and an Invitation to the Other Davos. sozialismus.ch/artikel/2020/wef-open-letter-to-greta-thunberg-and-an-invitation-to-the-other-davos/ (Abfrage 3.2.2020)

Brecht, Bertolt, 1970: Brecht. Ein Lesebuch für unsere Zeit. Berlin

Brecht, Bertolt, 1997: Werke. Grosse kommentierte Berliner und Frankfurter Ausgabe, hg. v. Werner Hecht (u. a.), Bd. 19. Berlin

Duden online. www.duden.de/rechtschreibung/Heldin (Abfrage 4.12.2019)

Federici, Silvia, 2019: Erinnerungen an den Widerstand, von der Hexenverfolgung bis zum Altermondialismus. In: Jeffries, Fiona: Wir haben nichts zu verlieren ausser unserer Angst. Zürich

Flasspöhler, Svenja, 2018: Die potente Frau. Für eine neue Weiblichkeit. Berlin

Homer, 1975: Ilias. Neue Übertragung von Wolfgang Schadewaldt. Frankfurt a. M.

Honold, Alexander, 2015: Einsatz der Dichtung. Literatur im Zeichen des Ersten Weltkriegs. Berlin

Klebs, Julia, 2019: Der Raub der Proserpina. Kultur- und Geschlechtergeschichte einer mythischen Figur. Berlin

Sternstunde Philosophie, 20.10.2019: Brauchen wir neue Helden? Mit Cornelia Koppetsch und Dieter Thomä. www.youtube.com/watch?v=Oka8FLwXaMc (Abfrage 3.3.2020)

Marinić, Jagoda, 2019: SHEROES. Neue Held*innen braucht das Land. Frankfurt a. M.

Marti, Andrea, 2019: Das Lied von Theresienstadt. In: QUINT. Das Schülermagazin, 10. Ausgabe, 4–5

Marx, Karl, 2018: Kritik des Kapitalismus. Schriften zur Philosophie, Ökonomie, Politik und Soziologie, hg. von Florian Butollo u. Oliver Nachtwey. Berlin

Ovid, 2010: Metamorphosen, übers. u. hg. v. Michael von Albrecht. Stuttgart

Petersen, Wolfgang (Regie), 2004: Troja (Film)

Schluchter, Veronika, 2013: Textherrschaft. Zur Konstruktion von Opfer-, Heldinnen- und Täterinnenbildern in Literatur und Film. Würzburg

Sophokles, 2015: Antigone, übers. u. hg. von Norbert Zink. Stuttgart

Thomä, Dieter, 2019: Warum Demokratien Helden brauchen. Plädoyer für einen zeitgemässen Heroismus. Berlin

Weiss, Peter, 2005: Die Ästhetik des Widerstands. Roman. Frankfurt a. M.

Zuckerberg, Donna, 2018: Not All Dead White Men. Classics and Misogyny in the Digital Age. Cambridge

Deborah Mühlebach

Sinnvolle feministische Sprachkritik

Ein philosophisches Plädoyer für eine vielschichtige Sozialkritik an Sprachgebrauch

Geschlechtersensible Sprache war in den Vorbereitungen zum feministischen Streik und am Streiktag selbst allgegenwärtig, zum Beispiel in der Verwendung des inklusiven Geschlechtersterns. Das Bemühen um geschlechtersensibles Sprechen ist ein typisches Beispiel von Sprachkritik. Andere zeigen sich im Streit darüber, welcher Name für die beliebte Schaumsüssigkeit mit Schokoladeüberzug geeignet ist. Oder in Migrationsdiskursen distanzieren sich manche von der verniedlichend und versachlichend wirkenden Rede von Flüchtlingen, indem sie stattdessen von und mit Geflüchteten sprechen.

Ein Ziel politischer Sprachkritik ist es, sprachliche Ausdrucksformen zu verändern, die diskriminierend oder ausschliessend wirken. Das geschieht entweder dadurch, dass wir alte Wörter in einem neuen Sinn verwenden. Oder wir ersetzen alte Wörter durch neue. In den Vorbereitungen zum feministischen Streik war etwa die Frage nach einer angemessenen Bezeichnung des Streiktags selbst Thema politischer Auseinandersetzungen. Den 14. Juni als «feministischen Streik»[1] statt «Frauenstreik» zu benennen ist beispielsweise ein Versuch, dem Umstand gerecht zu werden, dass der Streik für all diejenigen zum wichtigen Tag wurde, die von heteronormativ patriarchalen Gesellschaftsstrukturen unterdrückt werden. Das betrifft nicht nur cis-Frauen, sondern auch trans-Personen. Darüber hinaus zielen feministische Anliegen auch auf das Wohl von cis-Männern, indem diese als Feministen versuchen können, sich von ihrer einengenden Unterdrückerrolle zu lösen.

Sprachliche und soziale Bedeutung

Der Fokus auf diskriminierungsfreies Sprechen bleibt für die gemeinsame Arbeit in Streikkollektiven auch nach dem Streik wichtig. In weiten Teilen der Gesellschaft stösst er hingegen auf Unverständnis: Warum soviel Aufhebens um einzelne sprachliche Formulierungen? Ein Blick in philosophische Sprachtheorien zeigt, dass unsere sozialen Verhältnisse gefestigt oder destabilisiert werden, je nachdem, wie wir sprechen. Umgekehrt haben diese sozialen Verhältnisse einen grossen Einfluss darauf, welche Bedeutung Wörter annehmen können.

Hier ist ein vereinfachtes Modell von sprachlicher Bedeutung (Brandom 1998, 2001): Die Bedeutung eines Satzes ist dadurch bestimmt, von welchen anderen Sätzen er abgeleitet werden kann und welche anderen Sätze wiederum von ihm abgeleitet werden können. Wenn ich sage, «Laura ist älter als Malek», muss ich auf Nachfrage den Aussagen «Malek ist jünger als Laura» und «Laura und Malek sind nicht gleich alt» zustimmen, um nicht der Begriffsverwirrung bezichtigt zu werden. Ich bin auf diese Schlüsse auch dann festgelegt, wenn ich mir der Festlegung nicht bewusst bin. Denn unsere sprachlichen Normen für «älter» und «jünger» sind nun einmal so, dass wir sie gegensätzlich verwenden. Die Festlegungen, die mit einer Behauptung einhergehen, zeigen sich auch in unseren Handlungen. Es ist zum Beispiel sinnvoll, wenn ich zuerst Laura und erst später Malek zum 30. Geburtstag gratuliere. In der umgekehrten Reihenfolge wirkt es verwirrend.

Neben der sprachlichen Bedeutung von Wörtern und Sätzen gibt es weitere, nichtsprachliche, aber dennoch bedeutungsvolle Zusammenhänge. Wir schreiben zahlreichen Handlungen, Status und Objekten soziale Bedeutungen zu (Haslanger i. E.; Lessig 1995). So assoziieren wir mit den Farben rosarot und blau in vielen Kontexten das Mädchen- respektive Jungenhafte. Oder wenn zwei Personen zueinander passende Ringe am Ringfinger tragen, gehen wir davon aus, dass sie verheiratet sind. Solche soziale Bedeutungen helfen uns, unser soziales Zusammenleben zu strukturieren und koordinieren. Sie eröffnen neue Handlungsmöglichkeiten und verschliessen andere. Wir gehen unterschiedlich mit Kleinkindern um, je nachdem, ob wir sie – zum Beispiel über die Farben ihrer Kleider – als Mädchen oder als Jungen lesen.

Unsere begrifflichen Normen, die den Gebrauch unserer Wörter bestimmen, und andere soziale Normen, die unser nicht-sprachliches Handeln regeln, bedingen sich gegenseitig. Soziale Bedeutungen, die weitgehend unsere sozialen Interaktionen strukturieren, haben auf mindestens zwei Arten einen direkten Einfluss auf sprachliche Bedeutung. Zum einen dienen sie in Gesprächssituationen als praktischer «common ground» und zum anderen können soziale Bedeutungen zum festen Bestandteil einer Wortbedeutung werden.

Soziale Bedeutungen als praktischer Common Ground

Sprachliche Interaktionen sind immer eingebettet in einen sozialen Kontext. Was ich sagen kann, was ich sage, wie ich es sage und wie es von meinem Gegenüber aufgenommen wird, dies hängt alles massgeblich vom sozialen Kontext ab. Wie ich und mein Gegenüber sozial positioniert sind und welche Machtverhältnisse zwischen diesen unterschiedlichen sozialen Positionen bestehen, beeinflusst den Verlauf der sprachlichen Interaktion (Bourdieu 1982). Elizabeth Anderson (2013, 53) gibt uns ein alltägliches Beispiel aus dem US-amerikanischen Kontext:

> **«One late night in 2007 I was driving in Detroit when my oil light came on. I pulled into the nearest gas station to investigate the problem when a young black man approached me to offer help. ‹Don't worry, I'm not here to rob you›, he said, holding up his hands, palms flat at face level, gesturing his innocence. ‹Do you need some help with your car?› I thanked him for his offer and told him I wasn't sure how much oil I needed. He read the dip stick, told me my car needed two quarts, and offered to do the job for free. From the look on his face when I paid him anyway, it was clear that he needed the cash.»[2]**

Keine der beiden interagierenden Personen geht davon aus, dass der junge Schwarze Mann daran interessiert ist, die weisse Frau mittleren Alters auszurauben. Dennoch muss der junge Mann der Frau zunächst signalisieren, dass er ihr lediglich Hilfe leisten möchte, damit die weitere Kommunikation reibungslos verlaufen kann. Die soziale Bedeutung von jungen als Schwarz rassifizierten Männern als kriminelle oder bedrohliche Personen ist in den USA (und andernorts) allgegenwärtig.

Die soziale Bedeutung, dass als Schwarz rassifizierte Männer kriminell oder bedrohlich seien, ist in Andersons Beispiel Teil dessen, was wir als praktischen common ground der sprachlichen Interaktion nennen können (Stalnaker 2002; Mühlebach i. E.). Der praktische common ground besteht aus Hintergrundannahmen, welche die Interagierenden praktisch, das heisst oft unbewusst teilen. Weil in Andersons Beispiel die betreffende soziale Bedeutung im dominanten öffentlichen Diskurs nach wie vor aufrecht erhalten wird, müssen sich die zwei interagierenden Personen danach ausrichten, da sie beide nicht wissen, ob sie es mit einem Gegenüber zu tun haben, das diese soziale Bedeutung ebenfalls ablehnt.

Um sprachliche Interaktionen wie die von Anderson geschilderte nachhaltig zu ändern, reicht es daher nicht, wenn wir uns lediglich im Gespräch selbst von problematischen Annahmen des praktischen common ground distanzieren. In jeder neuen ähnlichen Interaktion wird diese Annahme wieder Teil dieses common ground sein. Gefragt ist also, dass wir auch die soziale Bedeutung selbst effektiv anfechten. Dies wiederum kann nur geschehen, wenn wir alternative Praxisformen etablieren, in denen diese rassistische soziale Bedeutung keinen Platz hat.

Wenn soziale zu sprachlichen Bedeutungen werden

Soziale Bedeutungen haben nicht nur einen Einfluss darauf, wie Gesprächssituationen verlaufen, sie bestimmen oft auch mit, was einzelne Wörter bedeuten. Manche soziale Bedeutungen sind nur ganz lokal wirksam. Zum Beispiel kann eine Familie das Ritual pflegen, am Abend des 24. Dezember eine Glocke erklingen zu lassen, die bedeutet, dass das Christkind soeben vorbeigekommen ist. Ausserhalb dieser bestimmten Familie hat das Läuten einer Glocke am 24. Dezember nicht die soziale Bedeutung des Christkindbesuchs. Andere soziale Bedeutungen gelten in mehreren Kontexten und werden von mehr Menschen geteilt. Wenn jemand ein Kleid trägt, assoziieren wir dies in den allermeisten Kontexten mit Weiblichkeit.

Je mehr eine soziale Bedeutung weithin geteilt wird, desto stärker strukturiert und koordiniert sie unser gemeinsames Handeln. Und je mehr wir diese Handlungen in Bezug auf diese soziale Bedeutung wiederholen oder, mit Judith Butler (1997) gesprochen, performativ zitieren, desto stärker wird die soziale Bedeutung gefestigt. Die gemeinsam geteilte Assoziation kann so von einer unter mehreren möglichen zur einzigen vorhandenen werden. Dass wir mit der Geste des Daumen-Hochhebens inzwischen in allen möglichen Kontexten Zustimmung signalisieren, ist ein Beispiel für eine fest institutionalisierte soziale Bedeutung.

Verwenden wir nun für eine solch fest institutionalisierte soziale Bedeutung immer denselben Ausdruck, nimmt der Ausdruck diese Bedeutung auf. Sie wird von einer sozialen zu einer sprachlichen Bedeutung. Der Ausdruck «Daumen hoch» zum Beispiel bedeutet Zustimmung. Die sprachliche Verfestigung von sozialen Bedeutungen wird insbesondere bei abwertenden Wörtern politisch brisant. Schimpfwörter haben oft eine Bedeutung, die sich eines problematischen Stereotyps bedient. Oder sexistische Schimpfwörter benennen oft nicht-normkonformes Verhalten von Frauen.

Wird jemand mit stark abwertenden Ausdrücken beschimpft, so gibt uns dies natürlich Anlass für Interventionen. Andernfalls signalisieren wir, dass es in Ordnung ist, einander sprachlich abzuwerten, sei es auf rassistische, sexistische, trans- oder homophobe oder anderweitig problematische Weise. Wir riskieren dabei, dass die Annahme, sprachliche Abwertung sei in Ordnung, Teil des common ground unserer Gesprächssituation wird. Aber auch hier führt unsere Kritik nicht weit, wenn wir lediglich bei konkreten abwertenden Beschimpfungen intervenieren. Sinnvolle Sprachkritik muss auch in diesem zweiten Fall auf mehreren Ebenen operieren. Wir sollten nicht nur darauf achten, dass abwertende Wörter nicht mehr verwendet werden. Das Ziel soll sein, die Abwertung selbst abzuschaffen. Ohne die Veränderung sozialer Bedeutungen ist die Kritik am Gebrauch einzelner Wörter wenig effektiv.

Sprachliche Bedeutung und materielle Verhältnisse

Soziale Bedeutungen formen also Gesprächssituationen massgeblich mit und dringen auch in die sprachliche Bedeutung einzelner Wörter ein. Deshalb haben wir gute Gründe dafür, Sprachkritik als Sozialkritik zu betreiben, auch dann, wenn wir nur an Sprache selbst interessiert sind. Sozialkritik muss dabei konstruktiv verstanden werden. Schädliche soziale Bedeutungen zu erkennen und anzuprangern alleine nützt nichts, wenn wir nicht Gegenpraktiken entwickeln, die ohne diese sozialen Bedeutungen auskommen.

Solche sprachliche Gegenpraktiken aufzubauen, verlangt von uns nicht zuletzt auch, ökonomische und legale Verhältnisse umzuwälzen: Wir können Menschen nicht auf schädliche Weise sprachlich abwerten, wenn keine schädlichen sozialen Bedeutungen für deren Handlungen oder Status vorhanden sind. Und es gibt nur dann keine ernsthaft schädlichen sozialen Bedeutungen für Personen(gruppen), wenn die materiellen Grundlagen für eine solche Abwertung fehlen. Ökonomische Abhängigkeits- und legale Unterdrückungsverhältnisse werten bestimmte soziale Gruppen ab und entziehen ihnen viele Möglichkeiten auf Selbstbehauptung und sich zur Wehr zu setzen. Sie sind der beste Nährboden für symbolische Gewalt, das heisst für abwertende soziale Bedeutungen.

Am feministischen Streiktag waren so unterschiedliche Dinge wie der Genderstern, Care-Ökonomie und die rechtliche Handhabung sexueller

Gewalt Thema. Wenn sprachliche Bedeutung mit symbolischen und materiellen Verhältnissen derart zusammenhängt wie hier beschrieben, dann ergibt sich daraus die Forderung, dass wir die jeweiligen Kämpfe nicht je unabhängig voneinander, sondern in erster Linie miteinander verflochten führen müssen. Diskutieren wir also beispielsweise, ob nach dem 14. Juni eine Frauenbewegung, eine Frauen*bewegung oder eine feministische Bewegung weitergelebt werden soll, geht es nicht darum, welche Wörter wir schöner finden. Im Idealfall handeln wir dabei aus, wen welche Verhältnisse in heteronormativ patriarchal geordneten Gesellschaften unterdrücken und wie ein heterogenes Kollektiv sich gegenseitig in Kämpfen dagegen unterstützen kann. Dass unterschiedliche Bezeichnungen für den Streik im Umlauf sind, zeigt an, dass in den Streik Involvierte dabei sind, solche Auseinandersetzungen zu führen.

Anmerkungen

1 Die häufig verwendete Alternative «Frauen*streik» verfolgt dasselbe Ziel, läuft jedoch Gefahr, trans-Männer auszuschliessen.

2 Eines Nachts im Jahr 2007 fuhr ich in meinem Auto nach Detroit, als die Öllampe aufleuchtete. Ich hielt bei der nächsten Tankstelle an, um zu sehen, was das Problem war, als ein junger Schwarzer Mann auf mich zukam und mir seine Hilfe anbot. «Keine Sorge, ich bin nicht hier, um Sie auszurauben», sagte er. Dabei hielt er seine Hände in die Höhe, wobei seine Handflächen auf Gesichtshöhe zu sehen waren, um mir seine Unschuld zu signalisieren. «Brauchen Sie Hilfe mit Ihrem Auto?» Ich dankte ihm für sein Angebot und antwortete, dass ich nicht sicher sei, wieviel Öl ich brauchte. Er las die Anzeige, sagte mir, mein Auto benötigt zwei Viertel, und bot mir an, diese kostenlos aufzufüllen. Seinem Gesichtsausdruck, als ich ihn dennoch für seine Arbeit bezahlte, konnte ich entnehmen, dass er auf das Geld angewiesen war. (Übersetzung: Deborah Mühlebach)

Literatur

Anderson, Elizabeth, 2010: The Imperative of Integration. Princeton

Bourdieu, Pierre, 1982: Ce que parler veut dire. L'économie des échanges linguistiques. Paris

Brandom, Robert, 1998: Making It Explicit. Reasoning, Representing, and Discursive Commitment. Cambridge (MA)

Brandom, Robert, 2001: Articulating Reasons. An Introduction to Inferentialism. Cambridge (MA)

Butler, Judith, 1997: Excitable Speech. A Politics of the Performative. New York

Haslanger, Sally, im Erscheinen: Cognition as a Social Skill. In: Australasian Philosophical Review 2 (4).

Lessig, Larry, 1995: The Regulation of Social Meaning. In: The University of Chicago Law Review 62 (3), 944–1045

Mühlebach, Deborah, im Erscheinen: Tackling Verbal Derogation – Linguistic Meaning, Social Meaning, and Constructive Contestation. In: Bordonaba Plou u. a. (eds.): The Political Turn in Analytic Philosophy. Berlin

Stalnaker, Robert, 2002: Common Ground. In: Linguistics and Philosophy 25, 701–21

Gabrielle Schaad

A Room of One's Own?

Zur Verzahnung von Geschlechterrollen und Architektur seit dem Industriezeitalter

Fällt das Stichwort «Gender» oder gar «Feminismus» in Architekturpädagogik und -praxis, schliessen leider viele kurz, dass ein von der Gendertheorie informierter Zugang danach frage, ob es «virile» und «feminine» Bauformen gebe oder aber eine genuin «männliche» oder «weibliche» Art des Entwerfens. Obwohl einige Architektinnen* letztere Anschauung in den 1980er-Jahren vertreten haben,[1] liegen die Interessen queer-feministisch orientierter Ansätze heute anderswo. Architektur und Geschlecht nehme ich nicht als vorgängige Kategorien an, denen es nachträglich eine Zuschreibung aufzudrücken gilt. Ich verstehe sie als ebenso gesellschaftlich konstruiert wie gegenseitig physisch-materiell aufeinander einwirkend. Theoretiker* Paul B. Preciado spricht Architektur als eine ebenso «politische» wie «performative Technologie» an, «die das Subjekt, das sie zu beherbergen behauptet [produziert]».[2]

Wenn wir uns für die Konstruktion von Körpern durch die gebaute Umwelt beziehungsweise deren Angebote an ihre Nutzerinnen* interessieren, können wir auch nach Akteur*innen und wirtschaftlichen Modellen fragen, denen beispielsweise die Etablierung getrennter Sphären für verschiedene Geschlechter zupass kam und kommt. So prägt die Unterscheidung zwischen produktiver Erwerbsarbeit und unbezahlter Sorgearbeit die Planung und Aufteilung von Räumen. Die dabei entstehenden Lebensumwelten, Infrastrukturen und Wohnmodelle konditionieren etwa durch die Raumaufteilung von Wohnungen in Wohn-, Ess-, Kinder- und Arbeitszimmer oder die (nicht) vorhandenen Möglichkeiten zur Vergemeinschaftung von Hausarbeit. Hier fielen und fallen für Frauen* in traditionellen Rollenmustern insbesondere die Wege zwischen Arbeitsplätzen, Wohnen, Freizeit und sozialen Kontakten oder etwa (Kinder-)Betreuungsangeboten und Bildungsinstitutionen ins Gewicht.

In den folgenden Ausführungen will ich deshalb auf Etappen in der Verräumlichung von asymmetrischen Geschlechterverhältnissen und damit implizit auch auf Konstruktionen von Geschlecht(errollen) durch Architektur zurückblicken.[3] Diese Beobachtungen sind nicht gleichzusetzen mit feministischer Raumpraxis. Oft gab aber erst eine feministische Haltung den Anstoss, überhaupt nachzufragen, welchen Nutzer*innen-Gruppen Architektur(en) dienen und zugänglich sind, wen sie wie behausen oder ausschliessen und verdrängen. Die performative Dynamik zwischen gebautem Raum und Körpern ist auch in der räumlichen Trennung von ökonomischer Produktion und sozialer Reproduktion wirksam, wie auch in den Verschiebungen in der Organisation von Haus- und Sorgearbeit in unterschiedlichen Entwicklungsstufen des Kapitalismus seit dem ausgehenden 19. Jahrhundert. Die Politologin Nancy Fraser spricht diesbezüglich von «drei Regimen der Verräumlichung».[4] Nehmen wir zunächst das Ende des 19. Jahrhunderts in den Blick.

Räumliche Trennungen nach Geschlecht und materieller Feminismus im Industriezeitalter

Durch das Verschwinden der Heimarbeit spalteten Unternehmer im Industriezeitalter die wirtschaftlich produktive Erwerbsarbeit, die nun ausserhalb der Wohnstatt verrichtet wurde, von allen Formen der sozial reproduktiven, im Rahmen eines Haushalts nötigen Arbeit ab.[5] Mit der Bezeichnung Erwerbsarbeit ist vorweggenommen, dass die Haus- und Sorgearbeit infolge gesellschaftlicher Moralvorstellungen von Tugendhaftigkeit – aufgrund angenommener «emotionalerer» Neigung eines biologisch «nährenden Frauenkörpers» – nicht nur als affektive Frauenpflicht konstruiert wurde, sondern aus diesem Grund auch als unentlohnbar galt. Diese Entwertung stellt ein Paradox dar, bleibt doch Erwerbsarbeit oder ökonomische Produktion zu allen Zeiten von sozialer Reproduktion abhängig.

Diese Ausgangslage regte in den USA des ausgehenden 19. Jahrhunderts gebildete Frauen* aus dem gehobenen Mittelstand dazu an, eine ökonomische Aufwertung der ihnen in Privathaushalten zugeschriebenen, körperlich und psychisch zermürbenden Arbeit anzustreben. Diese Haushalts-Reformerinnen wurden nachträglich auch als «materielle Feministinnen» bezeichnet, weil sie die materiellen Verhältnisse sowohl monetär als auch baulich in ihre Überlegungen einschlossen. Erst durch eine Veränderung räumlicher Anordnungen würden sich auch ihr Handlungsradius und ihre ökonomische Situation verändern. Wie Dolores Hayden in ihrer

Anthologie über den materiellen Feminismus *The Grand Domestic Revolution*[6] ausführt, waren diese Ansätze in der grob nach dem Ende des amerikanischen Bürgerkriegs und vor dem Beginn der Weltwirtschaftskrise (1865–1929) anzusiedelnden Aufbruchsphase in den USA durchaus breit gesät. Sie blieben als Initiativen allerdings disparat und untereinander widersprüchlich.

Pionierinnen wie die aus dem bildungsbürgerlichen Milieu der Universitätsstadt Cambridge stammende Pädagogin Melusina Fay Pierce (1836–1923) sahen Ansätze zur Dekonstruktion des weiblich-häuslichen Rollenbildes in der Vergemeinschaftung von Hausarbeit in Produktionsgenossenschaften. Fay Pierce strebte eine genossenschaftliche Organisation der Hausarbeit durch Gruppen von 12 bis 50 Frauen an, die die gemeinschaftlich verrichtete Arbeit schliesslich ihren Ehemännern in Rechnung stellen würden. Waschen und kochen sollte in speziell dafür gebauten nachbarschaftlichen «Gemeinschaftszentren» stattfinden, die neben Arbeits- und Verkaufsräumen auch eine Turnhalle sowie einen Lesesaal umfassen sollten. Diese Neustrukturierung der Nachbarschaften würde es auch erlauben, künftig Wohnhäuser ganz ohne Küchen zu planen. Während die Suffragetten, die Aktivistinnen für das Stimm- und Wahlrecht, darauf pochten, dass eine Umorganisation von Arbeitsprozessen und deren Wertschöpfung erst durch ein politisches Mitspracherecht zu erzielen sei, vertraten Pionierinnen wie Fay Pierce um 1869 die Haltung, dass im Alltag wirksame, neu etablierte Handlungsmodelle, beispielsweise das gemeinschaftliche Zusammenwirken von Frauen in Wäschereikooperativen, der Etablierung ihres politischen Mitspracherechts weiteren Vorschub leisten würde.[7]

Am provokativsten und progressivsten ging in den 1870er-Jahren die Journalistin und Herausgeberin Marie Stevens Howland (1836–1921) vor. Als Angehörige der «free love»-Bewegung forderte sie eine Aufhebung der räumlichen Geschlechtertrennung und finanzielle Unabhängigkeit für Frauen. Damit verband sie sexuelle Selbstbestimmung unter anderem basierend auf freier Partner*innenwahl – innerhalb wie ausserhalb der Ehe. Für diesen Lebensstil sah sie spezifische (sozial)räumliche beziehungsweise bauliche Formen vor. Inspiriert durch die von den sozial orientierten Industriellen Robert Owen (1771–1858) und Charles Fourier (1772–1832) propagierten genossenschaftlichen «Sozialpalästen», legte Howland in ihren literarisch-utopischen Architekturprojektionen ein besonderes Augenmerk auf die Räume für die Kindererziehung ausserhalb der Kernfamilie.[8] Mit dem utopischen Vorstadtszenario Topolobampo in Mexiko zielten ihre Überlegungen 1885 auch auf den städtebaulichen Massstab ab. Sie entwickelte

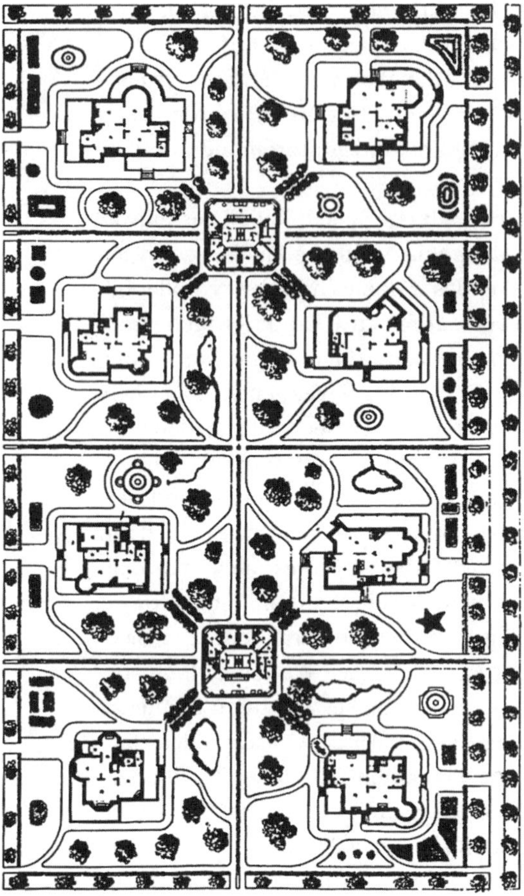

Abb. 1: Plan of Pacific City, Topolobampo, Mexico, 1889, by Albert Kimsey Owen, John J. Deery, Marie S. Howland: Entwurf eines Blocks der Pacific City.
Die freistehenden Landhäuser teilen sich jeweils zu viert ein Hauswirtschaftsgebäude, wo die Hausarbeit gemeinschaftlich organisiert wird.

mit den Architekten Albert Kimsey Owen und John J. Deery einen Überbauungsplan: Grosszügige genossenschaftliche Apartmenthotels mit Kinderkrippen sollten sich mit freistehenden, um Höfe angeordneten, küchenlosen Cottages abwechseln, wobei jeweils vier Cottages ein separates Gebäude mit Zentralwäscherei und -küche, Ess- und Schlafräumen für «spezialisierte Angestellte» teilen würden.[9] (Abb. 1)

Derweil nahm eine Wohnreformbewegung in Zentraleuropa vor allem unter philantropischen Vorzeichen Fahrt auf. Einen baulichen Ausläufer dieser Initiativen finden wir heute in Zürich – wenn auch in veränderter Gestalt – im Einküchen- beziehungsweise *Amerikanerhaus* an der Ecke Ida-/Gertrudstrasse. Die private «Wohn- und Speisehausgenossenschaft», die in Zürich erschwingliche Arbeiter*innenwohnungen plante, finanzierte den 1916/17 von Oskar Schwank errichteten Bau.[10] Die Idee des Einküchenhauses hatte im deutschsprachigen Raum allen voran die deutsche Sozialistin und Frauenrechtlerin Lily Braun (1865–1916) vertreten. Auf dem Internationalen Arbeitsschutzkongress in Zürich 1897 machte sie sich dafür stark. In Zürich wurde der für Zentralküche und Speisesaal vorgesehene Bereich im Erdgeschoss des Blockrandbaus mit 42 Ein- bis Dreizimmerwohnungen auf Wunsch der Genossenschafter*innen aber schliesslich zum Restaurant – die Wohnungen erhielten individuelle Küchen.[11] (Abb. 2)

Die Vorreiter*innen in den USA stellten mit ihren Vorschlägen für eine gerechtere Architektur wenigstens vereinzelt die im binären Geschlechtermodell als weiblich oder männlich konnotierten Rollenbilder infrage. Im sozialen Wohnungsbau des deutschsprachigen Europas in den 1920er- und 1930er-Jahren setzten sich jedoch besonders die auf Rationalisierung, sprich Effizienzsteigerung abzielenden Überlegungen der Hauswirtschafterin Erna Meyer[12] (1890–1975) und die 1927 von der Wiener Architektin Margarethe Schütte-Lihotzky (1897–2000) entworfene «Frankfurter Küche»[13] durch. Dieses auf erwerbstätige Mütter zugeschnittene Modell privaten Familienhaushaltes, in dem die Küche als Arbeitsraum für die Frau abgeschieden, aber durch eine Schiebetüre und allenfalls Durchreiche mit dem Ess- und Wohnbereich verbunden war, erleichterte zwar den Arbeitsalltag, stellte aber weder die häusliche Sphäre als weiblich konnotierte Arbeitsstätte grundlegend infrage, noch zielte es darauf ab, Haus- und Sorgearbeit zu mehr Sichtbarkeit zu verhelfen – im Gegenteil. Die basierend auf Bewegungsstudien und Zeitmessungen der Arbeitsabläufe neu gestalteten Küchen steigerten durch Anordnung von Arbeitsflächen, Lichtquellen, Aufbewahrungsschränken et cetera die Effizienz der Hausarbeit tatsächlich (Abb. 3). Allerdings nahmen dabei vor allem die Ansprüche an die Arbeitsleistung der Frauen* im Haushalt zu, während deren Anspruch auf freie (nicht

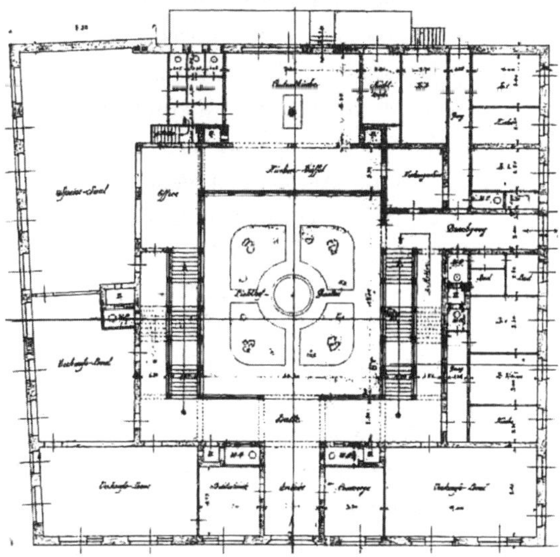

Abb. 2: Das «Amerikanerhaus» im Grundriss (Baueingabeplan 1915): Gut zu erkennen sind der laubengangartige Korridor rund um den zentralen Innenhof sowie der grosse Speisesaal links oben.

der Sorge um die Familie gewidmete) Zeit stagnierte. Obwohl diese «industrielle Revolution» im Haushalt der 1920er-Jahre auf tayloristischen Prinzipen fusste, fielen in der Küche nach wie vor alle Aufgaben der Frau zu.

Aufstand aus der Küche in die menschgemachte Umwelt

Während sich in den USA der 1920er-Jahre ein stetig wachsender Aufgabenkatalog für die zunehmend als Einzelwesen normalisierte Figur der Konsumentin «Hausfrau» abzeichnete, untergrub in den 1930er-Jahren die konservative Vorort-Einfamilienhaus-Wohnpolitik des Präsidenten Herbert Hoover sowie eine latent antikommunistische Haltung die Vorstösse der materiellen Feministinnen.[14] Die Wissenschaftshistorikerin Ruth Schwartz Cowan beschrieb 1976,[15] wie im frühen 20. Jahrhundert die mittelständische Hausfrau in amerikanischen Vororten durch den Kauf von elektrischen Haushaltsgeräten zwar Zeit einsparen konnte, diese jedoch vermehrt der psychologischen und emotionalen Sorgearbeit für Kinder und Ehepartner sowie der Sorge um sich selbst widmete. Die Werbung der Hersteller und deren psychologisch gesteuerte Slogans erzeugten entsprechende Erwartungen und drängten die Hausfrau in die emotionalisierte Rolle der umsichtigen Konsumentin.[16]

Fraser beobachtet zeitgleich eine Verschiebung vom Wettbewerbskapitalismus des 19. Jahrhunderts hin zum Ernährermodell oder «family-wage» des gelenkten Kapitalismus im Wohlfahrtstaat. Ehefrauen sollten durch das vom Ehemann nach Hause gebrachte «Familieneinkommen» von der Erwerbsarbeit «befreit» werden. Diese Anpassung sah ebenfalls vor, Privathaushalte von Sorgeleistungen teilweise zu entlasten und zugleich den Konsum der Einzelhaushalte zu steigern. Noch deutlicher manifestierte sich dieses «Regime» in verschiedenen Ländern Zentraleuropas und in Nordamerika nach dem Zweiten Weltkrieg in Form von staatlichen Investitionen in (Bildungs-)Institutionen und von Unternehmen mitgetragenen Sozialversicherungen und Familienzuschüssen.[17]

In den USA dokumentieren Siedlungen wie der Ende der 1940er-Jahre von Levitt & Sons gebaute Vorort Levittown in Long Island, New York, die raumplanerischen Auswirkungen dieses «Regimes». In der Schweiz lässt sich diese Tendenz zeitlich verzögert in Einfamilienhausagglomerationen und letztlich auch an Grosssiedlungen des erschwinglichen Massenwohnungsbaus für den Mittelstand wie *Sunnebüel* in Volketswil (1967–1972) aufzeigen. Dies betrifft die Anbindung an soziale Infrastrukturen, Arbeitsplätze und Einkaufsmöglichkeiten für die den Nachwuchs und Betagte betreuen-

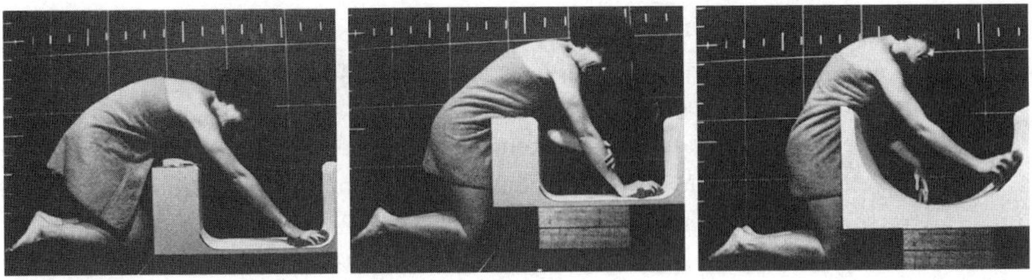

Abb. 3: Alexander Kira, Abmessungen der durch unterschiedliche Höhen des Wannenrandes erforderlichen Körperhaltungen zum Reinigen und Baden von Kindern.

den Ehefrauen. Sie bewohnten solche Siedlungen tagsüber, während ihre Ehemänner im Stadtzentrum einer Erwerbsarbeit nachgingen. Wir können uns an dieser Stelle auch in Erinnerung rufen, dass die eheliche Pflicht für Frauen, den Haushalt zu führen, bis 1988 im Schweizerischen Eherecht verankert blieb. War die Küche seit Ende des 19. Jahrhunderts eindeutig als Raum der Frau identifiziert worden, fehlte es in den gängigen Wohnmodellen auch über das 19. Jahrhundert hinaus an Räumen, die exklusiv als private Rückzugs-, (Re-)Kreationsorte und Studierzimmer für Frauen* vorgesehen waren.

Wie sich die durch Architektur und Planung räumlich isolierten, nichterwerbstätigen «Hausfrauen» in amerikanischen Vorortssiedlungen der 1950er-Jahre trotz ihres materiellen Wohlstands entwertet fühlten und die daraus erwachsenden Depressionen mit Medikamentenzufuhr betäubten, beschreibt Betty Friedan (1921–2006) Anfang der 1960er-Jahre.[18] Hier setzte 1980 die Architektin und Städtebauhistorikerin Dolores Hayden an. In ihrem Aufsatz «What would a non-sexist city be like?»[19] machte sie den Vorschlag für «ein Programm, das [...] Hausarbeit, Wohnen und Wohnquartiere [transformiert]».[20] Durch eine Umgestaltung vorstädtischer Wohnquartiere in Ballungszentren wollte Hayden insbesondere die Lebensbedingungen erwerbstätiger Mütter verbessern. In den suburbanen Wohnorten waren meist weder Betreuungsangebote, Einkaufsmöglichkeiten, geschweige denn qualifizierte Arbeitsplätze vorhanden. Wer Arbeitsweg, Absetzen und Abholen von Kindern sowie den Einkauf unter einen Hut bringen wollte, brauchte dafür nicht nur viel Zeit, sondern stand aufgrund der oft unzureichenden öffentlichen Verkehrsinfrastrukturen auch logistisch vor einer Herausforderung.

Haydens Vorschlag für HOMES (Homemakers Organization for a More Egalitarian Society) verfolgte denn auch die Ziele, Männer und Frauen zu gleichen Anteilen in die unbezahlte Hausarbeit, Kinderbetreuung und in die Erwerbsarbeit einzubeziehen und die Wohnsegregation nach Klasse, Rasse und Alter aufzubrechen. Alle staatlichen und lokalen Anreize, die die unbezahlte Rolle der Hausfrau stärken, sollten abgeschafft werden. Hayden zufolge könnten HOMES sowohl durch die Renovierung bestehender Nachbarschaften als auch durch Neubauten entstehen: «Nehmen wir an, dass vierzig Haushalte in einem amerikanischen Ballungsgebiet eine HOMES-Gruppe bilden»,[21] so würden private Wohneinheiten und Gärten zwar weiterhin bestehen, daneben Teile der Grundstücke jedoch hofartig zusammengefasst. Darin liessen sich genossenschaftlich organisierte, kollektive Infrastrukturen errichten, sie nennt Kindertagesstätte, Waschsalon mit Wäschereidienst, eine Küche mit Mittagessen für die Kindertagesstätte oder Essen auf Rädern für ältere Menschen sowie ein Lebensmitteldepot, aber auch ein Büro für Haushaltshilfen, das Helfer*innen für ältere Menschen, Kranke und berufstätige Eltern von kranken Kindern zur Verfügung stellt. Den Bewohner*innen sollte es freistehen, ob sie die kollektiven Dienste in Anspruch nehmen wollen. Bei der Besetzung der Arbeitsplätze sollten traditionelle Geschlechterstereotype umgangen, alle Arbeiten als qualifizierte sowie Männer* und Frauen* gleich entlohnt werden.

Obwohl Haydens Überlegungen zu Architektur und Geschlecht in den USA der 1970er- und 1980er-Jahre auch die grössere Durchmischung von Rasse und Klasse als Anliegen formulierten, fokussierte sie auf die Situation in mehrheitlich weissen, mittelständischen Vororten. 1992 warf Leslie Kanes Weisman, Autorin und Architektur-Aktivistin, in der von einem feministischen Kollektiv gegründeten Zeitschrift *Heresies* mit ihrer feministischen Kritik des «man-made [sprich: male-made] environment»[22] eine Reihe ähnlicher Fragen auf: Wann fühlen sich Frauen* in Städten unsicher und warum? Warum schlafen so viele weibliche* Obdachlose lieber auf der Strasse als in städtischen Unterkünften? Warum stellt die aktuelle Wohnungskrise eine grössere Bedrohung für Frauen* als für Männer dar? Wie würden Wohnungen, Gemeinschaften und öffentliche Gebäude aussehen, wenn sie so gestaltet wären, dass sie Beziehungen der Gleichheit und der ökologischen Ganzheit fördern würden? Kanes Weisman vertrat dabei die These, dass universalisierende Kriterien beziehungsweise Normen in der Architektur oft nicht nur zu Ausschluss und Diskriminierung führten. Sie etablierten durch die auf heterosexuelle Familien – und in jüngerer Zeit auf Doppelverdiener-Haushalte – ausgerichtete Wohnbaupolitik de facto auch eine Art räumliches «Kastensystem» für alleinstehende oder alleinerziehende, betagte oder lesbische Frauen* sowie unter häuslicher Gewalt Leidende. Kritiker*innen rügten Weismans Manifest «Discrimination by design» (1992) allerdings scharf, weil sie ihre Argumentation entlang zeitlich und örtlich disparater Quellen bewusst als «intuitive Suche»[23] nach patriarchalen Mustern aufbaute. Positiv hervorheben möchte ich dagegen den intersektionalen Ansatz ihrer Betrachtungen. Sie verdeutlichte nicht nur die Feminisierung von Armut, sondern fokussierte insbesondere mit ihren Beobachtungen zur Obdachlosigkeit auch Aspekte räumlicher Unterdrückung aufgrund von Rasse und Klasse.

Bewusstsein für Interdependenzen: Care-Ketten räumlich verstehen

Die Etablierung der Gender Studies als wissenschaftliche Disziplin in den 1990er-Jahren förderte im Bereich der Architekturtheorie und -geschichte die analytische Auseinandersetzung mit Raum und Geschlecht. Dank den vielfältigen und grundlegenden Beiträgen der queer theory erweiterte sich der Forschungshorizont zu Architektur und Gender seither über die frauenzentrierten Anliegen der «Frauenforschung» hinaus.

Ohne hier auf diese Leistungen erschöpfend eingehen zu können, will ich stattdessen zum Schluss auf den sich seit den ausgehenden 1980er-Jahren herausbildenden «globalisierten Finanzkapitalismus»[24] des 21. Jahrhunderts eingehen – die aktuellste Entwicklungsstufe, deren Regime laut Fraser eine weitere räumlich wirksame Norm hervorbringt: den «Doppelverdiener*innen-Haushalt». Während Staat und Unternehmen ihre Ausgaben in der Sozialfürsorge reduzierten, rekrutierten sie eine steigende Anzahl von Frauen* in die Erwerbsarbeit. Zugleich nahmen die staatlichen Betreuungsangebote ab und der Exodus der Frauen* in die bezahlte Arbeitswelt steigerte die Sorgebelastung von Familien und Gemeinschaften. Das hat im nordwestlichen Zentraleuropa insbesondere die Monetarisierung und Auslagerung von Sorge- und Hausarbeit zur Folge. Soziale Reproduktion wird für diejenigen, die sie bezahlen können, zur Ware gemacht. Wer es sich nicht leisten kann, muss sich im privaten Umfeld behelfen. Diese Dynamik wirkt auf die Arbeitsmigration aus dem Globalen Süden, wodurch immer längere «Care-Ketten» entstehen. Räumlich manifestiert sich dieses Regime in zwei, oft an Beispielen aus Hong Kong oder Singapur besprochenen, Phänomenen. Sie sind für die Schweiz zwar kaum dokumentiert, dürften aber durchaus vorkommen. Es handelt sich einerseits um die oft auf minimalsten Raum und Privatsphäre beschränkte Unterbringung der Sorge- und Hausarbeiterinnen* in (Familien-)Haushalten oder aber um Zusammenkünfte von Hausarbeiterinnen* im öffentlichen Raum oder Parks, da private Räume fehlen, um Freizeit zu verbringen oder Freund*innen zu empfangen.[25]

Die feministische Architekturkooperative Matrix setzte sich früh im neoliberalisierenden England unter Margaret Thatcher mit den Fallstricken von Sorgeketten auseinander, allerdings noch weniger im globalen Massstab. Das sich während der 1980er-Jahre mehrfach rekonfigurierende Kollektiv brachte Architektinnen wie Jos Boys oder Frances Bradshaw zusammen. Um in einer partizipativ-enthierarchisierten, auf Solidarisierung ausgerichteten Ethik zusammenarbeiten zu können, entschied das Kollektiv, sich grundsätzlich nur für Bauprojekte zu engagieren, die von der öffentlichen Hand finanziert wurden. Mit Vorliebe bewarben sie sich um Bildungsbauten und suchten bewusst die Auseinandersetzung mit importierten Raumnutzungspraxen anderer Kultur- und Glaubenskreise in der vielfältigen Londoner Gesellschaft.[26]

Ein in unserem Zusammenhang relevantes Projekt ist das 1988 in Southwark, London, eröffnete Jumoke Nursery and Training Centre, das sowohl Kindertagesstätte wie Bildungszentrum ist. Zunächst ging es darum, Ausbildungsplätze für Frauen*, die das Tischlerhandwerk erlernen wollten, in einem kommunalen Gebäude unterzubringen. In der Vorabklärung des Kollektivs mit den Bewohnerinnen* des Stadtbezirks zeigte sich aber, dass die anvisierten Frauen* das Gebäude vermutlich nicht aufsuchen würden, weil Betreuungsangebote für ihre Kinder fehlten. Deshalb integrierten die Architektinnen auch einen Kindergarten in das Gebäude. Damit schufen sie zugleich ein weiteres Bildungsangebot für Menschen, die sich im Obergeschoss über dem Kindergarten in Kinderpflege weiter- beziehungsweise zu Kleinkinderbetreuer*innen ausbilden lassen wollten. Während diese die Kurse besuchten, waren ihre eigenen und die von ihnen fremdbetreuten Kinder ebenfalls im Kindergarten untergebracht. Das Kollektiv plante das Gebäude zudem barrierefrei, sodass auch Mütter und Menschen mit einer Behinderung möglichst uneingeschränkten Zugang zur Einrichtung hatten.

Räumliche Regime, Architektur und Geschlecht

Mein Rückblick auf die Verzahnung von räumlichen Regimen und Geschlechterrollen seit der industriellen Revolution hat vor allem gezeigt, wie bauliche Bedingungen den Handlungsradius von Frauen* einschränkten oder aber zu dessen Erweiterung verändert werden sollten. Darüber hinaus lässt sich fragen, wie bauliche Normen ideologisch wie physiologisch auf die Konstruktion von Körpern und Geschlecht einwirken. Das Beispiel mangelnder Barrierefreiheit macht anschaulich, dass die gebaute Umwelt Körper aktiv – in diesem Fall als «behindert» – mitkonstruiert. Die Architekturnormen basieren trotz aller Anpassungen auf der Annahme von Idealkörpern, die zur Norm erhoben werden. Diese «Normwerte» beruhen seit Ende des 19. Jahrhunderts auf statistischen Durchschnittswerten und nicht zuletzt auf eugenisch orientierten Messungen. Zugleich blieben sie lange Zeit von Annahmen zur geschlechtsspezifischen Rollenverteilung im Haushalt geprägt, was sich insbesondere an Abmessungen in Badezimmern und Küchen zeigt, die den «Putzleistungen der Norm-Frau» angepasst sind (Abb. 3).

Zwar sollten wir für ein besseres Verständnis der auf die Konstruktion von Geschlecht wirkenden Mechanismen die räumlichen Regimes und baulichen Bedingungen dekonstruieren. Trotzdem ist weder durch dieses Verständnis allein noch schlicht durch die Umgestaltung der gebauten Umwelt gesellschaftlicher Wandel zu erzielen. Politische, wirtschaftliche, soziale und bauliche Massnahmen müssen ineinandergreifen.

Anmerkungen

1 Schnitter, Beate, 1984: «Möglichkeiten einer Frauenarchitektur». In: Schweizer Ingenieur und Architekt, 102, 50, 1011–1015. www.e-periodica.ch/digbib/view?pid=sbz-003:1984:102#4072 (Abfrage 17.2.2020)

2 Preciado, Paul B., 2018: The architecture of sex. Three case studies beyond the panopticon. In: The Funambulist. Politics of space and bodies. Limited edition supplement, o. S. Übersetzung aus dem Englischen Gabrielle Schaad

3 Fraser, Nancy, 2016: Contradictions of Capital and Care. In: New Left Review, 100, 99–117

4 Anm. 3, 104

5 Terlinden, Ulla, 1987: Zur Geschichte von Hausarbeit und Wohnen. In: Terlinden, Ulla / Dörhöfer, Kerstin (Hg.): Verbaute Räume. Auswirkungen von Architektur und Stadtplanung auf das Leben von Frauen. Köln, 87–96

6 Hayden, Dolores, 1981: The Grand Domestic Revolution. A History of Feminist Designs for American Homes, Neighborhoods, and Cities. Cambridge, MA

7 Anm. 6, 1–30

8 Stevens Howland, Marie, 1975 (1874), The Familistère [zuerst: Papa's own girl], Philadelphia

9 Anm. 6, 91–113

10 Vogel, Barbara, 2018: Das Amerikanerhaus. Auf der Suche nach der Geschichte eines Hauses. Masterarbeit Universität Luzern www.heimatschutz.ch/fileadmin/heimatschutz_zvh/user_upload/Dokumente/Masterarbeiten/Amerikanerhaus_MA_Barbara_Vogel.pdf (Abfrage 17.2.2020)

11 Haupt, Isabel, 2014: Einküchenhaus und Einbauküchen. In: NIKE, 29, 1–2, 14–19

12 Meyer, Erna, 1926: Der neue Haushalt. Ein Wegweiser zu wirtschaftlicher Haushaltführung. Stuttgart

13 Schütte-Lihotzky, Margarete, 1927: Rationalisierung im Haushalt. In: Das neue Frankfurt, 5, 120–123

14 National conference on home building and home ownership, 1931. oac.cdlib.org/findaid/ark:/13030/tf1w1001jf/entire_text/ (Abfrage 17.2.2020)

15 Schwartz Cowan, Ruth, 1976: The ‹Industrial Revolution› in the home. Household technology and social change in the 20th century. In: Technology and culture, 17 (1), 1–23

16 Anm. 15, 1–23

17 Anm. 3, 104

18 Friedan, Betty, 1963: The Feminine Mystique. New York

19 Hayden, Dolores, 1980: What would a non-sexist city be like? Speculations on housing, urban design, and human work. In: Signs, 5 (3), 170–187

20 Anm. 19, 181–182. Diese und folgende Zitate Übersetzung Gabrielle Schaad

21 Anm. 19, 182

22 Kanes Weisman, Leslie, 1992: Discrimination by design. A feminist critique of the man-made environment. In: Urbana. University of Illinois Press

23 Feldman, Roberta M., 1993 [Rezension von]: Leslie Kanes Weisman, Discrimination by design. A feminist critique of the man-made environment. In: Design Issues, 9 (2), S. 83–84

24 Anm. 3, 112–116

25 Anm. 3, 112–116. Zu den Care-Ketten siehe den Beitrag von Schilliger in diesem Band.

26 Petrescu, Doina, (Hg.), 2007: Altering practices. Feminist politics and poetics of space. London, 39–68

Sarah Schilliger

Sorgearbeit neu verteilen

Die Care-Verhältnisse sind in Bewegung geraten – darauf deuten Mobilisierungen in der bezahlten Care-Arbeit hin, wo es in den letzten Jahren vermehrt zu Arbeitskämpfen gekommen ist, bei denen die Frage nach Qualität und Anerkennung von Care-Arbeit im Zentrum steht. Auch die unbezahlte Care-Arbeit wird von Feministinnen zunehmend (wieder) politisiert und war beim Frauenstreik 2019 ein zentrales Thema der Mobilisierungen.

Tiefgreifende Krise der sozialen Reproduktion

Diese Mobilisierungen und Bewegungen rund um Care bringen eine tiefgreifende Krise der sozialen Reproduktion zum Ausdruck. Die systematischen Probleme, die sich in verschiedenen Bereichen der sozialen Daseinsfürsorge zeigen, sind eng verbunden mit einem sozialstaatlichen Umbau. Besonders existenziell erfahrbar ist dies im Pflegebereich – sowohl für die Angestellten im Pflegesektor als auch für die Pflegebedürftigen und deren Angehörige. Aufgrund der Rationalisierungs- und Sparmassnahmen bei den ambulanten Pflegediensten gewinnen ökonomische Effizienzkriterien immer mehr an Bedeutung. So müssen heute beispielsweise Spitexangestellte unter einem enormen Zeitdruck arbeiten und ihre Arbeit mit einer mobilen Stechuhr ausführen. Aufgrund des rigiden Zeitregimes und der Arbeitsverdichtung bleibt kaum Zeit für die Ausführung einer Handreichung, die ausserhalb des stark reglementierten Aufgabenkatalogs liegt (Schwaller 2013; Greuter 2015). Es sind somit wieder die – meist weiblichen – Angehörigen, die hier einspringen müssen, um das zu übernehmen, was die Spitex-Angestellten unter Zeitdruck nicht (mehr) leisten können. Auch die Rationalisierungen in den Spitälern haben ähnliche Auswirkungen. So werden aufgrund der Fallpauschalen (DRG, Diagnosis Related Groups) Patient*innen so schnell wie möglich aus dem Spital «entlassen» – umgangssprachlich ist von «blutigen Entlassungen» die Rede. Damit wird eine ehemals öffentliche Aufgabe in die private häusliche Sphäre (zurück-)verlagert: Das Weiterpflegen und Auskurieren muss im Privathaushalt geschehen und führt meistens zu einer zusätzlichen Arbeitsbelastung für die Angehörigen. Die vormals im Spital bezahlt geleistete Pflege- und Versorgungsarbeit wird dadurch zu einem grossen Teil auf unbezahlte Arbeit abgeschoben (Madörin 2015). Meistens dienen Frauen als «soziale Airbags», die die Folgen dieser Sparmassnahmen im Haushalt abfedern müssen. Durch die Transformation des im Fordismus hegemonialen männlichen Ernährer-Modells hin zum «adult-worker-model» werden gleichzeitig alle Individuen, ungeachtet ihrer Care-Pflichten, zwecks Generierung einer eigenständigen Existenz auf dem Arbeitsmarkt «aktiviert».

Der neoliberale Umbau des Wohlfahrtsstaates geht aber nicht nur mit einer Reprivatisierung, sondern auch mit einer verstärkten Inwertsetzung von sozialer Reproduktion einher. Durch sozialpolitisch gesteuerte Kommodifizierungsprozesse und Aktivierungslogiken werden Bürger*innen zu Konsument*innen auf einem expandierenden Markt für Care-Dienstleistungen. Statt sich auf einen bedarfsgerechten Ausbau öffentlicher Leistungen der Daseinsvorsorge zu konzentrieren, beschränkt sich der Sozialstaat zunehmend auf die Rolle des «Managers» und versucht, marktförmige und gemeinnützige Angebote sowie informelle Selbsthilfepotenziale zu mobilisieren.

Care all inclusive? Vor allem: prekär!

Während sich in vielen Haushalten alltägliche Zwangslagen verschärfen und aufgrund beschränkter Ressourcen Zeitnöte und finanzielle Sorgen zunehmen, gilt in Haushalten mit genügend finanziellen Ressourcen die Auslagerung von Care-Arbeit an bezahlte Dienstleister*innen als eine immer häufiger genutzte Entlastungsstrategie. Auf dem Markt für personen- und haushaltsbezogene Dienstleistungen hat sich in den letzten Jahren ein diversifiziertes Angebot entwickelt, das von ambulanten Pflegediensten über «all-inclusive» Live-In-Betreuung bis hin zu Care-Gigs (Aufträge via App im Care-Bereich) in der Plattformökonomie reicht. Es wird versucht, aus Care-Arbeit Kapital zu schlagen – Care wird zu einem Investitionsfeld.

Die akuter werdenden Versorgungslücken in privaten Haushalten füllen zunehmend kommerzielle Anbieter, die auf einem globalisierten Arbeitsmarkt tätig sind. Mit ein paar Mausklicks kann heute innert weniger Tage eine Care-Arbeiterin aus Osteuropa in den Haushalt bestellt werden. Seit ein paar Jahren etabliert sich ein Rotationssystem mit Pendelmigrantinnen, die sich im ein- bis dreimonatlichen Rhythmus abwechseln, um in Privathaushalten von pflegebedürftigen älteren Menschen Rund-um-die-Uhr-Betreuung zu leisten (Schilliger 2014, 2015; Chau/Pelzelmayer/Schwiter 2018; Steiner i.E.). In der 24h-Betreuung sind es Frauen aus Polen, Ungarn, der Slowakei und anderen osteuropäischen Staaten, die unter höchst prekären Bedingungen rund um die Uhr für wenig Lohn arbeiten. Häufig kommen sie über profitorientierte und transnational agierende Vermittlungs- und Verleihagenturen in die Schweiz. Diese werben damit, «bezahlbare Pflege» anzubieten, bei der gleichzeitig eine «unbezahlbare Herzlichkeit» garantiert sei. Wenn in Werbungen polnische Care-Arbeiter*innen als besonders fürsorgliche «Pflegefeen» angepriesen werden, geht eine Naturalisierung von Care als weibliche Tätigkeit einher mit postkolonialen Hierarchisierungen und der Reproduktion einer rassistischen Arbeitsteilung (Schilliger 2014). Dass die Schweizer Regierung das Care-Regime auch in Zukunft auf diese «internationale Teilung reproduktiver Arbeit» (Parreñas 2000) abstützen will und dabei wenig unternimmt, um die Rechte von Care-Arbeiter*innen auszuweiten, zeigte jüngst ein Bundesratsbeschluss: Bezahlte Hausarbeit soll weiterhin nicht dem Arbeitsgesetz unterstellt werden und wird lediglich in unverbindlichen kantonalen Normalarbeitsverträgen geregelt – auch wenn dies die Konvention der Internationalen Arbeitsorganisation (ILO) für die Rechte der Hausarbeiter*innen verletzt, die auch die Schweiz vor gut vier Jahren ratifiziert hat (Denknetz Fachgruppe Prekarität 2017). Gleichzeitig sind durch das repressiv ausgestaltete Migrationsregime rund 40 000 weibliche Sans-Papiers dazu angehalten, in Schweizer Privathaushalten im Verborgenen und ohne rechtlichen Schutz zu putzen, Kinder zu betreuen und ältere Menschen zu pflegen (Knoll/Schilliger/Schwager 2012). Wie eine explorative Studie kürzlich für den Kanton Zürich aufgezeigt hat, ist zudem auch der Markt für Nannys am Boomen (Truong 2019). Und nicht zuletzt breitet sich die rechtliche Grauzone in Privathaushalten durch neue Onlineanbieter aus, die flexibel buchbare Putzkräfte vermitteln. Überall sind in den letzten Jahren eine Reihe von Start-ups der digitalen Plattformökonomie aus dem Boden geschossen und verdienen mit App-basierter Vermittlung von Dienstleistungen Geld. «Putzfrau online buchen in 60 Sekunden», so wirbt zum Beispiel die Firma Batmaid (www.batmaid.ch). Die angepriesene Flexibilität bezahlen die Putzkräfte, auf die die sozialen Risiken und Unsicherheiten überwälzt werden. Die Care-Arbeiter*innen werden von ihren Kund*innen in einem Ratingsystem für jeden Auftrag mit Sternchen bewerten, wie es auch in Onlineshops zur Produktbewertung üblich ist – und damit unter massiven Leistungsdruck und in eine krasse Konkurrenz zueinander gesetzt.

Sorge-Extraktivismus: Externalisierung von Care-Krisen

Diese bisher für die Schweiz kaum erforschte «Uberisierung» des Care-Arbeitsmarkts steht sinnbildlich für die Ausbreitung eines Niedriglohnsektors im Bereich haushaltsnaher Dienstleistungen. Hinter den Klicks im Internet stehen reale Menschen, meist Frauen, häufig Migrant*innen. Während die vergeschlechtlichte Arbeitsteilung damit weitgehend unangetastet bleibt, vergrössern sich zugleich die Ungleichheiten unter Frauen entlang von Klasse und nationaler/rassifizierter Differenzen. Oft lassen die migrantischen Care-Arbeiter*innen Angehörige zurück, für die wiederum gesorgt werden muss: Verwandte, Nachbarn oder Frauen, die aus noch ärmeren Verhältnissen oder Ländern stammen, übernehmen diese Aufgabe. Auf diese Weise kommt es zu einer transnationalen Verschiebung von Care und es etablieren sich globale Sorgeketten («global care chains») (Hochschild 2001; Schilliger 2014, 280f.). Die deutsche Soziologin Christa Wichterich (2018) hat hierfür den prägnanten Begriff des «Sorgeextraktivismus» geprägt. Damit bezeichnet sie ausbeuterische Strategien, um Krisen der sozialen Reproduktion – wie beispielsweise Personalmangel im Care-Bereich – kostengünstig zu überbrücken. Dazu gehören sowohl Rationalisierungsmassnahmen wie oben geschildert im Pflegebereich, bei denen die Fürsorge-Logik torpediert und unbezahlte Arbeit extraktiviert werden, als auch Formen eines transnationalen Extraktivismus: Die Care-Krise in den reicheren Ländern wird um den Preis ihrer Auslagerung in ärmere Regionen entschärft und Kosten werden dadurch externalisiert. Der transnationale Sorgeextraktivismus ist dabei als Teil einer «imperialen Lebensweise» zu verstehen, wie Ulrich Brand und Markus Wissen (2017) die Produktions- und Konsumformen der globalen Mittel- und Oberschichten zulasten anderer, natürlicher und menschlicher Ressourcen im globalen Süden nennen.

«Mehr von uns ist besser für alle!»

«Die feministische Auseinandersetzung darüber, wie mit der eigenen Überlastung durch die kapitalistischen Anforderungen umgegangen werden kann – jenseits der schnellen Option, sie nach unten weiterzugeben und selber tadellos zu funktionieren –, steht immer noch an.» Dies schreibt Lisa Bor, die für Deutschland eine aufschlussreiche feministische Analyse der Online-Plattform-Ökonomie im Care-Bereich verfasst hat (Bor 2018). Auch in der Schweiz ist eine solche Auseinandersetzung angezeigt. In den letzten Jahren und insbesondere rund um den Frauenstreik 2019 sind in verschiedenen feministischen Zirkeln und Kollektiven jedoch vermehrt Care-Debatten lanciert worden, an die angeknüpft werden kann und die vertieft werden müssen. Sowohl bezahlte wie auch unbezahlte Care-Arbeit – und insbesondere die Dynamiken zwischen den beiden – standen im Fokus verschiedener Mobilisierungen. Die gemeinsame Thematisierung von bezahlter und unbezahlter Care-Arbeit ist deshalb so wichtig, weil sie es ermöglicht, gemeinsame, verbindende Perspektiven zwischen Beschäftigten im Care-Bereich und Nutzer*innen von Care-Dienstleistungen zu entwickeln (Dück/Fried 2017). Auch wenn unbezahlt arbeitende pflegende Angehörige, auf Pflege angewiesene Menschen sowie bezahlte Pflegekräfte unterschiedliche Interessen haben, sind ihre Problemlagen und Anliegen unmittelbar miteinander verschränkt. Sie leiden alle unter Geringschätzung von Care, an Zeit- und Kostendruck. Und sie alle sollten interessiert sein an einer ausgebauten, bedürfnisorientierten Care-Infrastruktur.

«Mehr von uns ist besser für alle» – mit diesem Slogan ist es den streikenden Pflegekräften im Berliner Krankenhaus Charité gelungen, das öffentliche Interesse für eine gute Spitalversorgung und bessere Pflegequoten zu vermitteln und eine grosse zivilgesellschaftliche Unterstützung zu mobilisieren (Kunkel 2016). In der Schweiz haben die polnischen Care-Arbeiterinnen des Netzwerks Respekt[1] in den letzten Jahren in der Öffentlichkeit und vor Arbeitsgericht nicht nur lohn- und arbeitsbezogene Forderungen gestellt, sondern diese auch mit dem Ruf nach einer Erhöhung der öffentlichen Ausgaben für Pflege verknüpft (Schilliger 2017, 33). Ähnlich argumentieren Aktivist*innen der TrΩtzphase[2] für bessere Arbeitsbedingungen in den Kitas und Horten: «Weil Kinder mehr Zeit brauchen!» Und am Frauenstreik in Bern kam es bei einer Kinderwagen-Demonstration zu einer sehr erfolgreichen gemeinsamen Mobilisierung von Müttern, Grossmüttern und bezahlten Kinderbetreuerinnen.[3] Diese Aktionen rund um den Frauenstreik zeigten auf, wie bedeutend es ist, den Lohnarbeitsbereich zu überschreiten und Fragen der gesellschaftlichen Organisation von Care umfassend aufzubringen.

Let's Um-Care: Vom Kopf auf die Füsse

Die Gewerkschaften sollten dieses Potenzial erkennen und sich vermehrt Fragen der sozialen Reproduktion und der Care-Krise aus einer ganzheitlichen Perspektive zuwenden. Gleichzeitig könnten sich verschiedene Bewegungskontexte wie die Bewegung für Klimagerechtigkeit, die Postwachstum-Bewegung oder Initiativen für solidarische Städte in ihren transformatorischen Perspektiven stärker mit Care auseinandersetzen und den

Austausch vertiefen. Dabei geht es um die Forderung, Care – als Sorge für sich, für andere, für die Umwelt – in verschiedensten gesellschaftlichen Feldern ins Zentrum politischen Handelns zu stellen und Wachstumszwang sowie Profitmaximierung entschieden zurückzudrängen. Die Ökonomie muss, so das Plädoyer von Christa Wichterich, «vom spekulativen Kopf auf die versorgenden Füsse gestellt werden» (Wichterich 2010, 9). Zentral hierbei ist nicht zuletzt eine neue Zeitpolitik und die Schaffung von neuen Zeitstrukturen, die Erwerbsarbeit und Care vereinbaren lassen – ohne chronische Überlastung. Eine Politik der sukzessiven Erwerbsarbeitszeitverkürzung mit dem Ziel der Verallgemeinerung der heute noch sogenannten Teilzeitarbeit. Damit diese nicht nur für Frauen, sondern auch für Männer zur Normalität wird (wobei Männer sich natürlich bedeutend mehr an Care-Arbeit beteiligen müssten). Diese konkrete Utopie ist nicht neu, aber nichtsdestotrotz weiterhin imstande, neue gemeinsame Horizonte zu eröffnen.

Anmerkungen

1 Das Netzwerk Respekt@vpod ist eine basisgewerkschaftliche Struktur von Care-Arbeiterinnen (hauptsächlich aus Polen), die in Schweizer Privathaushalten leben und arbeiten und ältere, pflegebedürftige Menschen rund um die Uhr betreuen. Das 2013 entstandene Netzwerk ist in die Gewerkschaft vpod integriert, insbesondere im Raum Basel aktiv und setzt sich für faire Arbeitsbedingungen im Bereich der Pflege und Betreuung ein. www.respekt-vpod.ch.

2 Die TrΩtzphase ist eine Gruppe ausgebildeter und angehender Fachpersonen (FaBe K, Kindererziehung HF) aus der familienergänzenden Kinderbetreuung, die gegen die prekären Arbeitsbedingungen in den Kitas und Horten ankämpft. www.trotzphase.ch.

3 Siehe den Beitrag der Eidgenössischen Kommission dini Mueter (EkdM) in diesem Heft.

Literatur

Bor, Lisa, 2018: Wisch und Weg? Welche Chancen bietet die Online-Plattform Helpling für eine gerechte Verteilung von Hausarbeit? In: Zeitschrift LuXemburg, November 2018, www.zeitschrift-luxemburg.de/wisch-und-weg-welche-chancen-bietet-die-online-plattform-helpling-fuer-eine-gerechtere-verteilung-von-hausarbeit/ (Abfrage 9.2.2020)

Brand, Ulrich / Wissen, Markus, 2017: Imperiale Lebensweise. München

Chau, Huey Shy / Pelzelmayer, Katharina / Schwiter, Karin, 2018: Short-term circular migration and gendered negotiation of the right to the city. The case of migrant live-in care workers in Basel, Switzerland. In: Cities – The International Journal of Urban Policy and Planning, 76, 4–11

Denknetz Fachgruppe Prekarität, 2017: Care-Arbeiterinnen werden im Stich gelassen. In: Denknetz Zeitung Okt. 2017, www.denknetz.ch/wp-content/uploads/2017/10/DN_Zeitung_10_17_web.pdf (Abfrage 7.2.2020)

Dück, Julia / Fried, Barbara (2017): «Caring for Strategy». Transformation aus Kämpfen um soziale Reproduktion entwickeln. In: Fried, Barbara / Schurian, Hannah (Hg): Um-Care. Gesundheit und Pflege neu organisieren. Berlin, 15–22

Greuter, Susy, 2015: Care in der Pflege – ein Auslaufmodell? www.denknetz.ch/wp-content/uploads/2017/07/care_in_der_pflege_sgreuter_def.pdf (Abfrage 7.2.2020)

Hochschild, Arlie Russel, 2001: Globale Betreuungsketten und emotionaler Mehrwert. In: Hutton, Will / Giddens, Anthony (Hg.): Die Zukunft des globalen Kapitals. Frankfurt a. M., 157–176

Knoll, Alex / Schilliger, Sarah / Schwager, Bea, 2012: Wisch und weg! Sans-Papiers-Hausarbeiterinnen zwischen Prekarität und Selbstbestimmung. Zürich

Kunkel, Kalle, 2016: Kampf gegen die Burn-Out-Gesellschaft in Zeiten der Digitalisierung. Der Tarifkonflikt an der Charité um Gesundheitsschutz und Mindestbemessung. In: Schröder, Lothar / Urban, Hans-Jürgen (Hg.): Gute Arbeit. Digitale Arbeitswelt. Trends und Anforderungen. Frankfurt a. M., 253–267

Madörin, Mascha, 2015: Ökonomisierung des Gesundheitswesens. Erkundungen aus der Sicht der Pflege. ZHAW Departement Gesundheit. www.zhaw.ch/de/gesundheit/institute-zentren/ipf/ueber-uns/zur-sache/publikationen/#c39741 (Abfrage 11.2.2020)

Parreñas, Rhacel Salazar, 2000: Migrant Filipina Domestic Workers and the International Division of Reproductive Labor. In: Gender and Society 14(4), 560–580

Schilliger, Sarah, 2014: Pflegen ohne Grenzen? Polnische Pendelmigrantinnen in der 24h-Betreuung. Eine Ethnographie des Privathaushalts als globalisiertem Arbeitsplatz. Dissertation, Universität Basel 2014

Schilliger, Sarah, 2015: Globalisierte Care-Arrangements in Schweizer Privathaushalten. In: Nollert, Michael / Nadai, Eva (Hg.): Geschlechterverhältnisse im Post-Wohlfahrtsstaat. Weinheim/Basel, 154–175

Schilliger, Sarah, 2017: «Wir sind doch keine Sklavinnen!» Selbstorganisierung von polnischen Care-Arbeiterinnen in der Schweiz. In: Fried, Barbara / Schurian, Hannah (Hg): Um-Care. Gesundheit und Pflege neu organisieren. Berlin, 32–40

Steiner, Jennifer (i. E.): «Guter Lohn für gute Arbeit»? Legitimation und Kritik im Regulierungsprozess der Rund-um-die-Uhr-Betreuung betagter Menschen in Schweizer Privathaushalten. In: Swiss Journal of Sociology 46 (2)

Schwaller, Corinne, 2013: Die Ökonomisierung der ambulanten Pflege. Erfahrungen und Einschätzungen von Pflegenden aus einer Arbeitswelt im Umbruch. Arbeitsblätter des Instituts für Sozialanthropologie der Universität Bern, Vol. 58. Bern

Truong, Jasmine, 2019: Baby Boom – Nanny Boom? Eine explorative Recherche zu Nannys in Zürcher Privathaushalten. Herausgegeben von der Fachstelle für Gleichstellung, Zürich

Wichterich, Christa, 2010: Sorge, Marktökonomie und Geschlechtergerechtigkeit – das Vereinbarkeitsproblem der Politik. Gunda Werner Institut. www.gwi-boell.de/navigation/archiv-2124.html (Abfrage 11.2.2020)

Wichterich, Christa, 2018: Der prekäre Care-Kapitalismus. Sorgeextraktivismus oder die neue globale Ausbeutung. In: Blätter für deutsche und internationale Politik 2, 91–97

Lorena Gulino / Lydia Hässig

Das Care-Manifest – für eine andere Wirtschaftspolitik!

Seit vielen Jahren diskutiert eine Gruppe von rund vierzig Frauen in feministischen Leseseminaren unter der Leitung von Tove Soiland über die tiefgreifenden Veränderungen in der Care-Arbeit und deren Auswirkungen. Die Gruppe, der wir ebenfalls angehören, setzt sich aus Frauen unterschiedlicher Generationen und Berufsfelder zusammen. Die meisten sind oder waren im Care-Sektor tätig. In den Leseseminaren analysieren wir wissenschaftliche Texte und erweitern unsere Erkenntnisse mit eigenen beruflichen Erfahrungen und unserem Fachwissen. Aus diesem langjährigen kollektiven Austausch ist als Gemeinschaftswerk das Care-Manifest entstanden (Feministisches Leseseminar 2019), welches am Frauenstreiktag in fünf verschiedenen Care-Institutionen[1] und auf öffentlichen Plätzen der Stadt Zürich als Theaterchor unter dem Motto «Wir sind Gold wert!» aufgeführt wurde.

Im Folgenden erläutern wir zwei zentrale Forderungen aus unserem Care-Manifest: Erstens fordern wir den Abzug des Managements aus dem Care-Sektor. Zweitens fordern wir die Rücknahme der Fallpauschalen und an ihrer Stelle die Bedarfsfinanzierung. Mit dem Care-Sektor meinen wir alle Bereiche der bezahlten und unbezahlten Sorge und Versorgung von Menschen (Madörin 2013). Im vorliegenden Artikel beschränken wir uns aufgrund unserer beruflichen Erfahrungen und theoretischen Lektüre auf die bezahlten Pflege- und Betreuungsberufe (Krampe 2014; Madörin 2013; Soiland 2017; Warzecha 2009). Wir erklären, weshalb es im Care-Sektor eine andere Wirtschaftspolitik (Aufruf zum Frauen*streik 2019, Punkt vier) braucht, warum wir die genannten Forderungen als zentral erachten und wie wir Frauen uns im

Care-Sektor positionieren (Feministische Fakultät 2019). Am Schluss skizzieren wir einen Care-Sektor ohne Managementapparat und einen Gesundheitsbereich ohne Fallpauschalen.

Management und Taylorisierung im Care-Sektor

Im Wesentlichen werden strategische Aufgaben von der Ausführung separiert, wie im Taylorismus des 20. Jahrhunderts, indem Kopf- und Handarbeit getrennt wurden: «Manager»[2] organisieren, planen, entscheiden, koordinieren mittels Qualitätsmanagements die Arbeit und geben den ArbeiterInnen vor, wie sie die Arbeitsabläufe vorzunehmen haben. In der Pflege zerstückeln meist berufsfremde «Manager» organisch zusammenhängende Arbeitsabläufe und strukturieren sie neu, wie wenn es sich um Fliessbandarbeit handeln würde. Gleichzeitig werden die Arbeiten am Bett der Patientin beziehungsweise des Patienten wie das Waschen, das Helfen bei der Darm- und Harnentleerung oder das Umbetten zu minderbewerteten Tätigkeiten taxiert, die nicht mehr von einer Pflegefachfrau oder einem Pflegefachmann ausgeübt werden, sondern von Fachfrauen oder Fachmännern Gesundheit (FaGe)[3], PflegehelferInnen, Lernenden oder anderen «kostengünstigen», oft migrantischen ArbeiterInnen. Es wird mitunter in die fachliche Hoheit der Pflege eingegriffen, das Fachpersonal wird entmündigt und bevormundet, Tätigkeiten am Bett der pflegebedürftigen Menschen werden entwertet, die Gestaltungsmöglichkeiten der Pflegenden reduziert. Durch die Taylorisierung im Care-Sektor wird der menschenbezogenen Arbeit eine sachfremde Logik aus der Güterproduktion aufgezwungen.

Was macht das Management aus feministischer Perspektive mit unserer alltäglichen Arbeit und was macht es mit uns? Was ist Management im Care-Sektor überhaupt?

Früher wurde nach Funktionspflege gearbeitet, in der Einzeltätigkeiten jeweils einzelnen Pflegekräften zugeordnet waren. In den 1990er-Jahren wurde in den schweizerischen Pflegeinstitutionen als grosser Fortschritt im Sinne einer ganzheitlichen Pflege die Bezugs- und Beziehungspflege eingeführt (Kellnhauser 2004). Den PatientInnen wird dabei möglichst dieselbe Bezugsperson zugewiesen, welche die Pflege und Betreuung durchführt.

Heute machen die Geschäftsleitungen die Bezugs- oder Beziehungspflege rückgängig und führen die Funktionspflege wieder ein. Für die Umsetzung wird oft ein berufsfremdes Management beauftragt. Als Beispiel für diese Umstrukturierung dient hier das betriebswirtschaftliche Projekt einer Rehabilitationsklinik. Neu dürfen sich dort Pflegende am Bett, die

Fachfrauen und Fachmänner Gesundheit, am Morgen nicht mehr in die Patientendossiers einlesen. Die Tagesverantwortung (eine Pflegefachfrau oder ein Pflegefachmann) organisiert die Arbeit nach einzelnen Tätigkeiten anhand von Farben auf einer Tafel. Jede Farbe bedeutet eine andere (Pflege-) Leistung wie zum Beispiel das Blutdruckmessen, das Mobilisieren von PatientInnen (Unterstützung beim Aufstehen), Essen und Medikamente auf der ganzen Station verteilen und anderes mehr. Die PflegerInnen sind also nicht mehr zuständig für die ganzheitliche Pflege von wenigen PatientInnen, sondern ihre Tätigkeit reduziert sich auf einzelne repetitive Arbeitsschritte auf der ganzen Station. Auf Fragen von PatientInnen dürfen sie nicht eingehen, sondern müssen sie an zuständige höher ausgebildete Pflegefachleute verweisen.

Ausserdem gibt das Management vor, welche Wege die Pflegenden für ihre Arbeit gehen dürfen, wofür gar einzelne Türen abgesperrt werden. Der Aufenthalt im Stationszimmer wird ihnen untersagt, ausser sie müssen die Daten ihrer Tätigkeiten ins LEP-System (Software für Leistungserfassung in der Pflege) einspeisen.

Die Zerstückelung und Neustrukturierung der Tätigkeiten geschieht auch in der Langzeitpflege. In einem städtischen Heim dürfen die Lernenden neu nicht mehr für vier bis fünf BewohnerInnen Bezugspersonen sein, sondern sie müssen nach Bedarf pflegen. Im Alltag bedeutet dies, dass zum Beispiel eine Lernende Frau Müller in der ersten Etage bei der Körperpflege hilft, danach mobilisiert sie in der fünften Etage Herrn Malaspina und vor der Pause assistiert sie eine Etage tiefer Frau Svoboda beim Essen. Die Wege werden nach betriebswirtschaftlich effizienten Prozessabläufen strukturiert.

Vermanagerialisierung in der Care-Arbeit

In der Güterproduktionslogik wird jede Handreichung, jede Bewegung vergleichbar gemacht, indem sie diese in die messbare Grösse Zeit, und demnach Geld, umwandelt. Die Zeiteinheiten werden für die Prozessoptimierung und für die Kontrolle, das Qualitätsmanagement, verwendet. Dasselbe Vorgehen wird der personenbezogenen Care-Arbeit übergestülpt. Die vielen persönlichen Erzählungen vor allem seitens der älteren Frauen im Leseseminar, die den Wandel in ihren Berufen erlebt haben, legen Zeugnis davon ab. Die Frauen erhofften sich Anerkennung und Respekt für ihre Arbeit, der Wunsch nach Sichtbarkeit und Emanzipation aus dem Dunst der hausfrauennahen Arbeit war gross.

«Manager» übernahmen die Erhebungsdaten, vereinfachten und standardisierten die Tätigkeiten, kalkulierten Durchschnittswerte, schnürten Produktpakete und speisten sie in IT-Systeme zurück, beispielsweise ist im LEP für das Produkt «Körperpflege mit Unterstützung» ein Zeitfaktor hinterlegt. Bei der Einführung dieser Leistungserfassung wurde gesagt, dass durch die Daten der Personalbedarf aufgezeigt werde. Damit verbunden war das implizite Versprechen, dass dadurch der Personalmangel behoben werde. Der Zeitaufwand, welcher für die Einspeisung ins LEP-System verwendet werden muss, verdichtet einerseits die effektive Pflegearbeit. «Richtig genutzt, können Pflegedokumentationen zur Steigerung der Qualität der Pflege beitragen, aber die Zeit, die dafür verwendet werden muss, ist unermesslich und steht in keinem Verhältnis», so die Feststellung einer erfahrenen Pflegefachfrau, die für die Erarbeitung des Care-Manifests von den Autorinnen interviewt wurde.

Professionelles Handeln wird heute mit der richtigen Bedienung der «neutralen» Management-Instrumente gleichgesetzt. Wer zu lange bei der Patientin, beim Patienten verweilt, ist selbst schuld. Dass das Management andererseits mit den Angaben der Fachfrauen neue strukturelle Bedingungen geschaffen hat, die ihnen mehr Aufgaben aufbürden bei gleichzeitigem Entzug von Einfluss auf diese Rahmenbedingungen, ist schwer zu durchschauen.[4] Hier zeigt sich die Verdichtung der Arbeit. Nebst dem Versprechen auf mehr Zeit erhofften sich die Frauen eine bessere Bezahlung. Wie wir wissen, ist beides nicht eingetroffen, im Gegenteil. Die Frauen sind wütend und enttäuscht. Nicht sie verdienen heute mehr, sondern häufig berufsfremde Manager, die den Care-Arbeiterinnen übergeordnet sind.

Die Management-Instrumente haben aber keine Kosteneinsparungen gebracht. Die Fluktuationsrate im Care-Bereich ist alarmierend hoch, der vorzeitige Ausstieg aus dem Beruf ebenso. Kinderkrippen[5] im öffentlichen Bereich sind permanent unterfinanziert und die privat geführten Kinderkrippen versuchen die Richtlinien zu umgehen, um Personalkosten zu reduzieren. In Pflegeheimen gibt es kein Geld für genügend Pflegematerial: Beispielsweise dürfen pro BewohnerIn mit Inkontinenz maximal zwei Einlagen pro Tag verbraucht werden. In einem der reichsten Länder der Welt wird ausgerechnet im Pflegebereich so getan, als befänden wir uns in einem humanitären Krisengebiet. Warum ist das so? Und was hat dies mit den prospektiven Abrechnungssystemen zu tun?

Bedarfsfinanzierung statt Fallpauschalen

In den Medien wird die Altenpflege als «Wachstumsbranche sondergleichen» angepriesen, zum Beispiel im Wirtschaftsteil der *Neuen Zürcher Zeitung* (14.12.2019). Geld wird klaglos in hohe Managerlöhne und in die enorme Codierungsbürokratie mit den entsprechenden IT-Lösungen investiert, notabene mit unseren Steuergeldern. Gleichzeitig sprechen Politik und Wirtschaft von Kostenexplosion und von Einsparungen. Die Trennung von Anbietenden und KlientInnen hat dazu geführt, dass Leistungserbringer die Care-Arbeit in Produkteform anbieten müssen, damit sie staatlich finanziert werden. In dieser Marktlogik ist alles, was keinen Gewinn abwirft, teuer. Der Diskurs um das zu teure Gesundheitswesen und um rote Zahlen geht mit der Übernahme von Marktprinzipien in den Staatsapparat einher. Der Staat ist zum Beförderer privatwirtschaftlicher Organisationsweisen sondergleichen geworden.[6] In der Bedarfsfinanzierung hingegen werden die verwendete Arbeitszeit und Arbeitsmaterialien in Rechnung gestellt. Da gibt es keine roten Zahlen.

Ein Beispiel für die Warenförmigkeit in der Care-Arbeit ist das staatliche Fallpauschalen-System SwissDRG 2012 (Diagnosis Related Groups), ein einheitliches Abrechnungssystem für stationäre Spitalleistungen, gestützt auf das deutsche Tarifsystem. Für jede Behandlung werden festgelegte Pauschalen berechnet, in denen die medizinischen Leistungen sowie die Zeit des Spitalaufenthalts pro Fallgruppe vorgegeben werden. Die Finanzierung erfolgt somit prospektiv, das heisst vorausschauend auf das, was zu erwarten ist, und nicht nach getaner Arbeit (wie bei der Bedarfsfinanzierung). Mit der Einführung der Fallpauschale wurden mittels Vergleichbarkeit von Leistungen Spitäler gegenseitig in «Quasi-Sozialmärkte» (Soiland 2017) in Konkurrenz gesetzt. Doch der vom Staat geschürte Wettbewerb durch vermeintliche Vergleichbarkeit ist nicht real. Eltern, die in Zürich arbeiten, können ihre Kinder nicht in die zehn Prozent günstigere Kinderkrippe nach Bern bringen. Und Frau Weber aus Luzern wird für eine Blinddarmoperation kaum nach Genf fahren, weil dieses Spital die besten Kennzahlen dafür ausweist. Die von Politik und Wirtschaft georteten Sparpotenziale werden weder in der Schweiz noch in Deutschland eingelöst.

Prospektive Abrechnungssysteme werden auch von linken PolitikerInnen und Gewerkschaften gestützt. Sie glauben nach wie vor an die Versprechen von Professionalisierung und Transparenz durch Qualitätsstandards. Doch der künstlich erzeugte Druck auf die Leistungserbringer wird im Alltag über das Management auf die ArbeiterInnen abgewälzt. Die Arbeitsbedingungen im Care-Sektor sind prekär. Dass das Qualitätsmanagement kein Garant für gute Arbeit ist, lässt sich am Skandal der Globegarden-Krippenkette in der Schweiz feststellen (Albrecht/Arežina/Beck 2019). Die Krippen sind formal nach betriebswirtschaftlichen Kriterien top-organisiert und mit Zertifikaten ausgezeichnet. In raschem Tempo wird in den Städten expandiert und die Anschubfinanzierung über x-Millionen Franken vom Staat übernommen. Die Verantwortlichen und die Krippenaufsichten waren durch die Datenlage beruhigt. Doch das Qualitätssystem macht die schwerwiegenden Mängel in der Kinderbetreuung, die miserablen Arbeitsbedingungen des Personals und das Sparen von Lohnkosten beim Umgehen von Richtlinien wie dem vorgeschriebenen Betreuungsschlüssel nicht ersichtlich. Die Mächtigkeit dieses Systems liegt darin, dass es Worthülsen ohne Inhalt verwendet. Die Fachsprache wird diszipliniert, das Erfahrungswissen des Personals entfremdet. Denn nicht messbare Fertigkeiten, die nicht erfasst werden können, werden unter den Verdacht der Willkür gestellt, delegitimiert und entwertet (Feministisches Leseseminar 2019, Care-Maifest, Kapitel vier). Erfahrungswissen, Intuition, Geduld, Einfühlungsvermögen, Zuwendung, Sorgfalt und vieles mehr können weder in die vom Management verlangten Zeiteinheiten übertragen noch vergleichbar gemacht werden. Diese Qualitäten haben keinen Preis, es ist ganz einfach gute Care-Arbeit an einzelnen Menschen.

Der Care-Sektor finanziert den Rest der Wirtschaft – nicht umgekehrt!

Die Erkenntnisse der Auswirkungen der Ökonomisierung auf den Care-Sektor sind seit Langem bekannt, finden aber keine Resonanz bei den AkteurInnen der Wirtschaft und jenen der Politik (Greuter 2015). «Der Care-Sektor als wertschöpfungsschwacher Sektor bleibt ohne ausreichende Mittelversorgung durch eine politische Gegensteuer ein weiblicher Niedriglohnsektor.»[7]

Der Care-Bereich ist nicht teuer und wird auch nicht immer teurer, sondern alles, was im Care-Bereich geleistet wird, wird nicht immer billiger, wie es vergleichsweise bei der Massenproduktion in der Güterherstellung der Fall ist. Oder mit anderen Worten: Es können immer mehr Autos in weniger Zeit produziert werden. Menschen können aber nicht schneller gepflegt, umsorgt und betreut werden (Madörin 2017).

Eine wichtige Erkenntnis für uns Frauen des Leseseminars ist, dass wir Care-Arbeiterinnen nicht zu teuer, sondern dass wir viel zu billig arbeiten. Denn ohne Care-Arbeit, unbezahlte und schlecht bezahlte, funktioniert der

Rest der Wirtschaft nicht. «Der Care-Sektor braucht signifikant mehr Geld. Wertschöpfungsstarke und -schwache Sektoren müssen aneinandergekoppelt werden» (Madörin 2017, 65), zum Beispiel mit einer Care-Abgabe von wertschöpfungsstarken Sektoren und von der Finanzindustrie. Für gute Care-Arbeit braucht es eine andere Wirtschaftspolitik.

Die Abschaffung des Managements setzt viele Mittel frei, welche in die Pflege, in die direkte Betreuung und in adäquate zeitgemässe Förderinstrumente und genügend Materialien investiert werden können. PraktikerInnen sollen ihre eigenen Arbeitsabläufe wieder selber bestimmen können. Im gesamten Care-Bereich sollen die Berufsleute ihrer Ausbildung gemäss[8] ihre Arbeit wirksam überprüfen können, ohne berufsfremdes Management. So können Möglichkeiten entstehen, um beispielsweise Pflegekollektive aufzubauen (Greuter 2016) und Kinderkrippen in die Schulen zu integrieren.

Sind wir uns bewusst, dass wir alle von Sorge und Versorgung abhängig sind? Care-Arbeit ist Gold wert! Ohne eine grundlegend andere Wirtschaftspolitik wird der Care-Sektor zunehmend ausgeblutet. Wir wollen keine Kosten senken, im Gegenteil, wir fordern die ausreichende Finanzierung dieser Hälfte des Wirtschaftens.

Anmerkungen

1 Dazu gehörten das Stadtspital Triemli Zürich, das Universitätsspital Zürich, das Careum Bildungszentrum (Ausbildung für Gesundheitsberufe), die Pädagogische Hochschule und die KV Business School Weiterbildung (Bildungszentrum Sihlpost).

2 «Manager» als Funktion ist hier als Metapher für die Vermanagerialisierung der Care-Arbeit zu verstehen. Die männliche Form wurde bewusst gewählt, weil es grossmehrheitlich Männer sind, die den Job des Managers ausführen. Siehe auch Kapitel drei des Care Manifests «Manager machen unsere Wirtschaft kaputt!».

3 Seit der letzten Berufsbildungsreform wurde 2005 neu die dreijährige Lehre FaGe eingeführt, welche zu einer Unterschichtung von tiefer bezahlten Pflegenden geführt hat.

4 Darüber hinaus zeigen Krampe (2014) und Seithe (2012) in ihren Studien auf, dass die zeitgleiche Akademisierung der Pflege- und Sozialberufe auch zu Standardisierungen und zum Zwang, Arbeitsabläufe in Produkteform abzubilden, geführt hat.

5 Bezeichnung für Kindertagesstätten in der Schweiz.

6 Die Erkenntnisse aus früheren Leseseminaren, wie sich die Generalisierung des Marktes in den Bereich der Reproduktion auswirkt, haben unsere Kolleginnen der Feministischen Autorinnengruppe im Beitrag «Neue Landnahme» (Denknetz 2013) zusammengetragen.

7 Zitiert aus der Rede von Tove Soiland anlässlich eines Referats am 1. Mai 2019 in Zürich.

8 Die Ökonomisierung und Akademisierung der Care-Berufe haben auch zur Veränderung in der Ausbildung geführt. Die Bildungsinhalte müssten wieder so geändert werden, dass sie sich wieder auf die Praxis beziehen.

Literatur

Albrecht, Philipp / Arežina, Andrea / Beck, Ronja, 2019: Die Firma. Eine Recherche. www.republik.ch/2019/12/18/die-firma (Abfrage 30.1.2020)

Aufruf zum Frauen*streik, 2019: Nationale Streikversammlung, verabschiedet am 10. März in Biel. www.14juni.ch/wp-content/uploads/Aufruf_10Maerz_offiziell (Abfrage 30.1.2020)

Feministische Autorinnengruppe 2013: Das Theorem der Neuen Landnahme. Eine feministische Rückeroberung. In: Denknetz, Jahrbuch 2013. Zürich, 99–118

Feministische Fakultät, 2019: Zahlen sprechen Klartext – 100-248-1 – Makroskandal. www.100-248-1.org (Abfrage 30.1.2020)

Feministisches Leseseminar Zürich, 2019: Care-Manifest. www.fraum.ch/frauenstreik/ (Abfrage: 30.1.2020)

Greuter, Susy, 2015: Care in der Pflege – ein Auslaufmodell? www.denknetz.ch/gesundheitspolitik/ (Abfrage 30.1.2020)

Greuter, Susy, 2016: Buurtzorg. Ganzheitliche Pflege, made in the Netherlands. www.denknetz.ch/gesundheitspolitik/ (Abfrage 30.1.2020)

Kellnhauser, Edith u. a. (Hg.), 2004: THIEMEs Pflege. Professionalität erleben. Stuttgart

Krampe, Eva Maria, 2014: Professionalisierung der Pflege im Kontext der Ökonomisierung. In: Manzei, Alexandra / Schmiede, Ruedi (Hg.): 20 Jahre Wettbewerb im Gesundheitswesen. Theoretische und empirische Analysen zur Ökonomisierung von Medizin und Pflege. Wiesbaden, 179–198

Madörin, Mascha, 2013: Die Logik der Carearbeit – Annäherung einer Ökonomin. In: Gurny, Ruth / Tecklenburg, Ueli (Hg.): Arbeit ohne Knechtschaft. Bestandesaufnahmen und Forderungen rund ums Thema Arbeit. Zürich, 128–145

Madörin, Mascha, 2017: Überlegungen zur Zukunft der Care-Arbeit. In: Diefenbacher, Hans / Held, Benjamin / Rodenhäuser, Dorothee (Hg.): Das Ende des Wachstums – Arbeit ohne Ende. Marburg, 31–64

Seithe, Mechthild, 2012: Schwarzbuch Soziale Arbeit. Wiesbaden

Soiland, Tove, 2017: Landnahme der individuellen und sozialen Reproduktion. Eine feministische Perspektive auf die Transformation des Sozialen. www.theoriekritik.ch (Abfrage 30.1.2020)

Warzecha, Bettina, 2009: Modernes Qualitätsmanagement und seine Folgen. In: Warzecha, Bettina: Problem Qualitätsmanagement. Prozessorientierung, Beherrschbarkeit und Null-Fehler-Abläufe als moderne Mythen. Walsrode, 57–93

Mascha Madörin

Die Wirtschaft feministisch denken

Zu den Schwierigkeiten, unbezahlte Arbeit makroökonomisch zu verstehen

Wie bereits im letzten *Widerspruch* 73 (Madörin 2019a) berichtet, lancierte die feministische Fakultät[1] vor dem Frauenstreik drei Zahlen – «100-248-1»[2] – zur ökonomischen Bedeutung unbezahlter Arbeit von Frauen. An der Eruierung dieser drei Zahlen nahmen über dreissig Frauen an verschiedenen Sitzungen teil. Die Auswahl der Zahlen und Vergleiche, die in einem Satz auf eine Postkarte passen, erforderte viel Diskussionsaufwand. Besonders schwierig war es, einschlägige und möglichst brisante Vergleiche in Wirtschaftsdaten zu finden, welche die *gesamtwirtschaftliche* Relevanz unbezahlter Arbeit aufzeigen konnten.

Wird von unbezahlter Arbeit und Benachteiligung von Frauen geredet, so werden diese meist aus der Perspektive der Lebenserfahrung angesprochen. Eine andere Sache ist es jedoch, sich die damit verbundenen enormen ökonomischen Grössenordnungen vorstellen zu können und deren Bedeutung für die Wirtschaft ganzer Gesellschaften besser zu verstehen und genauer zu analysieren.

Solche Versuche, wirtschaftliche Entwicklungen aus feministisch-ökonomischer Sicht zu analysieren und daraus wirtschaftspolitische Programme zu entwickeln, stossen auf grosse methodologische und wirtschaftstheoretische Hindernisse. Besonders gross sind die Hindernisse, wenn es darum geht, die unbezahlte Arbeit ins wirtschaftstheoretische Denken einzubeziehen. Dieser Artikel diskutiert solche Leerstellen in der neoklassischen Ökonomie und sucht nach Ansätzen, unbezahlte Arbeit auch in makroökonomischen Theorien zu verankern. Die genannten Schwierigkeiten weisen auf eine Reihe ökonomischer Problemstellungen, die uns in Zukunft vermehrt beschäftigen sollten.

Wider die Markt-Staat-Dichotomie

Kürzlich habe ich in einem Blog von Branko Milanović[3] gelesen, dass in Schweden rund dreissig Prozent der Erwerbstätigen beim Staat und siebzig Prozent der Erwerbstätigen in der Privatwirtschaft arbeiten. Mit dieser Zahl wollte Milanović zeigen, dass – wie fast überall auf der Welt – selbst in skandinavischen Ländern privatwirtschaftliche respektive kapitalistische Verhältnisse dominieren. Wenn wir jedoch davon ausgehen, dass die unbezahlte Arbeit in Schweden etwa 45 Prozent[4] des gesamten bezahlten und unbezahlten Arbeitsvolumens ausmacht, würde die Beschäftigung in der Privatwirtschaft nur noch 38,5 Prozent des gesamten Arbeitsvolumens betragen, im Staat 16,5 Prozent und in den Haushalten 45 Prozent. In der Schweiz sehen die entsprechenden Grössenverhältnisse im Jahr 2016 nicht viel anders aus, wenn die bezahlte und unbezahlte Arbeit aller Personen im Erwerbsalter (15 bis 64 Jahre) einbezogen werden: Es lässt sich annähernd berechnen, dass rund 34 Prozent[5] der bezahlten und unbezahlten Arbeit in der Privatwirtschaft verrichtet wurden, im Staat und in staatsnahen Bereichen knapp 18 Prozent, in Haushalten rund 48 Prozent.[6] Für Frauen würden die entsprechenden Daten wie folgt aussehen: 22, 19 und 60 Prozent, für Männer 46, 17 und 37 Prozent. Wie müsste man eine solche Wirtschaft charakterisieren? Wie die Asymmetrie in der Verteilung der Arbeit zwischen Frauen und Männern analysieren? Und weshalb ist nach zweihundert Jahren kapitalistischer Expansion der Anteil der unbezahlten Arbeit an der gesamten Wirtschaft immer noch so gross?

Dieses kurze Rechenbeispiel weist darauf hin, dass die politische Ökonomie der Haushalte respektive der unbezahlten Arbeit in der Dichotomie zwischen Markt und Staat notwendigerweise ausgeklammert bleibt. Auch in vielen linken Debatten. Doch der riesige Haushaltssektor fällt nicht nur aus den Debatten um Markt und Staat, er kann mit diesen Kategorien auch nicht adäquat beschrieben werden.

Aus feministischer Sicht stellen sich davon ausgehend zwei Fragestellungen: 1) Wie analysieren wir die ökonomischen Logiken und Verhältnisse, unter denen diese riesige Menge unbezahlter Arbeit in den Haushalten verrichtet werden? 2) Wie kann die Verschränkung der Haushaltsproduktion in Verbindung mit dem staatlichen und privatwirtschaftlichen Bereich und als Teil des gesamten Wirtschaftens gedacht werden?

In den 1970er- und 1980er-Jahren gab es innerhalb der Frauenbewegungen eine Kontroverse über den Zusammenhang zwischen Patriarchat und Kapitalismus, insbesondere zwischen den autonomen Frauengruppen und den feministisch-marxistischen Flügeln (Delphy/Leonard 2007 [1992], 47–92).

In der heutigen feministisch-marxistischen Analyse wird diese Kontroverse meist umgangen, indem weniger von speziellen (Produktions-)Verhältnissen gesprochen wird, sondern davon, dass die unbezahlte (Frauen-)Arbeit indirekt vom Kapitalismus ausgebeutet wird – via die Reproduktion von Arbeitskräften. Die Haushaltsarbeit wurde und wird in den meisten Analysen sozusagen als Hinterhoftätigkeit im System der Kapitalakkumulation gesehen.

Es ist jedoch nicht so, dass der Haushaltssektor in der gängigen Wirtschaftstheorie bisher nicht vorgekommen wäre. Der neoklassische US-Ökonom Gary Becker (1930–2014), Wirtschaftsnobelpreisträger und Mitgründer der «modernen Haushaltstheorie», hat beispielweise die Grössenordnungen der Hausarbeit und ihre Bedeutung für die Gesamtwirtschaft durchaus thematisiert. Er steht damit in einer langen US-Tradition, Haushaltsökonomie als Teil der Wirtschaftswissenschaften zu thematisieren. Becker verglich das Wirtschaften in Haushalten mit der gesamten Wirtschaft und beschrieb realistisch, was die Statistiken auch heute – mehr als zwanzig Jahre später – immer noch zeigen: «Familien sind in allen Gesellschaften – inklusive den modernen, marktorientierten – verantwortlich für die Hälfte oder die Mehrheit [der gesamten ökonomischen Aktivität], denn sie produzieren einen Grossteil des Konsums, der Bildung, der Gesundheit und weiteres Humankapital ihrer Mitglieder.» (zit. in de Vries 2009, 30, Übers. d. Red.) Feministische Theoretikerinnen haben Beckers Analyse insofern kritisiert, als er, um die asymmetrische Arbeitsteilung zwischen Männern und Frauen zu erklären, Haushalte mithilfe des Betriebsmodell eines Kleinunternehmens betrachtet: Demnach handeln Haushalte einzig aufgrund von ökonomischen Überlegungen wie etwa Effizienz. Von Macht- und Ausbeutungsverhältnissen zwischen Männern und Frauen ist darin keine Rede. Becker setzte sich, ausser was den Konsum anbelangt, auch nicht mit der Frage auseinander, wie die übrige Ökonomie mit der Haushaltsökonomie verschränkt ist. Letztere Fragestellung drängt sich einem neoklassischen Theoretiker schlicht nicht auf, weil die Antwort von vornherein klar ist: Aus seiner Sicht sind Haushalte – gleich wie Betriebe, Banken oder der Staat – ökonomisch «rational» agierende Akteure auf dem freien[7] Markt, reagieren auf Löhne und Konsumgüterpreise und passen sich in ihrer inneren Organisation den äusseren Gegebenheiten an.

Der verführerische Ansatz des methodologischen Individualismus

Die ersten neoklassischen Theoretiker der freien Marktwirtschaft[8] gingen in ihrer Theorie vom Individuum aus, von Wirtschaftssubjekten oder Betrieben (mit dem Unternehmer an der Spitze), die von aussen der Knappheit ökonomischer Ressourcen und den damit verbundenen Preismechanismen ausgesetzt sind. Dadurch sollten die Produktion und die kreativen Fähigkeiten der Menschen befreit werden von den Vorschriften, der Starrheit und der Abzockerei eines Feudalstaates genauso wie von einer hierarchischen, kontrollierenden und unflexiblen Bürokratie. Eine Theorie, die sozusagen von der «Basis», dem Individuum, ausgeht – ein Ansatz, der spontan einleuchtet. Die neoklassische Markttheorie thematisiert die Selbstregulierung der Märkte durch Preise. Der Preismechanismus führt, so die Theorie,[9] nicht nur zu Effizienz im Verbrauch von Ressourcen – effizienter als dies je durch einen Staat und politische Entscheide geplant werden könne –, sondern auch zur Produktion von genau den Gütern, die KonsumentInnen brauchen und wünschen.

Dieser Analyseansatz, der auf mikroökonomischen Theorien beruht, wird in der Fachliteratur «methodologischer Individualismus» genannt. Fast alle mathematischen Modelle der gängigen Wirtschaftstheorie beruhen darauf. Yanis Varoufakis, der unter anderem mathematische Ökonomie studiert hat, ist einer der kritischen Ökonomen, der seit Jahren auf die Irreführungen und Gefahren des methodologischen Individualismus sowie auf die einschränkenden Annahmen in der neoklassischen Markttheorie hinweist (Varoufakis 2014; Arnsperger/Varoufakis 2006). Er hat gezeigt, dass nur minimale Änderungen der Annahmen – etwa, dass es mehrere Produkte gibt, sich Konsumpräferenzen im Verlauf der Zeit ändern oder Marktteilnehmende kooperieren – faktisch die Mathematik der neoklassischen Markttheorien ad absurdum führen. Es gibt keine Lösungen der Gleichungen mehr. Varoufakis warnt immer wieder davor, dass, wenn es um gesamtwirtschaftliche Aussagen geht, bis heute implizit auf diese Modelle ökonomischer Entwicklung zurückgegriffen wird. Aktuell werden zwar auch in der Mainstream-Ökonomie neue mikroökonomische Theorien entwickelt, so zum Beispiel neue Verhaltenstheorien, Theorien des Glücks oder Forschung darüber, wie durch die direkte Finanzierung von armen Haushalten im globalen Süden die Entwicklungshilfe effizienter gestaltet werden könnte. Aber bei den Schlussfolgerungen und bei der Interpretation gesamtwirtschaftlicher Zusammenhänge berufen diese sich unbeirrt auf die veralteten neoklassischen mathematischen Modelle.

Das führt zu eigenartig inkonsistenten und fragmentierten wirtschaftspolitischen Argumentationen. Unerwartete und nicht annähernd richtig prognostizierte Entwicklungen werden nachträglich mit fehlenden Marktmechanismen, mit unerwarteten externen Entwicklungen (Krieg, Naturkatastrophen etc.) oder mit falscher respektive irrationaler staatlicher Wirtschaftspolitik erklärt.

Aus der Sicht dieser neoklassischen Theorien sind die ungerechten Geschlechterverhältnisse exogen gegeben: Es wird angenommen, dass diese soziologisch oder durch paternalistische Traditionen in Familien zu erklären sind, aber im Prinzip nichts mit Kapitalismus und schon gar nichts mit der freien Marktwirtschaft zu tun haben.

Viele linke Argumente funktionieren meines Erachtens ähnlich wie neoklassische, da sie ein ähnliches «Systemverständnis» des Kapitalismus haben. Nur dass bei ihnen anstelle des freien Markts die Profitmaximierung des Kapitals als alles erklärende Abstraktion tritt. So werden konkrete Missstände wie die Ausbeutung der unbezahlten Arbeit der Frauen mit dem Kapitalismus generell oder mit der Macht der Kapitalisten und ihrem Profitstreben erklärt. Nachträglich gesehen, stimmt das eigentlich immer, weil meist irgendwelche Kapitalisten Profite eingefahren haben. In dieser marxistischen Argumentation werden die ungerechten Geschlechterverhältnisse und die Ausbeutung der Frauen prinzipiell durch kapitalistische Interessenspolitik erklärt. In beiden Fällen ist von Beginn weg klar, wie die sozioökonomische Situation von Frauen als Frage des kapitalistischen «Systems» zu denken ist. Die Entwicklung einer feministischen Politischen Ökonomie wird dadurch überflüssig.

Heterodoxe Theorien als Ansatzpunkt

Ich schlage vor, dass sich eine feministische Makroökonomie an sogenannten heterodoxen Ansätzen orientiert. Die heterodoxen ÖkonomInnen, die an Karl Marx, John Maynard Keynes oder der institutionellen Ökonomie anknüpfen, lehnen den methodologischen Individualismus ab. Sie gehen nicht von Individuen aus, sondern von einem Zusammenspiel verschiedener wirtschaftlicher Bereiche. Diese «Heterodoxen» versuchen, die wirtschaftliche Dynamik verschiedener Wirtschaftssektoren und sozialer Gruppen genauer zu verstehen und die jeweils besondere ökonomische Logik zu analysieren, in der diese «eingesperrt» sind: Lohnabhängige sind gezwungen, Geld zu verdienen respektive einen Job zu haben; Unternehmer investieren und schaffen Arbeitsplätze nur, wenn sie glauben, in Zukunft Profite machen zu können; und Banken geben nur Kredite, wenn sie der Ansicht sind, dass die SchuldnerInnen fähig sind, in Zukunft genug zu verdienen und die Schulden und Zinsen zurückzuzahlen. Es geht dabei um die Definition der sogenannten mesoökonomischen Bereiche, darum, die eingeschränkten Spielräume dieser Bereiche und ihrer sozialen Gruppen zu verstehen. Die ökonomischen Logiken der Mesobereiche werden als Voraussetzungen gesehen, um die makroökonomischen Dynamiken ihres Zusammenwirkens zu verstehen. Sie bilden die Grundlage für die Analyse, weshalb Krisen entstehen und wie der Staat handeln müsste. Doch auch in diesem heterodoxen Denken besteht das Problem, dass sowohl die Frauen, ihre Interessen, als auch die unbezahlte Arbeit als analytische Kategorien fehlen.

Versuchen wir, diese Kategorien in das heterodoxe Denken einzuführen, stellen sich grundsätzliche Fragen: Sind nun Frauen – gleich wie die Lohnabhängigen – eine eigene Kategorie im wirtschaftstheoretischen Denken? Oder sind es nicht die Frauen, sondern ist es die unbezahlte Arbeit an sich, die eine Gruppe bildet? Zu welcher Klasse gehören Hausfrauen, Frauen, die vorwiegend in Familienzusammenhängen unbezahlte Arbeit leisten, im Unterschied etwa zu gut ausgebildeten Frauen, die zwar einen relativ gut bezahlten Job haben, aber einen tieferen Lohn bekommen als Männer mit vergleichbarer Ausbildung? Fokussierte die kontroverse feministische Debatte der 1970er-Jahre in dieser Hinsicht auf Klassenfragen, wird heute Gender als Querschnittsthema gesehen – oder noch komplizierter als ein Problem intersektionaler Analyse. Also wiederum ähnlich wie in der neoklassischen Tradition des methodologischen Individualismus: als schier unübersehbare Vielfalt und komplexe Situation von Frauen, nützlich und notwendig für soziologische Analysen, aber ungeeignet für makroökonomische Fragestellungen.

Haushaltsökonomie und Sorge- und Versorgungswirtschaft

Wie wäre also ein mesoökonomischer Ansatz aus feministischer Sicht möglich? In meiner wirtschaftstheoretischen Arbeit zu feministischer Ökonomie habe ich mir zuerst die folgende Frage gestellt: Was und in welchen Zusammenhängen arbeiten Frauen, bezahlt und unbezahlt? Diese Frage ist für eine Ökonomin naheliegend aus zwei Gründen: Zum einen ist es die Ausgangsfrage des sogenannten feministischen Materialismus und war immer ein wichtiges Thema der Frauenbewegungen. Zum anderen geht der für die Makroökonomie wichtigste statistische Apparat, nämlich die Volkswirtschaftliche Gesamtrechnung (VGR) auch von Arbeit aus, allerdings nur von Erwerbsarbeit: Die Volkswirtschaft besteht in der VGR-Rechnung aus Produktion, Arbeitsaufwand respektive -kosten sowie aus erzielten Einkommen (im wesentlichen Löhne, Gewinne, Abschreibungen). Die VGR unterscheidet zwei Darstellungen der so in Geld gemessenen wirtschaftlichen Tätigkeiten:

1 Die Zusammensetzung des Bruttoinlandprodukts BIP *nach institutionellen Sektoren*: Die Grunddaten zu Arbeitskosten, Abschreibungen und Gewinnen (Bruttowertschöpfung) werden nach unterschiedlichen institutionellen Sektoren verbucht: nicht-finanzielle private Kapitalgesellschaften, finanzielle Kapitalgesellschaften (Banken, Versicherungen), Staat und Haushalte.[10] Allerdings wird die unbezahlte Arbeit in der VGR nicht einberechnet. Wird sie integriert, kann gezeigt werden, was in Haushalten zusätzlich zu dem, was konsumiert wird, mit unbezahlter Arbeit in den eigenen Haushalten und für andere produziert und an Dienstleistungen erbracht wird. Das ist gesamthaft gesehen sehr viel: Die so «erweiterte» Bruttowertschöpfung der Haushalte war 2016 fast so gross wie die Bruttowertschöpfung der nicht-finanziellen Kapitalgesellschaften, sie beträgt rund das 7,5-fache des Finanzsektors oder das 6,5-fache des Staates (Madörin 2019b, 102).

Diese Sicht auf Haushalte ist wichtig für die Analyse des Lebensstandards oder beispielsweise für das Verständnis von Prekarisierung der Lebens- und Arbeitsverhältnisse. Aus dieser statistischen Perspektive können auch die Produktionsverhältnisse im engeren Sinn analysiert werden: die Herrschafts- und Ausbeutungsverhältnisse, in denen in Haushalten gearbeitet und entschieden wird, der Lebensstandard, die sozioökonomische Situation, und die Frage, wozu Haushalte das Geld ausgeben und woher ihre Einnahmen kommen.

2 Die Zusammensetzung des BIP kann auch anders dargestellt werden, nämlich indem Produktion und Dienstleistungen nach verschiedenen Branchen eingeteilt werden. Dies kann dazu dienen, Unterschiede in der Arbeitsproduktivität und Rentabilität der verschiedenen Branchen zu analysieren, die Frage der Ausbeutung der Lohnarbeit genauer zu klären, die Lohndiskriminierung der Frauen und die Gewinne der Kapitalisten zu untersuchen und nicht zuletzt das jeweilige Wachstum der Branchen zu eruieren. In dieser Unterteilung werden die Branchen in Wirtschaftssektoren eingeteilt: in Land- und Forstwirtschaft (Sektor 1), Industrie/Bauwirtschaft (Sektor 2) und Dienstleistungen (Sektor 3).

Aufgrund meiner Untersuchungen schlage ich vor, die Branchen im Dienstleistungssektor aufzuteilen in einen Sektor, der die nicht-personenbezogenen Dienstleistungen umfasst und in einen Wirtschaftssektor aller personenbezogenen und haushaltsnahen Dienstleistungen: der Sorge- und Versorgungssektor, zu dem auch die unbezahlte Arbeit gehört. Es gibt eine Reihe triftiger wirtschaftstheoretischer Gründe, von einem besonderen Wirtschaftssektor mit einer besonderen ökonomischen Logik und Funktion zu sprechen (Madörin 2019b).

Der Sorge- und Versorgungssektor ist für eine feministisch-ökonomische Analyse von besonderem Interesse, weil gegenwärtig Frauen über achtzig Prozent ihrer bezahlten und unbezahlten Arbeit im Sorge- und Versorgungssektor verrichten. Das Bruttoinlandprodukt wäre, wenn der monetäre Wert der unbezahlten Arbeit mit einberechnet wird, mehr als sechzig Prozent höher als das bisher international standardisierte BIP. Der Sorge- und Versorgungssektor ist – inklusive unbezahlter Arbeit – der grösste Wirtschaftssektor überhaupt, wird aber statistisch nicht speziell ausgewiesen und ist meistens nicht Gegenstand wirtschaftstheoretischer Betrachtungen.

Nur ein kleiner Teil (z.B. Gastgewerbe, Detailhandel und Freizeitindustrie) in der Sorge- und Versorgungswirtschaft ist marktwirtschaftlich organisiert, generell ist heute das Lohnniveau tiefer als in den Wirtschaftssektoren von Industrie und nicht-personenbezogenen Dienstleistungen. Die kapitalistische Akkumulation in diesem «Frauensektor» fällt aber gesamtökonomisch gesehen – jedenfalls was die Profite aus der Arbeit anbelangt – kaum ins Gewicht. Der Sorge- und Versorgungssektor ist jedoch entscheidend, wenn es um den Lebensstandard, die Gesundheit, das Aufziehen von Kindern, das – hoffentlich – gute Leben und unsere soziale Sicherheit geht.

Kurzum: Die Haushaltsökonomie als auch der Sorge- und Versorgungssektor (mit den haushaltsnahen und personenbezogenen Dienstleistungen) bilden die mesoökonomische Basis für eine kritische, feministische Makroökonomie (Madörin 2019b).

Ausgehend von dieser Aufteilung in ökonomische Sektoren, liesse sich das Geschlechterverhältnis in der Wirtschaft aus makroökonomischer Sicht folgendermassen beschrieben: Männer dominieren bei weitem die Zahl der Beschäftigten in klassischen und neuen Wirtschaftszweigen der kapitalistischen Marktwirtschaft und sie verrichten wesentlich weniger unbezahlte Arbeit. Männer arbeiten also vor allem in Sektoren, die wichtig sind für die kapitalistische Akkumulation, Frauen vor allem in der Sorge- und Versorgungswirtschaft, die wichtig ist für unser Wohlbefinden. Die Verteilung der bezahlten und unbezahlten Arbeit von Frauen und Männern ist in der Schweiz also in zwei Hinsichten asymmetrisch: sowohl was die Beschäftigung in verschiedenen Wirtschaftszweigen anbelangt als auch die Verteilung ihrer Arbeit in institutionellen Sektoren.

Ausblick: Ein feministischer Green New Deal

Anlässlich der Wahl des früheren US-Präsidenten Barack Obama und der damals akuten Finanzkrise haben über tausend HistorikerInnen und ÖkonomInnen 2008 einen offenen Brief[11] an Obama geschrieben, in dem sie festhalten, dass der New Deal der 1930er-Jahre vor allem der Verbesserung der Situation der Gutausgebildeten und der weissen, männlichen Lohnabhängigen diente. Sie fordern im Brief «For a New New Deal» Obama auf, dass im angekündigten Wirtschaftsstimulus nicht nur die materielle Infrastruktur repariert und für den ökologischen Umbau erweitert wird, sondern auch in die ebenfalls zerfallende «soziale Infrastruktur» investiert werden muss. Sie schrieben, dass Care-Arbeit genauso wichtig wie Bauarbeit sei. Wobei anzumerken ist, dass statistisch gesehen allein das Volumen der (unbezahlten) Care-Arbeit für Kinder und Kranke 3,5mal grösser ist als dasjenige der Bauarbeit. Auch heute wird von linker und grüner Seite ein neuer Green New Deal gefordert. Welche Elemente müsste ein solcher New Deal aus feministischer Sicht enthalten?

Eine feministische Zukunftsdebatte muss sich um die Zukunft der beiden Wirtschaftssektoren Haushalt sowie Sorge- und Versorgungswirtschaft drehen. Ihr enormes ökonomisches Gewicht und ihre spezielle ökonomische Logik müssten für die Debatte über Umverteilung, Sozialpolitik und nachhaltiges Wirtschaften in Betracht gezogen werden. In jedem Programm zu einem Green New Deal und in jedem Parteiprogramm zu Wirtschaftspolitik bräuchte es einen speziellen Teil zur Zukunft der Care-Ökonomie, der sich in Unterkapiteln mit der Zukunft der Haushaltsökonomie und mit der Zukunft der Sorge- und Versorgungswirtschaft befasst. Auch in diesen Teilen bräuchte es Vorschläge zur sozialen Gerechtigkeit, zur Demokratisierung und zur Nachhaltigkeit.

Dazu müssen wir weiter an feministischen makroökonomischen Theorien arbeiten. Heute haben wir viele Daten und analytische Möglichkeiten, die es etwa zur Zeit des ersten schweizerischen Frauenstreiks 1991 noch nicht gegeben hat. Über die einschlägigen Grössenordnungen wissen wir jedenfalls jetzt Bescheid. Der wirtschaftstheoretische Streit über die Interpretation der Zahlen, die aus den statistischen neuen Arrangements mit unbezahlter Arbeit möglich sind und die Kontroversen über wirtschaftspolitische Folgerungen könnten jetzt beginnen.

Anmerkungen

1 www.feministische-fakultaet.org (Abfrage 20.2.2020).

2 Zur Bedeutung der Zahlen siehe www.100-248-1.org (Abfrage 20.2.2020) und Madörin (2019a).

3 glineq.blogspot.com/2019/10/why-it-is-not-crisis-of-capitalism.html (gepostet am 11.10.2019, Abfrage 20.2.2020).

4 Geschätzt aufgrund der Statistiken zum Volumen der unbezahlten Arbeit und Erwerbsarbeit der Time Use Study, wie sie die OECD veröffentlicht. Sie enthält nur die Zahlen von Erwerbstätigen im Alter von 24 bis 65 Jahren und stammt für Schweden aus den Zeitbudgeterhebungen von 2010: OECD (2019): Time use across the world. In: Gender Data Portal. stats.oecd.org/OECDStat_Metadata/ShowMetadata.ashx?Dataset=TIME_USE&Coords=%5bDESC%5d.%5bPAW%5d&ShowOnWeb=true&Lang=en (Abfrage 20.2.2020).

5 Es gibt keine Statistiken zu den Beschäftigten in staatlichen/parastaatlichen und privatwirtschaftlichen Bereichen. Gerhard Schwarz (NZZ 27.2.2016) zählt zum öffentlichen Sektor die öffentliche Verwaltung, Erziehung und Unterricht, Gesundheitswesen, Heime und Soziales, Energie und Wasserversorgung. Meine Berechnungen und Schätzungen beruhen auf der gleichen Annahme und auf der Arbeitsvolumenstatistik (AVOL; T 03.02.03.01.02.02) des BFS und auf der Beschäftigungsstatistik BESTA zur Schätzung des Arbeitsvolumen der Wasser- und Energieversorgung.

6 Berechnet aus: BFS, SAKE (Schweiz. Arbeitskräfteerhebung): Modul unbezahlte Arbeit T 03.06.00.01. und T 03.06.03.01.

7 Hier und in der Folge verwende ich den Begriff der «freien Marktwirtschaft» im neoklassischen Sinne, nämlich, dass die Marktwirtschaft sich möglichst «frei» von staatlicher Intervention via Preise selbst reguliert.

8 Ich spreche hier von der auf Adam Smith und David Ricardo folgenden Generation der Wirtschaftstheoretiker. Es handelt sich um die sogenannten Grenznutzentheoretiker, die eine radikale Theorie der Selbstregulierung der Märkte entwickelten (in Deutschland und Österreich noch zu Zeiten der Monarchien). Ein Ansatz, der dann in der sogenannten österreichischen Schule zur Basis der neoliberalen Theorien und Politik weiterentwickelt wurde. Sie analysierten die Selbstregulierung der Märkte, die durch den Preismechanismus zustande kommt, als bestmögliche Variante der Allokation von knappen Ressourcen. Die Theoretiker der ersten Stunde waren Carl Menger (1840–1921), Friedrich Wieser (1851–1926) und Eugen Böhm (1851–1914), deren Theorien systematisch insbesondere von Ludwig von Mises (1881–1973) und Friedrich von Hayek (1899–1992) weiterentwickelt wurden. Fast zeitgleich wie im deutschsprachigen Raum wurden weitere Grenznutzentheorien in England entwickelt. Daraus entstand die Neoklassik, welche die klassische Theorie des freien Marktes von Adam Smith mit der Idee des Grenznutzens verknüpfte. Die Grenznutzentheorie versuchte, die Idee der «unsichtbaren Hand» bei Adam Smith wissenschaftlich (und mathematisch) zu untermauern. Es ging nicht nur darum, die Funktionsweise des kapitalistischen Marktes zu verstehen, sondern auch zu zeigen, dass die durch Märkte gesteuerte Produktion zu besonders effizienten Ergebnissen kommt und nach konjunkturellen Schwankungen immer wieder zu einem Gleichgewicht führt. Die wichtigsten Gründer dieser Schule sind: Alfred Marshall (1842–1924), William Jevons (1835–1882) und Léon Walras (1834–1910).

9 Die Theorie setzt unter anderem voraus, dass das private Eigentum und der freie Wettbewerb gewährleistet sind.

10 In den Haushaltssektor wird auch die Bruttowertschöpfung der sogenannten «Organisationen ohne Erwerbszweck» (wie z. B. Gewerkschaften) integriert. Es handelt sich allerdings um einen sehr tiefen Anteil.

11 Brief vom 18. Dezember 2008: crwsj.projects.femst.ucsb.edu/press_release_letter_to_obama.pdf (Abfrage 20.2.2020).

Literatur

Arnsperger, Christian / Varoufakis, Yanis, 2006: What is Neoclassical Economics? The three axioms responsible for its theoretical oeuvre, practical irrelevance and, thus, discursive power. In: post-autistic economics review Nr. 38. www.paecon.net/PAEReview/wholeissues/issue38.pdf (Abfrage 19.2.2020)

Delphy, Christine / Leonard, Diana, 2007 [1992]: Familiar Exploitation. A New Analysis of Marriage in Contemporary Western Societies. Cambridge und Malden

De Vries, Jan, 2009: The Industrious Revolution. Consumer Behavior and the Household Economy, 1650 to the Present. New York

Madörin, Mascha, 2019a: Zahlen sichtbar machen – wenn Frauen zählen. Nachlese zum Frauenstreik. In: Widerspruch 73, 185–188

Madörin Mascha, 2019b: Zählen, was zählt. Sorge- und Versorgungswirtschaft als Teil der Gesamtwirtschaft. In: Ulrike Knobloch (Hg.): Ökonomie des Versorgens. Feministisch-kritische Wirtschaftstheorien im deutschsprachigen Raum. Weinheim und Basel, 89–119

Varoufakis, Yanis, 2015: Economic Indeterminacy. A personal encounter with the economists' peculiar nemesis. London und New York

Klassikerinnen feministischen Denkens

... und solche, die es werden könnten

Kurzrezensionen und kritische Würdigungen feministischer Denkerinnen.
Mit Simone de Beauvoir, Iris von Roten, Audre Lorde, Christina Thürmer-Rohr, Claudia von Werlhof, Maria Mies, Veronika Bennholdt-Thomsen, Luce Irigaray, Judith Butler, Silvia Federici, Virginie Despentes, Kirsten Achtelik und Andi Zeisler

Eine Klassikerin! Die wenigsten werden diesen Ausspruch jemals gehört oder benutzt haben. In der Geschichte des westlichen Denkens waren und sind es anscheinend die männlichen Theoretiker, die sich verewigt haben, in den Alltagsverstand eingegangen sind, sodass man sie nur noch mit Nachnamen schreiben muss – und sogleich alle zu verstehen angeben, wer gemeint ist. Doch nicht nur ist die damit behauptete Genialität des männlichen Geistes selbst unerhörte Fiktion, sie reproduziert sich fortwährend in einem Kanon des Verweisens auf sich selbst und andere Männer.

Gerade Frauen*, die gegen diese männliche Definitionsmacht angeschrieben haben, gelten heute als Klassikerinnen feministischen Denkens. Ihre Bücher sind jedoch – wie etwa das 1949 publizierte *Das andere Geschlecht* der Französin Simone de Beauvoir oder das 1958 erschienene *Frauen im Laufgitter* der Schweizerin Iris von Roten – auf erbitterten Widerstand der patriarchalen Institutionen gestossen, im besten Falle wurden sie ignoriert, häufiger jedoch verboten. Heute hingegen stehen sie mitten in einer Denktradition, in der eine produktive Uneinigkeit über geteilte Erfahrungen und Wege zu einem gemeinsamen Ziel besteht.

Vor allem aber bleibt der Feminismus eine Denkweise, die sich stets in direkter Verbindung und im Austausch mit den persönlichen Erfahrungen sowie der politischen Emanzipation der Frauen* versteht. Feministische Bücher sind deshalb nicht nur Interventionen in die politische Hegemonie ihrer Zeit, sie haben auch direkten Einfluss auf das Leben und Denken von Frauen* (und Männern). In diesem Sinne hat der *Widerspruch* Feminist*innen aus verschiedenen Generationen und mit vielfältigen Hintergründen eingeladen, eine Klassikerin zu diskutieren, die ihr Leben und Denken geprägt hatte; oder die für heutige feministische Kämpfe (wieder) von Bedeutung ist. Die willkürliche, doch vielfältige Übersicht regt an, den Frauen*-streik in Verbindung mit theoretischer Reflexion weiterzuspinnen, über Bücher in den Alltag hinaus. Und wieder zurück.

Die Redaktion

Elisabeth Joris über

Simone de Beauvoir

Das andere Geschlecht, 1949

Beauvoirs existenzialistisch-ontologischer Ansatz verneint jegliche Wesenhaftigkeit des Menschen. Ausgangspunkt des Menschseins ist vielmehr ausschliesslich die eigene individuelle Existenz. Freiheit impliziert aus dieser Perspektive die Möglichkeit des Selbstentwurfs in Richtung einer offenen Zukunft, Transzendenz. Während das Handeln des Mannes über ihn selbst hinausweist, bleibt die Frau in der Immanenz, der Faktizität des Hier und Jetzt, gefangen, die jede Freiheit und damit Selbstverwirklichung ausschliesst. Während der Mann sich als selbständig handelndes Subjekt setzt, wird der Frau als das «Andere» die Rolle des Objekts zugewiesen. Sie bleibt das hierarchisch untergeordnete, vom ersten abhängige «zweite Geschlecht».

Diese Abhängigkeit ist das Resultat patriarchaler Herrschaftsmechanismen, an deren Aufrechterhaltung Frauen mitbeteiligt sind. Das Prozesshafte dieser Geschlechterformierung fasst Beauvoir im – inzwischen zum Gemeinplatz avancierten – emblematischen Satz zusammen: «Man kommt nicht als Frau zur Welt, man wird es.» Um gleich darauf noch schärfer deren Stellung zu definieren: «Die Gesamtheit der Zivilisation gestaltet dieses Zwischenprodukt zwischen dem Mann und dem Kastraten, das man als Weib bezeichnet.» (S. 266). Die unterschiedlichen Facetten des Defizitären – eine Position, die von späteren Feministinnen zum Teil scharf kritisiert werden sollte – analysiert Beauvoir unter dem Titel «Fakten und Mythen». Die einseitige Definitionsmacht der Männer belegt sie mit Zeugnissen aus Biologie, Kunst, Literatur, Soziologie, Psychoanalyse, Mythen und Geschichte. Ihre Schlussfolgerung: «Die Vorstellung der Welt als Welt ist ein Produkt der Männer; sie beschreiben sie von ihrem Standpunkt aus, den sie mit der absoluten Wahrheit verwechseln.» (S. 155).

Beauvoir diskutiert sodann das Prozesshafte der Geschlechterformierung von der Kindheit bis zum Alter. Menstruation und Pubertät sieht sie vorwiegend als ein Leiden, mit der Erhöhung der Mutterschaft – nach Beauvoir eine reproduktive Versklavung – geht sie scharf ins Gericht, den Haus- und Betreuungsaufgaben gewinnt sie wenig ab. Wirtschaftliche Selbständigkeit durch Berufstätigkeit ist für sie unabdingbar für die Möglichkeit zur Selbstverwirklichung. In ihren Schlussfolgerungen gibt sie sich zuversichtlich, dass Frauen «binnen längerer oder kürzerer Zeit eine vollkommene wirtschaftliche und soziale Gleichheit erlangen, was eine innere Umwandlung nach sich ziehen wird.» (S. 679).

Obwohl in dem Buch die zeit- und klassenspezifische Verortung Beauvoirs im linksintellektuellen Milieu spürbar ist, bleibt die machtspezifische Wirksamkeit der Produktion des «Anderen» auch heute noch von höchstem politischem Interesse. Über die postmodernen Ansätze hinaus hat es auch in der feministischen Theoriebildung des «Othering» ihren Ausdruck gefunden, aber auch im Paradigma der «Whiteness» und in queertheoretisch fundierten Erkenntnissen. Wenig allerdings trägt das Buch zu den gegenwärtig virulenten Fragen der Care-Politik bei. Beauvoir sieht das Befreiungspotenzial doch einseitig in der beruflichen Erwerbstätigkeit. Als eine Pionierarbeit, die «Geschlecht» als Erkenntnis leitende Kategorie zum Ausgangspunkt einer breit angelegten Untersuchung macht, ist das Buch – allen Einwänden zum Trotz – weiterhin ein radikales Werk von epochaler Bedeutung.

Simone de Beauvoir: **Das andere Geschlecht.** Sitte und Sexus der Frau.
Rowohlt Taschenbuch Verlag, Reinbek bei Hamburg 1968 (715 S.).

Im Original: Le Deuxième Sexe. Tome I: Les faits et les mythes & Tome II: L'expérience vécue. Gallimard, Paris 1949 (400 S. & 528 S.).

Sibylle Stillhart über

Iris von Roten

Frauen im Laufgitter, 1958

Im Herbst 1958 erschien *Frauen im Laufgitter* in einer Auflage von 3000 Exemplaren. Nach elf Wochen war das Buch ausverkauft. Es machte Iris von Roten über Nacht zur öffentlichen Skandalfigur.

Doch wie Iris von Roten in den 1950er-Jahren über die Mutterschaftsversicherung nachgedacht hat, ist originell und weitsichtig. Die Juristin war der Auffassung, dass in einer gerechten Gesellschaft Frauen wie Männer gleichberechtigt einer Lohnarbeit nachgehen würden. Falls ein Kind auf die Welt komme, sei mit einem «durchschnittlich eineinvierteljährigen Arbeitsausfall» zu rechnen. Dabei soll den Müttern die Möglichkeit geboten werden, sich über ein Jahr lang von «aller und jeder Arbeit zu befreien, anstatt wie heute in jedem Stadium der Schwangerschaft den Haushaltskram auf dem Hals zu haben» (S. 223). Dafür soll den Frauen nach der Geburt ein Gehalt «von grosszügigem Ausmass» gesprochen werden.

Und wer bezahlt die dafür nötigen Prämien?, fragt sie und gibt die Antwort gleich selbst: «Niemand anders als die Männer, und nur sie.» Das möge auf den ersten Blick als «eine Privilegierung der Frau als Mutter» aussehen, aber die Sache sehe bei näherer Betrachtung anders aus. Ein solches «Bezugsrecht» sei ein weibliches Vorrecht, von dem zwar die Frau den unmittelbaren Nutzen hat, aber vor allem, um ihn an andere – an die nächste Generation – weiterzugeben. So zahlten die Männer gewissermassen jene Investitionen zurück, die am Anfang ihres Lebens für sie selbst gemacht worden seien. «Männer müssen eine Ersatzleistung erbringen», findet von Roten, «wenn sie nicht ewig säumige Schuldner bleiben wollen.» (S. 224)

Es dauerte noch über ein halbes Jahrhundert, bis die Mutterschaftsversicherung in der Schweiz überhaupt eingeführt worden ist – erst 2005 war es soweit. Doch Iris von Roten würde sich im Grab umdrehen, wüsste sie, wie kümmerlich diese ausgestattet ist: Mütter bekommen während vierzehn Wochen achtzig Prozent ihres Lohnes. Das Geld stammt aus der Kasse der sogenannten Erwerbsersatzordnung – an der sie sich wie die erwerbstätigen Männer mit Lohnabzügen beteiligen. Kein anderes Land in Europa geht so knausrig mit seinen Müttern um wie die Schweiz.

In *Frauen im Laufgitter* geht es um den «Blick aufs Ganze», wie von Roten im Vorwort schreibt. Geistreich denkt sie über alle Aspekte im Leben einer Frau unter der «Männerherrschaft» nach. Auch hat sie konkrete Vorschläge, etwa wie Eltern Beruf und Familie leichter vereinbaren könnten: «Die Erwerbsarbeit begänne morgens ein bis zwei Stunden später, würde mittags nur für einen kurzen Imbiss an der Arbeitsstätte unterbrochen und dauerte nicht mehr bis zum Abend, sondern erstreckte sich nur noch in die Mitte des Nachmittags.» (S. 455) So sähe sich die Familie bei Tageslicht wieder und könnte den Rest des Tages gemeinsam verbringen.

Solche Ideen sind bis heute nicht in Tat umgesetzt worden: Zeit und auch Geld sind für Familien ein rares Gut geblieben. Exakt deshalb empfiehlt sich die Lektüre des mittlerweile sechzigjährigen und erst 1991 wieder aufgelegten Werks, das so lange aktuell bleiben dürfte, wie Gesellschaften patriarchal organisiert sind. Noch besser wäre es, das – zugegeben: manchmal etwas sperrig formulierte – Buch in den Schulunterricht zu integrieren: Kein anderes Buch zeigt die Vielschichtigkeit der Schweiz deutlicher auf.

Iris von Roten: **Frauen im Laufgitter.** Offene Worte zur Stellung der Frau.
eFeF-Verlag, Zürich-Dortmund, 1991 (599 S.).

Im Original: Hallwag Verlag, Bern 1958.

Rahel El-Maawi über

Audre Lorde

ZAMI. Eine neue Schreibweise meines Namens, 1982

Eine persönliche Begegnung mit dieser inspirierenden, berührenden und weitsichtigen Person blieb mir angesichts meines Jahrganges verwehrt. Sie verstarb, als ich fünfzehn Jahre alt war. Etwa in dem Alter begann ich, mich mit Schwarzer feministischer Literatur zu beschäftigen, um meine Lebensrealitäten als Afro-Schweizerin in Worte fassen zu lernen. Dies begann mit dem Finden einer Bezeichnung für mein Menschsein, die selbstermächtigend ist. Schwarze Frau oder Afro-Schweizerin – dies sind Angebote Lordes, welche ich dankbar aufnahm. Früh also las ich Audre Lordes «Biomythografie» *Zami: A New Spelling of my Name*. Mit diesem Roman schuf die Afro-Amerikanerin 1982 ein Werk, das ihre gesellschaftskritische Arbeit literarisch weiterentwickelte. Sie spricht darin vom Leben und Überleben als Schwarze lesbische Frau in den weiss und rassistisch dominierten USA. Sie beschreibt Freundschaften unter Frauen und berichtet von ihrer Identitätsentwicklung im New York der 1950er-Jahre. Damit schuf sie ein wichtiges Stück feministische Geschichtsschreibung. Einen Beitrag gegen eine historische Amnesie. Lorde plädierte immer wieder dafür, dass wir Bündnisse schaffen müssen, um über die Generationen hinweg voneinander zu lernen und so die Endlosschleife des wiederholten Neu-Erlernens endlich zu durchbrechen.

Und in der Tat, von Audre Lorde, der Schwarzen lesbischen Feministin, Mutter, Dichterin, Kriegerin, Krebs-Überlebenden – so bezeichnete sie sich selbst – lerne ich gerne. Sie prägt auch meinen Aktivismus massgeblich. Doch nicht nur meinen, Audre Lorde war und ist eine wichtige Wegbereiterin für einen intersektional verstandenen Feminismus und analysierte mit dem oft zitierten Satz: «Es gibt keine Hierarchie der Unterdrückung», dass jegliche Formen der Unterdrückung Auswüchse desselben Ursprungs sind, nämlich des patriarchalen Machtsystems. Alle, egal ob Frau, Lesbe,

Schwarze Menschen und andere mehr, sie sollen zusammen ihre Stimme erheben und kämpfen. Und zwar mit den Mitteln, die uns vertraut sind, mit ganz alltäglichen Widerstandspraxen: schreibend, analysierend, sozial. Gemeinsam sollen wir gegen die Entmenschlichung aufstehen, denn «without community, there is no liberation».

Audre Lorde hat bereits in den 1980er-Jahren auch weisse Feministinnen inspiriert, sich mit Rassismus zu beschäftigen und gleichzeitig Schwarze Menschen motiviert, sich zusammenzuschliessen. So entstanden etwa ADEFRA, ein kulturpolitisches Forum für Schwarze Frauen in Deutschland, oder ISD (Initiative Schwarze Menschen in Deutschland) und etwas später das Netzwerk Women of Black Heritage in Zürich sowie der Treffpunkt für Schwarze Frauen Zürich.

Direkt inspiriert von Audre Lordes aufrufender Frage, wo denn die Schwarzen Frauen seien, entschieden wir, einen weiteren Zusammenschluss zu wagen und gründeten 2013 das Netzwerk Schwarze Frauen Bla*Sh. Ziel war und ist es, Schwesternschaft einzuüben und uns mehrstimmig, mal laut mal leise gegen jegliche Unterdrückung einzusetzen. Denn, so Lorde: «Your silence will not protect you» – dein Schweigen wird dich nicht beschützen.

So ist Audre Lorde auch post mortem Kraftquelle für Widerstand. Lorde hat sich mit allem, was sie ausmacht, eingebracht, nichts beschönigt und ihr Dasein als Quelle literarischen Denkens genutzt. Immer wieder hat sie gesellschaftliche Tabus angesprochen, so etwa ihr Lesbisch-Sein oder ihre Krebserkrankung. Damit hat sie über ihren Tod hinaus viel bewirkt.

Audre Lorde: **ZAMI. Eine neue Schreibweise meines Namens.** Eine Mythobiografie.

Unrast Verlag 2012 (328 S.).

Im Original: Zami. A New Spelling of my Name. Persephone Press, Watertown 1982 (256 S.).

Shelley Berlowitz über

Christina Thürmer-Rohr

Aus der Täuschung in die Ent-Täuschung, 1983

An einem der ersten Seminare von Christina Thürmer-Rohr im Frauenbildungszentrum Villa Kassandra Ende der 1980er-Jahre fragte ich sie in einer Pause: Gibt es einen Unterschied zwischen männlichem und weiblichem Denken? Ich war jung, naiv – und unerschrocken. Sie schaute mich kurz und scharf an und befand: Einfach denken reiche völlig. Das sei ein guter Anfang.

Ich war nicht die Einzige, für die dies ein guter Anfang war. Wir haben Christina Thürmer-Rohr seit der ersten Frauen-Sommer-Universität 1988 immer wieder in die Kassandra geladen. Sie hat unzählige Frauen, die auf der Suche waren, auf ihre Denkreisen mitgenommen. Sie hat uns gezeigt, wie Gesellschaftskritik – damals: Patriarchatskritik – leidenschaftlich und differenziert, sorgfältig und mit ungeteilter Aufmerksamkeit betrieben werden kann. Und ehrlich, nicht zuletzt mit sich selbst.

Christina Thürmer-Rohr gründete 1976 den Studienschwerpunkt Frauenforschung im Fachbereich Erziehungswissenschaften an der Technischen Universität in Berlin. Sie war wesentlich daran beteiligt, dass Gender in der deutschsprachigen akademischen Welt zu einer wichtigen Kategorie wurde.

1983 publizierte Thürmer-Rohr unter dem Titel *Von der Täuschung in die Ent-Täuschung* die These der Mittäterschaft von Frauen am Patriarchat (1987 wieder abgedruckt in *Vagabundinnen*). Ein Jahrzehnt später begann ihre intensive Auseinandersetzung mit Hannah Arendt. Wie fruchtbar und inspirierend diese ist, kann in dem jüngst erschienen Essayband *Fremdheiten und Freundschaften* (2019) nachgelesen werden.

Die These der Mittäterschaft war bahnbrechend und hat den weissen, westlichen Feminismus aus der Komfortzone geschleudert. Viele Frauen fühlten sich um ihre «Heimat» als Opfer gebracht, andere fühlten sich schuldig, wussten aber nicht, wieso. Und wieder andere – in der Regel Migrantinnen und Schwarze Frauen – hielten die These der Mittäterschaft für zu kurz gegriffen, zu «weiss». Frauen seien im Rassismus und Kolonialismus nicht nur mit den Tätern verstrickt, sondern seien selbst Täterinnen. Anlässlich einer Lesung im Januar 2020 ergänzte Thürmer-Rohr zur Mittäterschaft: «Manche hielten das für eine frauenfeindliche Attacke. Ich hielt es für ein Versprechen.»

Es ging ihr weder um die Verurteilung von Frauen noch um ihre Entlastung. Mit der These der Mittäterschaft gab sie uns ein Instrument an die Hand, um zu erkunden, wie wir zu Komplizinnen in jenem Unrechtsystem werden, das wir früher Patriarchat nannten. In einem System, das Frauen – uns selbst – einen dienenden Platz zuweist und «Männlichkeit» zur Krönung der Schöpfung erklärt.

Der Gedanke der Mittäterschaft hat mir und unzähligen Feministinnen einen Denk-Weg eröffnet, der heute so wichtig und aktuell wie eh und je ist. Wie funktioniert Macht in unserem Gesellschaftssystem? Wie stützen wir diese Macht, wie stimmen wir ihr zu, wie lassen wir sie geschehen oder arbeiten ihr zu? Das Nachdenken über diese Fragen führt nach wie vor nicht zur Selbstanklage, sondern zur Handlungsfähigkeit: zur «Anfreundung mit der Welt», wie Thürmer-Rohr mit Hannah Arendt sagen würde. Sich mit der heutigen Welt anzufreunden ist eine Herausforderung. «Und ein Wagnis», zitierte Christina Thürmer-Rohr kürzlich Hannah Arendt (aus dem Gespräch mit Günter Gauss 1968): «dieses Wagnis ist nur möglich im Vertrauen auf die Menschen. Das heisst, in einem [...] grundsätzlichen Vertrauen in das Menschliche aller Menschen. Anders könnte man es nicht.»

Christina Thürmer-Rohr: **Aus der Täuschung in die Ent-Täuschung.** Zur Mittäterschaft von Frauen.

In: Beiträge zur feministischen Theorie und Praxis, Heft 8 / 1983 (S. 11–25).

Regula Flury über

Claudia von Werlhof, Maria Mies, Veronika Bennholdt-Thomsen

Frauen, die letzte Kolonie, 1983

Für uns, die autonomen Feministinnen der Achtziger, war die Analyse der sogenannten Bielefelderinnen ein wichtiger Beitrag zur theoretischen Fundierung und Begründung unserer Kämpfe. So für die Auseinandersetzung mit den marxistischen Genossen – Stichwort «Nebenwiderspruch» –, vor allem aber für die theoretische Einbettung der unbezahlten oder schlecht bezahlten und mehrheitlich von Frauen geleisteten Reproduktionsarbeit in die kapitalistische Ökonomie. Wichtig war uns auch, dass dies unter Einbezug einer globalen Perspektive auf Subsistenzarbeit im Süden geschah.

In ihrem Buch versammeln Claudia von Werlhof, Maria Mies und Veronika Bennholdt-Thomsen die Überlegungen, die in den 1980er-Jahren als Bielefelder- oder Subsistenzansatz bekannt wurden. Sie gingen von der Frage aus, warum im Kapitalismus des späten 20. Jahrhunderts der ökonomische Stellenwert von Reproduktionsarbeit und informeller Subsistenzproduktion so konsequent verleugnet wurde und was die Ausbeutung der natürlichen Ressourcen mit der Ausbeutung von Marginalisierten und weiblicher Reproduktionsarbeit zu tun hat. Für ihren Ansatz war zum einen Rosa Luxemburgs zentrale These wichtig, der zufolge der Kapitalismus dauerhaft auf Formen der Akkumulation zurückgreift, in denen offen Gewalt und Plünderung als Mittel der Aneignung vorherrschen – und nicht nur bei der sogenannten ursprünglichen Akkumulation, wie Marx es postuliert hatte. Zum anderen war die von Silvia Federici und Mariarosa Dalla Costa in Gang gesetzte feministische Hausarbeitsdebatte relevant, deren Kampagne «Lohn für Hausarbeit» bereits in den 1970er-Jahren darauf insistierte, dass Hausarbeit produktive Arbeit sei.

Die Bielefelderinnen zeigten auf, dass sexistische Diskriminierung, die Aneignung un- oder unterbezahlter Arbeit von Frauen sowie von Menschen in der sogenannten Subsistenzwirtschaft, aber auch die Plünderung des Planeten zu den zentralen Voraussetzungen kapitalistischer Produktionsweise gehören. Es bestehen somit strukturelle Zusammenhänge zwischen Akkumulation und der Ausbeutung dreier «Kolonien» (Frauen, Natur und die Länder des Südens). Ebenfalls wichtig war zudem ihre These, dass die Ausbeutung weiblicher Reproduktionsarbeit mittels «Naturalisierung» erfolgt. Weil diese Arbeit für das Kapital zwecks Wertabschöpfung gratis sein muss, wird sie zur natürlichen Ressource erklärt, die einfach vorhanden und benutzbar ist. Dieser Logik zufolge arbeiten Frauen aus «Liebe», und «Liebe» ist wie Luft und Wasser: Sie ist einfach vorhanden und beinhaltet keine Arbeitsleistung.

Problematisch an ihren Texten erscheint, dass sie den von ihnen postulierten gesellschaftlich konstruierten Zusammenhang zwischen Frau und Natur selber immer wieder unterlaufen, indem sie die Frau über die Gebärfähigkeit als unmittelbaren Teil der Natur setzen. Trotzdem lieferten die Bielefelderinnen mit ihrer Arbeit für den deutschsprachigen Raum wichtige Erkenntnisse über kaum beachtete Arbeitsformen, über Zusammenhänge von Ausbeutung und über deren – auch in bestimmten Teilen der Linken – verleugnete Funktion in der kapitalistischen Ökonomie. Für die feministische Diskussion zum Care-Bereich hat die Analyse der Bielefelderinnen bis heute eine grosse Bedeutung. Der Grundgedanke, dass die systematische Ausbeutung der Reproduktionsarbeit für den globalen Kapitalismus essenziell ist und dass die geschlechtsspezifische Arbeitsteilung ökonomische und politische Bedeutung hat, beeinflusst die meisten aktuellen feministischen Analysen und Kämpfe.

Claudia von Werlhof / Maria Mies / Veronika Bennholdt-Thomsen:
Frauen, die letzte Kolonie. Die Zukunft der Arbeit.

Rowohlt, Reinbek bei Hamburg 1983 (215 S.).

Tove Soiland über

Luce Irigaray

Ethik der sexuellen Differenz, 1984

«Die sexuelle Differenz stellt eine der Fragen oder die Frage dar, die in unserer Epoche zu denken ist.» (S. 11) Diese Aussage, die die französische Philosophin Luce Irigaray ihrer *Ethik der sexuellen Differenz* voranstellt, mag anachronistisch klingen in einer Zeit, die in jedem Rekurs auf die Geschlechtlichkeit ein Denken in Binaritäten vermutet, die es zu bekämpfen gilt. Öffnen wir jedoch den Horizont über unsere Sprachgrenze hinweg, so erscheint Luce Irigarays Aussage wie die Vorwegnahme einer heutigen Diskussion, die in ihrem Kern um die These kreist, dass der Kapitalismus auf der Auslöschung der sexuellen Differenz basiert. Nicht Konservative, sondern MarxistInnen aus dem Umfeld der neueren Lacan-Rezeption formulieren, dass die sexuelle Differenz jene entscheidende Negativität ist, die aufzuheben das grosse Versprechen und die ideologische Wirkmächtigkeit des Kapitalismus darstellt. Was aber ist die sexuelle Differenz?

Entgegen einem landläufigen Missverständnis verfolgt Luce Irigaray in ihrem Denken der sexuellen Differenz keine Definition männlicher und weiblicher Wesenheiten. Mit diesem Theorem geht es der ausgebildeten Psychoanalytikerin vielmehr um die Aufarbeitung eines in unserer Kultur, ja genauer, in den symbolischen Strukturen unserer Kultur eingelagerten phantasmatischen Bezugs zum Körper der Mutter. Dieses Phantasma ist deshalb zutiefst problematisch, weil es diesen «Körper» als etwas imaginiert, das keiner symbolischen Vermittelbarkeit unterliegt. Was Frauen in unserer Kultur zum Problem gereicht, ist nicht ihre Festlegung auf das Mütterliche, sondern dessen Unvermitteltheit. Anders formuliert, okkupiert dieses so hervorgebrachte «Mütterliche» in seiner Grenzenlosigkeit den Platz des Weiblichen und verhindert damit die Einführung einer entscheidenden Negativität: Die Trennung des Subjekts der Mutter von ihrer Funktion, und damit letztlich auch des Subjekts von seiner Mutter, weil diese

Form der Signifikanz das Subjekt zwingt, seinen Bezug zur Mutter und damit seine eigene Herkunft, seine Verkörperung, seine Abhängigkeit als etwas zu belassen, das scheinbar keiner symbolischen Vermittlung zugänglich ist: «Eine Art Magma oder Nacht, in der ‹alle Kühe schwarz sind›, aus der der Mann, der Mensch, ja die Menschheit nehmen, was sie brauchen, um sich zu nähren, um zu wohnen, zu leben und zu überleben – unentgeltlich.» (S. 124) Das Frausein, so könnte man nach der Lektüre der *Ethik der sexuellen Differenz* folgern, erhält seine Gestalt daraus, dass es den Preis dieser Unentgeltlichkeit trägt. Erst die Verankerung dieser bisher nicht existierenden Schranke und damit der Negativität auf der Ebene des Symbolischen würde die Position Frau aus diesem Magma befreien. Diese Schranke zu evozieren, ist das, was Irigaray in ihrer Ethik der sexuellen Differenz vor Augen steht.

Es kann sein, dass das real existierende Patriarchat in der Form autoritärer Väter zum Rücktritt bewogen wurde. Das Phantasma des «Mütterlichen» scheint davon bisher aber untangiert. Dessen tiefe Verankerung in unserer Kulturgeschichte aufgezeigt zu haben, ist die eigentliche Leistung dieses Werkes. Es ermöglicht uns zu verstehen, wie Patriarchales auch in einer liberalisierten Gesellschaft wie der unseren fortexistiert – als gewissermassen neopatriarchale, aber in ihrer Unsichtbarkeit umso wirkmächtigere Struktur.

Luce Irigaray: **Ethik der sexuellen Differenz.** Eine dritte Position im Streit zwischen Lacan und den Historisten

Suhrkamp, Frankfurt am Main 1991 (253 S.).

Im Original: Éthique de la différence sexuelle. Éditions de Minuit, Paris 1984 (200 S.).

Patricia Purtschert über

Judith Butler

Das Unbehagen der Geschlechter, 1990

Als ich Anfang der 1990er-Jahre Judith Butlers *Gender Trouble* – auf Deutsch *Das Unbehagen der Geschlechter* – zu lesen begann, sprach einiges dafür, dass ich das Buch gleich wieder weglegen würde. Ich war nicht vertraut mit den ständig zitierten Schriften von Julia Kristeva, Jacques Lacan oder Michel Foucault und musste trotz deutscher Übersetzung pausenlos Wörter nachschlagen. Das Buch war schwer verständlich und dennoch packte es mich, wie so viele andere junge Feministinnen damals, auf Anhieb. Warum?

Judith Butler schrieb es, wie sie ein Jahrzehnt nach Erscheinen im Vorwort zur Neuauflage 1999 festhielt, «in the tradition of immanent critique that seeks to provoke critical examination of the basic vocabulary of the movement of thought to which it belongs». Dieses Verständnis eines Feminismus im Modus radikaler Kritik sprach mich an. Er unterschied sich wohltuend von den damals vorherrschenden Debatten über Gleichheit und Differenz. Die Fragen, inwiefern Frauen und Männer gleich sind oder eben nicht, und ob Frauen ein eigenes Verständnis von Ethik, Ästhetik oder Politik entwickeln sollten oder nicht, irritierten mich. Ich wusste sehr genau und aus eigener Erfahrung, was Sexismus bedeutete. Was hingegen Frauen waren, das war mir, ebenfalls aus eigener Erfahrung, alles andere als klar. Wissen zu müssen, was Frauen sind, um eine Feministin sein zu können, bereitete mir grosses Unbehagen. Und Butlers Buch half mir zu verstehen, warum dem so war.

Denn *Gender Trouble* stellt gleich mehrere Prämissen eines vorherrschenden Feminismus in Frage. Erstens die Bedeutung des Begehrens für die Geschlechtsidentität: *Gender Trouble* macht deutlich, dass zum Verständnis von «Frau» oftmals implizit ein heterosexuelles Begehren gehört – auch in vielen feministischen Theorien. Lesben können in einer solchen «heteronormativen Matrix» immer nur als abweichende und «falsche» Frauen erscheinen. Damit zeigte sich zum einen, dass sich der Feminismus mit seiner heterosexuellen Norm auseinandersetzen muss. Zum anderen wurden alternative Sexualitäten nun jenseits des Pathologischen denkbar, eine Horizonterweiterung, der sich insbesondere queere Denker*innen angenommen haben.

Zweitens die Infragestellung der Zweigeschlechtlichkeit: Wie die «Natürlichkeit» des Begehrens stellt das Buch auch die Binarität infrage: Warum soll es zwei und nur zwei Geschlechter geben, die sich komplementär aufeinander beziehen und hierarchisch angeordnet sind? Welche Begehrensformen, Wahrnehmungsweisen und Selbstverständnisse werden damit unsichtbar gemacht und für unmöglich erklärt? Mit solchen Fragen eröffnet *Gender Trouble* einen Raum für die Erfahrungen von trans*, inter* oder nicht binären Menschen, aber auch für Erfahrungen, die wir alle machen, wenn wir an den vorherrschenden Geschlechternormen scheitern.

Drittens die Trennung von sex (biologisches Geschlecht) und gender (soziales oder kulturelles Geschlecht): Obwohl diese Unterscheidung viele Fehlschlüsse erklären half (zum Beispiel denjenigen, dass Menschen, die gebären, auch die Kinder aufziehen sollen), zeigt Butler, dass Biologie und Kultur nie fein säuberlich auseinanderdividiert werden können. Damit rückte die Frage, wie sich Materialität und Kultur verschränken, erneut ins Zentrum feministischer Forschung, und wird heute beispielsweise vom feministischen «New Materialism» ergründet.

Es lässt sich vieles kritisieren an diesem eigenartig packenden und zugleich sperrigen Buch. Lesenswert bleibt es nicht zuletzt darum, weil es dazu einlädt, den Gestus der feministischen Kritik, den es beharrlich und virtuos vorführt, auch auf sich selbst anzuwenden. Und die Grenzen des Denkbaren dabei weiter zu verschieben, hin zu denjenigen Leben, die zwar gelebt, aber (noch immer) nicht als lebenswert anerkannt werden.

Judith Butler: **Das Unbehagen der Geschlechter**

Suhrkamp, Frankfurt am Main, 1991 (236 S.).

Im Original: Gender Trouble. Feminism and the Subversion of Identity. Routledge, London und New York 1990 (272 S.).

Rahel Locher über

Silvia Federici

Caliban und die Hexe, 2004

Silvia Federici kam 1942 in Italien zur Welt. 1967 ging sie zum Philosophiestudium in die USA und schloss sich dort der Frauen*bewegung an, zu deren marxistischem Flügel sie gehört. Sie war eine der Begründerinnen der internationalen «Lohn-für-Hausarbeit»-Kampagne. In dieser Kampagne ging es weniger um die realpolitische Forderung nach einer Entlohnung von Hausarbeit; vielmehr sollte die Rolle der Reproduktionsarbeit sowie der geschlechtlichen Arbeitsteilung innerhalb einer kapitalistischen Ökonomie überhaupt zum Thema werden. Die überwiegend von Frauen* verrichtete Reproduktionsarbeit – und die Kämpfe darum – wurden in ökonomischen Theorien gleichsam ausgeblendet.

Silvia Federici schliesst sich vielen Überlegungen von Karl Marx an. Gleichzeitig erweitert sie diese aus einer feministischen Perspektive, etwa bezüglich der sogenannten ursprünglichen Akkumulation. Im ersten Band des *Kapitals* beschreibt Marx diese als Prozess der Enteignung grosser bäuerlicher Bevölkerungsteile, zum Beispiel durch die Umwandlung von gemeinschaftlich genutztem Land in erwerbbares Privateigentum. Viele Bäuer*innen, die vor dieser Umwälzung von den Erträgen ihrer landwirtschaftlichen Arbeit leben konnten, wurden nun zur Verrichtung von Lohnarbeit gezwungen. So vollzog sich die für kapitalistische Gesellschaften charakteristische Trennung in Kapitalbesitzer*innen und Arbeiter*innen. In ihrem bekanntesten Buch *Caliban und die Hexe* von 2004 formuliert Federici eine Kritik an der Marx'schen Auffassung der ursprünglichen Akkumulation. Dies vor dem Hintergrund, dass Marx die Rolle der Frauen sowie der Gebiete ausserhalb der kapitalistischen Zentren kaum beachtete. Neben der Enteignung der europäischen bäuerlichen Bevölkerung sind laut Federici im Übergang von feudalen zu kapitalistischen Verhältnissen zwei weitere Entwicklungen zentral: die koloniale Unterdrückung und Versklavung von indigenen und schwarzen Menschen sowie die Errichtung einer neuen patriarchalen Ordnung mit einer spezifischen geschlechtlichen Arbeitsteilung. Diese wertet weibliche Arbeit ab und ordnet Frauen allgemein unter. Federici argumentiert, dass gerade Frauen Widerstand gegen die Durchsetzung kapitalistischer Verhältnisse leisteten und sieht die europäische Hexenverfolgung als einen systematischen Angriff auf die Macht von Frauen. So musste etwa deren Kontrolle über die Fortpflanzung zerstört werden, um die «Produktion neuer Arbeiter» an den Anforderungen kapitalistischer Produktion auszurichten. Weiter sieht Federici die ursprüngliche Akkumulation im Gegensatz zu Marx, der sie als «Vorgeschichte» kapitalistischer Produktion bezeichnete, nicht als einen abgeschlossenen Prozess. Diese Auffassung entwickelte sie bei einem längeren Aufenthalt in Nigeria in den 1980er-Jahren, wo sie – als Folge von Strukturanpassungsprogrammen des Internationalen Währungsfonds (IWF) – Prozesse der Landenteignung und der Zerstörung kommunaler Beziehungsnetze beobachtete, die sich mit den Prozessen in Europa in der Zeit des Übergangs zum Kapitalismus vergleichen lassen.

Ich schätze Silvia Federici als kluge und provokative Denkerin, die Überlegungen von Marx aus einer feministischen Perspektive reformuliert. Federici orientiert sich in der Tradition des italienischen Operaismus an den konkreten Kämpfen der Menschen und leistet so einen wichtigen Beitrag zur Sichtbarmachung (historischer) Frauen*kämpfe.

Silvia Federici: **Caliban und die Hexe.** Frauen, der Körper und die ursprüngliche Akkumulation.

Mandelbaum, Wien 2012 (324 S.).

Im Original: Caliban and the Witch. Women, the Body and Primitive Accumulation. Autonomedia, Brooklyn 2004 (288 S.).

Naiara Korta Martiartu über

Virginie Despentes

King Kong Theorie, 2006

Als ich Virginie Despentes' Buch *King Kong Theorie* zum ersten Mal las, war es mir unangenehm, eine Frau* zu sein. Damals war ich eine «marimacho» – das sind Mädchen* und Frauen*, die sich entgegen der sozial erwarteten und heterosexuellen Geschlechterrollen kleiden oder verhalten und sich den Normen der Weiblichkeit entziehen. Ich beobachtete, wie meine Freundinnen* auf die eine oder andere Weise diese Ideale verfolgten, und meine Mutter bestand darauf, dass ich ihnen mehr ähneln sollte. Sonst, so sagte sie, würde sich niemand (sprich: kein cis-Mann, weiss, heterosexuell) für mich interessieren und ich wäre am Ende ein Leben lang allein. Das Schlimmste. Aber all dies fiel mir nicht leicht, es war eher erdrückend. Später habe ich verstanden, warum. Ich war nie wirklich an Heterosexualität interessiert.

King Kong Theorie war das erste Buch über Feminismus, das ich gelesen habe – und seitdem habe ich nicht mehr aufgehört. Es war ein feministisches Werden. In einer nichtakademischen Sprache geschrieben und daher für eine grosse Mehrheit zugänglich, hat mich das Buch von Anfang an gefesselt. Despentes beginnt folgendermassen: «Ich schreibe aus dem Land der Hässlichen und für die Hässlichen, die Alten, die Mannweiber, [...] für alle vom grossen Markt der tollen Frauen Ausgeschlossenen.» (S. 9) Das hat mich sofort angesprochen. War vielleicht nicht ich eine von ihnen? So habe ich mich gefühlt, obwohl ich diesen Platz nicht einnehmen wollte: diese Randzonen, das Monströse. Doch in Despentes' Worten klang das emanzipatorisch: «Ich würde meinen Platz für keinen anderen tauschen.» (S. 9) Despentes eignet sich also die Beleidigung, das Unerwünschte an, um es als Ort des politischen Widerstands zu besetzen. «Wir waren immer da, aber wir haben nie den Mund aufgemacht.» (S. 10) Ihr Text bespricht das – insbesondere auch für den liberalen Feminismus – Unaussprechliche, das Tabu.

Vergewaltigung, gewählte Prostitution und Pornografie. Erzählungen in der ersten Person, in einer Mischung aus Essay und Autobiografie. Klar, direkt und brutal ehrlich. Ich wusste nicht, dass wir so ehrlich über unsere privaten Erfahrungen sprechen können. Wie absurd! Denke ich heute. Ich hatte gelernt, meine Wünsche und Fantasien zum Schweigen zu bringen. «Wir sind so formatiert, dass wir [...] zuerst an die Befriedigung des Anderen denken.» (S. 107) Ich hatte gelernt, den Mund zu halten und mich in einer Situation der Belästigung oder des Missbrauchs nicht zu verteidigen. «Verstecken Sie Ihre Wunde, meine Damen, Sie könnten den Folterer stören. Seien Sie würdige Opfer. Indem Sie schweigen.» (S. 124) Schuld und Scham waren Emotionen, die ich sehr gut kannte. «Wir sollen uns verantwortlich fühlen. Für das, was uns angetan wird, weil wir uns weigern, daran zu krepieren, weil wir damit klarkommen wollen. Weil wir es öffentlich machen.» (S. 123) Aber ich verstand, dass nicht einfach ich es war, sondern wir alle, aufgrund eines einfachen Umstands: Wir haben gelernt, Frauen zu sein.

Die Erfahrungen und Überlegungen von Despentes lassen uns erkennen, dass die Kategorie Frau durch die Wünsche der Männer und aus einer heterosexuellen Logik heraus konstruiert wird. In diesem System sind wir die «Fremden»; eine Ordnung, die sich durch Wiederholung und Bestrafung in unsere Körper einschreibt. Indem wir Hässlichkeit und Unerwünschtes annehmen, werden wir ungehorsam gegenüber Machtverhältnissen, die auf sexuellen Unterschieden beruhen. *King Kong Theorie* erscheint wie ein Aufruf, sich eine postgeschlechtliche oder postidentitäre Möglichkeit vorzustellen. Eine Überschreitung des Binären. Ein Monster*werden.

Aus dem Spanischen von Lea Küng

Virginie Despentes: **King Kong Theorie**

KiWi-Taschenbuch, Köln 2018 (160 S.).

Im Original: King Kong Théorie. Grasset, Paris 2006 (160 S.).

Aisha Fahmy über

Kirsten Achtelik

Selbstbestimmte Norm, 2015

Als ich in meiner Schwangerschaft zum ersten Mal mit pränatalen Untersuchungen konfrontiert war, stellte ich fest, wie unsere feministischen Parolen für Selbstbestimmung zu kurz griffen. Sie boten mir keine Antworten auf die Fragen, mit denen ich mich auf einmal auseinandersetzen musste: Will ich wissen, ob mein Kind Trisomie 21 hat? Würde ich ein Kind mit Trisomie 21 behalten oder abtreiben? Habe ich die nötigen Ressourcen, um ein Kind mit Behinderung grosszuziehen? Es ging nicht mehr nur um die Frage: Möchte ich ein Kind bekommen, sondern: Möchte ich dieses Kind auch nach einer positiven Diagnose bekommen? Mich mit solchen Fragen zu befassen, widerstrebte mir, doch die Möglichkeiten der Pränataldiagnostik (PND) zwangen mich dazu. Ich fühlte mich weder frei noch selbstbestimmt. Grundsätzliche Kritik an PND zu äussern, fiel mir jedoch schwer, denn auf den ersten Blick erweitert die PND den Entscheidungsspielraum der Frau* und wird dem frauen*zentrierten Ruf nach Selbstbestimmung gerecht.

Diesem Widerspruch geht Kirsten Achtelik in ihrem Buch *Selbstbestimmte Norm* nach. Sie untersucht und diskutiert feministische und behindertenpolitische Bewegungen seit den 1970er-Jahren. Dieses Wissen um (Dis-)Kontinuitäten der Kämpfe gegen Abtreibungsverbote sowie Gen- und Reproduktionstechnologien ist für unseren heutigen Kampf gegen Abtreibungsgegner*innen wichtig. Denn knüpfen wir nur an den frauen*zentrierten Selbstbestimmungsbegriff der 1970er-Jahre an, tappen wir allzu schnell in eine neoliberale Falle. Der historische Rückblick zeigt, wie zeitgleich zu den feministischen Kämpfen in den Siebzigern eine schrittweise Etablierung der PND stattfand. Mit schwerwiegenden Konsequenzen: Die gesellschaftliche Verantwortung wird mit der PND noch weiter auf die einzelne Frau* verschoben. Die Mutter* ist nach wie vor für den Grossteil der Sorgearbeit zuständig. Nun wird diese Zuständigkeit zeitlich noch weiter in die

Schwangerschaft ausgedehnt, denn die Tests legen es auch in die Entscheidungskompetenz der Schwangeren*, zu entscheiden, wie viel Sorgearbeit sie sich denn zutraut. «Entscheidet sich eine Schwangere gegen einen Test oder einen selektiven Abbruch, muss sie dieser Logik zufolge individuell die Konsequenzen für diese Entscheidung tragen.» (S. 130) Eltern müssen sich im Extremfall nun für die Existenz ihrer behinderten Kinder rechtfertigen.

PND bedient sich einem Begriff der Selbstbestimmung, der für Achtelik «entleert, entradikalisiert, entkollektiviert, verbürgerlicht und individualisiert» (S. 169) ist. «Wirkliche» Selbstbestimmung setzt eine solidarische Gesellschaft voraus, die die Abhängigkeit von anderen anerkennt, in der niemand Angst haben muss vor Krankheit, Behinderung, Alter und Normabweichung. *Selbstbestimmte Norm* bietet die Grundlage für eine aktuelle und vertiefte Auseinandersetzung mit einem zentralen Schlagwort der feministischen Bewegung. Alle, die den selbst ernannten «Lebensschützern» mehr als nur «Mein Bauch gehört mir!» entgegnen wollen, sollten dieses Buch lesen.

Kirsten Achtelik: **Selbstbestimmte Norm.** Feminismus, Pränataldiagnostik, Abtreibung.

Verbrecher Verlag, Berlin 2015 (223 S.).

Von Lisia Bürgi über

Andi Zeisler

Wir waren doch mal Feministinnen, 2016

Als Mitbegründerin des Non-Profit-Medienprojekts Bitch Media, das seit 1996 das Magazin *Bitch* herausgibt, hegt Andi Zeisler eine grosse Faszination für die Popkultur. So lautet ein wichtiges Ziel des Magazins, deren Wert «als Schauplatz für feministischen Aktivismus und feministische Analyse herauszustreichen» (S. 7). Feminismen fanden in den letzten Jahren den Weg in den Mainstream, das Ergebnis nennt Zeisler Marktfeminismus. Im Zuge dessen sei Konsum selbst zu einem emanzipatorischen Akt geworden und «der Kampf um die Gleichstellung der Geschlechter [...] vom kollektiven Ziel zu einer Handelsmarke verkommen» (S. 15).

Zeisler gliedert ihr Buch in zwei Teile und neun inhaltliche Kapitel. Der erste Teil ist der Vergangenheit und Gegenwart der Popkultur gewidmet, im zweiten Teil beleuchtet sie Projekte, die zum Zeitpunkt der Entstehung des 2016 publizierten Buchs noch nicht vollendet waren. Während diese Zweiteilung nicht gänzlich überzeugt – kaum eines der angesprochenen Themen hat tatsächlich an Aktualität eingebüsst –, erscheint die Gliederung der einzelnen Kapitel entlang popkultureller Phänomene wie Mode, Film oder Werbung sinnvoll.

In einem der Kapitel zeichnet Zeisler beispielsweise anhand des Ausdrucks Girlpower – «diesem Verweis auf Macht und Ermächtigung gleichermassen» (S. 201) – den Prozess der Verwässerung und Vermarktung feministischer Ideale nach. Seit den 1980er-Jahren ein Schlagwort der kritischen Riot-Girl-Bewegung, tauchte Girlpower als «Monster des Marktfeminismus wieder auf, das in Gestalt der Spice Girls alles platt hüpfte, was ihm im Weg stand» (S. 205). Anschaulich ist dabei auch die Liste an Produkten und Aktivitäten, die seither im Namen der Ermächtigung an die Frau gebracht werden – sei es ein bestimmter Nagellack, das Tragen flacher Schuhe oder das Fahren eines Fahrrads.

Das gesamte Buch ist prall gefüllt mit anschaulichen, immer wieder auch (zeit)historischen Beispielen, die zum Nachdenken anregen. Auch für Leser*innen ohne engen Bezug zur US-amerikanischen Popkultur bieten diese Beispiele erhellende Einblicke – lassen sich doch die beschriebenen Strukturen und Mechanismen so oder ähnlich auch anderswo beobachten. Beim Lesen offenbart sich die jahrelange Erfahrung der Autorin mit feministischer Kritik an popkulturellen Phänomenen. Ihre Argumentation wirkt solid und sie verweist, wo nötig, auf wissenschaftliche Studien, was der erfrischenden und leicht verständlichen Sprache jedoch keinen Abbruch tut. Zum Schluss wirft Zeisler einen realistischen Blick auf Erfolge und Misserfolge bisheriger Bewegungen – denn Feminismus soll «kein Spass sein» (S. 282). Trotz allem oder vielleicht genau deswegen macht sie mit ihren Worten Lust, gemeinsam an einer nachhaltigen und kritischen feministischen Kultur weiterzuarbeiten.

Andi Zeisler: **Wir waren doch mal Feministinnen.** Vom Riot Grrrl zum Covergirl – Der Ausverkauf einer politischen Bewegung

Rotpunktverlag, Zürich 2017 (304 S.).

Im Original: We Were Feminists Once. From Riot Grrrl to CoverGirl®, the Buying and Selling of a Political Movement. PublicAffairs, New York 2016 (285 S.).

Die Alters-vorsorge in der Diskussion

Die Altersvorsorge steht vor grossen Herausforderungen und die Lage spitzt sich zu. Die Renten sinken vor allem in Relation zu den Lebenshaltungskosten, zur Lohnentwicklung und zu den permanent steigenden Prämien der Krankenkassen. Banken, Versicherungen und die bürgerlichen Politiker*innen wollen uns weismachen, dass die AHV (Alters- und Hinterlassenenversicherung) vor dem Kollaps stehe. So wird Druck aufgebaut mit dem Ziel, Rentenkürzungen vorzunehmen und das Rentenalter allgemein zu erhöhen, nicht nur für Frauen, die schon jetzt die Hauptleidtragenden der Art und Weise sind, wie die Altersvorsorge gegenwärtig konstruiert ist. Dies muss geändert werden!

Altersvorsorge ist zum Verteilungskampf geworden; nicht erst seit der Finanzkrise der Nullerjahre. Die Diskussion begann bereits in den 1990er-Jahren. Argumente wie die demografische Entwicklung und die Sozialverträglichkeit wurden und werden ins Feld geführt, ungeachtet einer wachsenden Wirtschaft.

In den nächsten Jahren wird sich zeigen, ob die reiche Schweiz sich für eine anständige und solidarische Altersvorsorge entscheidet oder ob sich Banken und Versicherungen mit der Privatisierung der Vorsorge durchsetzen.

Bleibt an die Bundesverfassung zu erinnern, die festschreibt, dass die Renten im Alter ein anständiges Leben ermöglichen sollen.

Die nachfolgenden drei Beiträge diskutieren Vorschläge aus sozial- und frauenpolitischer Perspektive für eine künftige gerechte und soziale Altersvorsorge.

Die Redaktion

Ruth Gurny

Das BVG-Obligatorium muss zur echten Sozialversicherung werden!

Die heutige zweite Säule als Fehlkonstruktion zu bezeichnen, wäre eine Untertreibung: Es ist ein Monster. Das 1985 in Kraft gesetzte Bundesgesetz über die berufliche Alters-, Hinterlassenen- und Invalidenvorsorge (BVG) besteht aus einem intransparenten Konglomerat von aktuell rund 1600 BVG-Pensionskassen, welche eine Gesamtsumme von tausend Milliarden verwalten (BFS 2019). Diese Gelder wollen angelegt werden, das System baut neben den Arbeitgeber- und Arbeitnehmerbeiträgen auf den dritten Beitragszahler, die Erträge aus den Kapitalanlagen.

Sinkende Renten

Zur Zeit der Schaffung des BVGs herrschte in der Finanzwelt Goldgräberstimmung. Die erste Generation der BVG-Versicherten konnte von massiven Wertsteigerungen des angesparten Kapitals profitieren. Die Regelverzinsung des Kapitals lag während vieler Jahre bei vier Prozent und der Umwandlungssatz bei 7,2 Prozent.[1] Inzwischen hat sich die Situation dramatisch verschlechtert: Die Erträge bringen längst nicht mehr die Rendite, die angedacht war. Die Unsicherheiten auf den Finanzmärkten zwingen die Vorsorgeeinrichtungen, grosse Reserven zu äufnen. In der Folge wurde der Umwandlungssatz auf 5,2 Prozent gesenkt. Diese Senkung führte zu einschneidenden Renteneinbussen. Im Median sanken die Renten im Zeitraum zwischen 2013 und 2018 von 36 800 auf 29 600 Franken pro Jahr, ein Verlust also von 7200 Franken. Man stelle sich vor, die AHV hätte in diesem Zeitraum die Renten im Mittel um diesen Betrag gekürzt – es gäbe einen Volksaufstand. Dass das im Fall der zweiten Säule nicht passiert, hat System. Sie präsentiert sich unübersichtlich und demokratiefeindlich. Die meisten Versicherten finden sich fatalistisch damit ab, dass ihre Renten schrumpfen.

Renteneinbussen entstehen aber nicht zuletzt dadurch, dass Milliarden von «Sickerverlusten» stattfinden. Im Jahr 2017 wiesen die Pensionskassen 5,05 Milliarden Franken für Vermögensverwaltungs- und Verwaltungskosten aus. Davon gingen 4,1 Milliarden an die Vermögensverwaltung bei Banken, Hedgefonds, Anlagevehikeln, Asset Managern und anderen Akteuren der Finanzmarktszene, der Rest entfiel auf die Verwaltungskosten bei den Pensionskassen. Im Durchschnitt aller Kassen versickerte jeder siebte Rentenfranken jährlich bei der Vermögens- und Kassenverwaltung (Strahm 2019).

Die Frauenfeindlichkeit des BVG

Neben den massiven Renteneinbussen der letzten Jahre zeichnet sich die zweite Säule durch eine massive Gerechtigkeitslücke zwischen den Geschlechtern aus. Die Frauen-BVG-Renten sind im Schnitt um 18 674 Franken pro Jahr oder 63 Prozent tiefer als diejenigen der Männer (Fluder u. a. 2016). Dass das anders geht, zeigt sich in der AHV. Hier sind die Frauenrenten im Schnitt lediglich 2,7 Prozent tiefer als diejenigen der Männer. Der Grund ist klar: In der AHV wirkt das gesamte Einkommen rentenbildend und die Leistungen sind nach oben plafoniert. Die höchsten Renten sind maximal doppelt so hoch wie die tiefsten und – für viele Frauen von grösster Relevanz – es gibt Gutschriften für Erziehungs- und Betreuungspflichten. Von all dem keine Spur im BVG. Im Gegenteil: Einkommen bis zum sogenannten Koordinationsabzug (heute 24 825 Franken) wirken nicht rentenbildend und es gibt keine Gutschriften für Erziehungs- und Betreuungspflichten.

Die Notwendigkeit der Transformation: Das BVG-Mischmodell

Weder bei den Renteneinbussen noch bei den Gerechtigkeitslücken wird sich in Zukunft etwas ändern, wenn wir nicht ein kluges Transformationsprojekt vorlegen. Immer wieder wird gefordert, das BVG einfach abzuschaffen zugunsten eines massiven Ausbaus der AHV. Diese Forderung ist schnell erhoben und prinzipiell schon richtig, aber von der Umsetzung her gedacht nicht klug. Wir müssen den Menschen garantieren, dass die Renten, für die sie jahrelang gespart haben, nicht einfach verloren gehen. Wichtig ist, dass die Leute nicht um ihr angespartes Kapital und das Rentenversprechen geprellt werden. Gleichzeitig muss langsam und stetig der Umstieg in eine gesamtgesellschaftliche Sicherung der Renten angegangen werden. Weiter muss das Projekt Gender- und Generationengerechtigkeit herstellen. All das gelingt mit dem «BVG-Mischmodell» des Denknetzes:[2] Der obligatorische Teil des BVG[3] wird zu einer staatlichen Einrichtung, worin für eine bestimmte Übergangszeit das Kapitaldeckungsverfahren mit dem Umlageverfahren kombiniert wird. Das BVG-Mischmodell verbindet das individuelle Kapitalsparen, welches für die Berechnung der Rentenhöhe weiterhin wirksam bleibt, mit einer gesamtgesellschaftlichen Sicherung der Renten. Dadurch müssen erheblich weniger Sicherheiten hinterlegt werden, als dies im heutigen Modell der Fall ist. Die Rentenleistungen sind nun neu gesetzlich garantiert und von ihrer Koppelung mit den Finanzmärkten befreit. Sämtliche heutigen Leistungen werden dabei weitergeführt (Besitzstandwahrung). Die Renten der einzelnen Personen werden wie heute für fast alle Versicherten auf der Basis der einbezahlten Beiträge ermittelt (Beitragsprimat) – ausser den Erziehungs- und Betreuungsgutschriften, die steuerfinanziert werden sollen.

Das BVG-Mischmodell in fünf Punkten

1 Für den Bereich des BVG-Obligatoriums wird – wie bei der AHV – eine zentrale Zahlstelle eingerichtet, über die sämtliche Zahlungen laufen. Die heutigen Gelder des obligatorischen Teils des BVGs (das sind aktuell circa 550 Milliarden Franken) werden der Kontrolle der neuen Zahlstelle unterstellt.[4] Die Erträge aus diesem Fonds stellen einen wichtigen Teil der Einnahmen sicher.

2 Die laufenden Leistungen werden durch die Erträge des Fonds und durch die laufenden Einnahmen finanziert. Damit wird die heute bereits faktisch bestehende Umlagekomponente regulär ins System integriert. Durch die klare Regelung wird sichergestellt, dass die heute aktiven Beitragszahlenden künftig ebenfalls mit Umlagezahlungen rechnen dürfen.

3 Der Umwandlungssatz wird gesetzlich bei 6,8 Prozent fixiert, die Renten und weitere Leistungen (bei Invalidität oder Tod) sind ebenfalls gesetzlich gesichert.

4 Neu richtet die Zahlstelle eine Rentenkomponente aus, die auf Erziehungs- respektive Betreuungsgutschriften analog zur AHV beruht. Diese Rentenkomponente wird aus Steuererträgen des Bundes finanziert. Der Koordinationsabzug wird abgeschafft und somit sind alle Einkommen rentenbildend. Die Einkommen aus mehreren Teilzeitstellen werden zusammengerechnet.

5 Der Deckungsgrad wird neu zu einer einzigen Gesamtgrösse. Die Gesamtsumme aller Kapitalien wird der Summe gegenübergestellt, mit der alle zu erwartenden Leistungen der Versicherten gedeckt werden können. Dieser Deckungsgrad kann von den heute für jede Kasse geforderten hundert Prozent massiv absinken.

Im Gegensatz zum heutigen System garantiert das vorgestellte BVG-Mischmodell Sicherheit sowie Gender- und Generationengerechtigkeit. Wir geben erstens eine sozialverträgliche Antwort auf das Thema der demografischen Entwicklung. Es ist unbestritten, dass vorläufig der Anteil der Rentner*innen an der Bevölkerung zunimmt, erst ab 2040 wird sich die Situation stabilisieren (BFS 2015). Dank dem Übergang zu einer kollektiven Lösung werden erhebliche Mittel frei, die gegenwärtig zur individuell konzipierten Sicherung der Rentenansprüche zurückgelegt werden müssen. Da ist zunächst die Anforderung, die Rentenansprüche zu hundert Prozent mit Kapital abzusichern. Mit einer Lösung gemäss unserem Vorschlag kann man diesen Deckungsgrad deutlich absenken, ohne Renten zu gefährden. Überflüssig werden die Wertschwankungsreserven der Pensionskassen, die gegenwärtig einen Höchststand von rund 15 Prozent erreicht haben, welche auf den Deckungsgrad von hundert Prozent zusätzlich hinzukommen (Schweizerische Handelszeitung 2018). Der Betrag zwischen dem heutigen Deckungsgrad von faktischen 115 Prozent und einem Deckungsgrad von zum Beispiel siebzig Prozent entspricht im Obligatorium zurzeit einem Betrag von 250 Milliarden Franken. Damit wird die Grössenordnung des finanziellen «Air-Bags» des BVG-Mischmodells deutlich, welches die Renten für die Generationen sichert, welche mit der gegenwärtigen Baisse auf Teilen des Finanzmarktes (sichere Anlagen wie Staatspapiere und andere Anleihen) konfrontiert sind.

Zweitens kann mit der Einführung von Erziehungs- und Betreuungsgutschriften und der Abschaffung des Koordinationsabzugs der heutige Gender Gap deutlich verkleinert werden.[5]

Drittens kann die Generationensolidarität wiederhergestellt werden, die heute bestritten wird. Es stimmt, dass die heutigen Erwerbstätigen einen

Teil der Renten der heute Pensionierten finanzieren. Das ist weiter kein Problem, wenn den heute Erwerbstätigen garantiert wird, dass auch sie in ihrem Rentenalter von solchen Transferzahlungen profitieren.

Last but not least: Ist der Reformvorschlag einmal umgesetzt, wird es viel einfacher, in einem weiteren Schritt die AHV und das BVG-Obligatorium zusammenzuführen, weil beide dann ähnlich strukturiert sind und je klare gesetzliche Rentenansprüche garantiere.

Anmerkungen

1 Für Begriffe siehe www.bsv.admin.ch/bsv/de/home/sozialversicherungen/bv/grundlagen-und-gesetze/grundlagen/glossar.html.

2 Eine Detaillierung des Modells findet sich in Ringger 2018.

3 Das BVG bestimmt den obligatorisch zu versichernden Lohn. Die Formel orientiert sich an Definitionen aus dem AHV-Bereich: Der zu versichernde Lohn liegt zwischen 7/8 und dem dreifachen Betrag der jeweils gültigen maximalen jährlichen AHV-Altersrente. 2019 ergibt das einen maximal obligatorisch zu versichernden Lohn von 63 990 Franken.

4 Die heutigen Vorsorgeeinrichtungen (Pensionskassen und Sammelstiftungen) verwalten treuhänderisch die bereits angesparten Kapitalien des Obligatoriums und liefern die daraus erzielten jährlichen Kapitalerträge an die zentrale Zahlstelle ab. Dabei wird die gleiche Rentabilität angewandt wie im Überobligatorium, um Tranfers vom Obligatorium ins Überobligatorium zu verhindern. Sämtliche neuen obligatorischen Beiträge gehen zu hundert Prozent an die zentrale Zahlstelle, die für den Sparprozess einen eigenen Fonds äufnet.

5 Was bleibt, sind die Auswirkungen der deutlich tieferen Einkommen der Frauen aus der Erwerbsarbeit. Dieses Problem kann nicht allein auf der Basis einer Rentenversicherung gelöst werden, sondern bedarf Massnahmen auf politischer Ebene (Anhebung der Mindestlöhne, Reduktion der Normalarbeitszeiten etc.).

Literatur

Bundesamt für Statistik, 2015: Szenarien zur Bevölkerungsstatistik der Schweiz. Neuchâtel

Bundesamt für Statistik, 2019: Pensionskassenstatistik 2017. Neuchâtel

Fluder, Robert u. a., 2016: Gender Pension Gap in der Schweiz. Geschlechtsspezifische Unterschiede bei den Altersrenten. Beiträge zur Sozialen Sicherheit. Forschungsbericht 12/16. Neuchâtel

Ringger, Beat, 2018: Das BVG Mischmodell. www.denknetz.ch/wp-content/uploads/2018/08/BVG-Mischmodell-def-13.8.18.pdf (Abfrage 29.12.2019)

Schweizerische Handelszeitung, 2018: Pensionskassenreserven auf Höchststand. www.handelszeitung.ch/unternehmen/pensionskassen-reserven-auf-hochststand (Abfrage 20.1.2020)

Strahm, Rudolf, 2019: Wo bei den Pensionskassen Milliarden versickern. www.rudolfstrahm.ch/wo-bei-den-pensionskassen-milliarden-versickern/ (Abfrage 23.12.2019)

Thomas Peter

Der Kampf um die Volks- pension in der Schweiz

Schon seit Jahrzehnten prophezeien die Mainstream-Medien, in der staatlichen Alters- und Hinterlassenenversicherung (AHV) stehe eine Krise bevor, weil die wachsende Zahl von Rentenbeziehenden das Sozialwerk zunehmend unfinanzierbar mache. Die Krise ist bisher nie eingetreten. Weshalb? Die AHV, auch bekannt als 1. Säule der Altersvorsorge, beruht auf dem Umlageverfahren, bei dem die laufenden Einnahmen von der Erwerbsbevölkerung die laufenden Auszahlungen an die RentnerInnen finanzieren. Dank diesem Verfahren hat sich die AHV in den siebzig Jahren ihres Bestehens durch eine grosse Stabilität ausgezeichnet, ungeachtet aller wirtschaftlichen und konjunkturellen Schwankungen. Die Kosten der AHV sind im Verhältnis zum Bruttosozialprodukt seit vierzig Jahren ungefähr gleich geblieben, obwohl sich die Zahl der RentnerInnen im selben Zeitraum verdoppelt hat (Leimgruber 2016). Dies hängt auch damit zusammen, dass sich die Produktivität der Arbeitenden mit der technologischen Entwicklung kontinuierlich steigerte – ein Faktor, der von der bürgerlichen Politik stets verschwiegen wird.

Die Mängel des Kapitaldeckungsverfahrens

Kritischer zu beurteilen ist die Situation bei der beruflichen Altersvorsorge (BVG), der sogenannten 2. Säule. Sie wurde 1985 gesetzlich verankert und funktioniert nach dem Kapitaldeckungsverfahren. Die Versicherten sparen hier im Verlauf ihres Arbeitslebens ihr individuelles Alterskapital an, das von einer Vielzahl von Pensionskassen, Sammeleinrichtungen und Versicherungen verwaltet wird. Die Gelder (im Jahr 2018 waren es insgesamt 900 Milliarden Franken!) werden auf den Kapital- und Immobilienmärkten angelegt, womit sie auch von allen Schwankungen und Spekulationstendenzen dieser Märkte abhängig sind.

In den 1980er-Jahren liessen sich noch gute Renditen erzielen und es konnte die Illusion entstehen, die Alterskapitalien würden sich wundersamer Weise ganz von alleine vermehren. Bei der Finanzmarktkrise von 2008 gab es ein böses Erwachen, als viele Pensionskassen plötzlich in Unterdeckung gerieten. Die Renditen auf den Kapitalmärkten sind seither geschrumpft, was zu den fortwährenden politischen Bestrebungen führt, den Umwandlungssatz zu senken (Leimgruber 2010, 6). Damit werden die Werktätigen bei den BVG-Renten, die sie für ihre Einzahlungen erhalten, eine empfindliche Einbusse erfahren. Gleichzeitig verrechnen die privaten Versicherungsgesellschaften hohe Verwaltungskosten und machen nach wie vor grosse Profite im Geschäft mit der 2. Säule.

Während das Umlageverfahren der AHV eine solidarische Umverteilung bewirkt, verschärft die 2. Säule die schon bestehenden sozialen Ungleichheiten. Leidtragende sind Arbeitende mit geringem Einkommen, die keine oder nur eine geringe Altersrente ansparen können. Es trifft vor allem Frauen, welche wegen der Ungleichheit im Arbeitsleben und bei den Löhnen, dem grösseren Anteil an Teilzeitbeschäftigung und der unbezahlten Erziehungs- und Care-Arbeit deutlich tiefere Renten in der 2. Säule erzielen.

Mit dem «3-Säulen-Modell» gegen die Volkspension

Die Idee einer universellen Altersrente war eine der Hauptforderungen im schweizerischen Landesstreik von 1918 und wurde 1925 in der Bundesverfassung verankert. Allerdings scheiterte das Ausführungsgesetz 1931 in einer Referendumsabstimmung. Erst im veränderten gesellschaftlichen Kräfteverhältnis gegen Ende des 2. Weltkriegs legte die Landesregierung ein neues AHV-Gesetz vor, welches 1947 in der Volksabstimmung angenommen wurde. Die damaligen Renten wurden aber so tief angesetzt (10 bis 15 Prozent der durchschnittlichen Löhne), dass der Abschluss einer Zusatzversicherung notwendig blieb.

Darauf reagierte die Partei der Arbeit Schweiz (PdAS) in den 1960er-Jahren mit einer Volksinitiative, welche die AHV zu einer einheitlichen staatlichen Volkspension ausbauen wollte. Die Initiative wurde von Seiten der privaten Versicherungsgesellschaften und Banken, den bürgerlichen Parteien und Verbänden, aber auch von der SP Schweiz und den meisten Gewerkschaften heftig bekämpft. Das Versprechen der Regierung, mit dem «3-Säulen-System»[1] die berufliche Vorsorge obligatorisch zu machen und den ArbeitnehmerInnen bei der Verwaltung der Pensionskassen paritätische Mitsprache zu gewähren, trug wesentlich dazu bei, dass die Initiative 1972 abgelehnt wurde.[2]

Wie Matthieu Leimgruber schreibt (2010, 9–12), besteht ein entscheidender Aspekt des «3-Säulen-Systems» darin, den Wirkungsgrad des Umlageverfahrens einzudämmen und gleichzeitig die von privaten Finanzakteuren angebotenen Versicherungslösungen nach dem Kapitaldeckungsverfahren zu fördern.[3] Bis heute gilt die 2. Säule des Schweizer Vorsorgesystems als Vorbild neoliberaler Rentenreformen. Als bekannteste Beispiele seien hier Chile nach Pinochets Putsch, Brasilien nach Bolsonaros Machtantritt und jüngst Macrons Versuch einer Rentenreform in Frankreich genannt.

Ein neuer Anlauf zur Verwirklichung der Volkspension

Nachdem in den letzten Jahrzehnten die Mängel des «3-Säulen-Systems» immer offensichtlicher geworden sind, beschloss die Partei der Arbeit Schweiz an ihrem Kongress 2014 in Lausanne, den Kampf um die Volkspension neu aufzunehmen. Eine eingesetzte Arbeitsgruppe inspirierte sich an einem Modell von Denknetz Schweiz: Nach diesem Reformvorschlag würden die Einzahlungen in die Pensionskassen (im Bereich des BVG-Obligatoriums) gestoppt und gleichzeitig die Lohnbeiträge an die AHV entsprechend erhöht. Auf diese Weise würde die AHV sukzessive ausgebaut, damit sie nach der Pensionierung tatsächlich existenzsichernde Renten garantieren könnte (Denknetz 2009, 57f., 74–76). Die Pensionskassen würden nicht aufgelöst, sondern würden die schon eingezahlten Alterskapitalien weiter verwalten, um den Versicherten nach deren Pensionierung eine Rente (bzw. Kapitalleistung) nach altem Recht auszurichten. Diese längerfristige Umstellung auf das Umlageverfahren scheint politisch mehrheitsfähig, weil sie den Besitzstand der Versicherten in der 2. Säule gewährleistet.

Eine Schwäche hat der Modellvorschlag dennoch: die baldigen oder schon Pensionierten würden von der Reform kaum (bzw. gar nicht) berührt, weil sie nur wenige oder keine Beiträge in die neuausgebaute AHV geleistet hätten. So würde die finanziell prekäre Situation vieler Menschen im Alter noch auf längere Sicht nicht verbessert. Die PdAS verlangt deshalb in ihrem Projekt einer neuen Volksinitiative, dass alle Pensionierten fünf Jahre nach Einführung der Reform einen Rentenanspruch haben, welcher der künftigen AHV-Minimalrente von 4000 Franken entspricht.

Ende 2017 stellte die PdAS ihren Initiativtext öffentlich vor. Aufgrund der eingegangenen Reaktionen wurde das Initiativprojekt in der Folge weiterentwickelt und um folgende Elemente ergänzt: Erziehungs- und Betreuungsgutschriften, die für die Berechnung der Rente im neuen System berücksichtigt werden müssen, werden explizit erwähnt. Das Rentenalter von Frauen und Männern darf höchstens den heutigen Stand (64/65) erreichen. Schliesslich soll der Übergang zum neuen System nach zwanzig Jahren vollendet sein (allfällig noch in den Pensionskassen verbleibende Altersguthaben aus dem BVG-Obligatorium würden danach in den Reservefonds der AHV überführt).

Als Ergebnis liegt heute ein Initiativtext vor, den die PdAS interessierten Organisationen und Einzelpersonen zur gemeinsamen Lancierung vorschlägt. Die Initiative weist einen realistischen Weg, um das überholte «3-Säulen-System» zu überwinden und in Zukunft für die gesamte Bevölkerung sichere, ausreichende und solidarische Altersrenten zu garantieren, welche ein Leben im Ruhestand in Würde ermöglichen.

Anmerkungen

1 Das 3-Säulen-System der Vorsorge besteht aus der 1. Säule (Altersvorsorge), der 2. Säule (berufliche Vorsorge) und der 3. Säule (private Vorsorge).

2 Der Historiker Hans-Ulrich Jost spricht von «einem der genialsten kapitalistischen Schachzüge» und vom «Sündenfall in der Geschichte der Altersvorsorge» (Kuhn 2013). Die gewerkschaftlichen Hoffnungen bezüglich der paritätischen Lenkung der Pensionskassen stiessen in der Realität bald an ihre Grenzen (Leimgruber 2010, 8, 11f.).

3 Er meint damit vor allem die 2. Säule. Die 3. Säule (individuelles Vorsorgesparen bei einer Bank oder Versicherung) spielt nur eine geringe Rolle in der schweizerischen Altersvorsorge, gestattet den Einzahlenden jedoch Abzüge bei den Steuern und hat auch eine pädagogische Funktion (Leimgruber 2010, 8).

Literatur

Denknetz Fachgruppe Politische Ökonomie, 2009: Sicherung der Altersvorsorge. Modellvorschlag für eine Totalrevision.

Kuhn, Marie-Josée, 2013: Der grosse 3-Säulen-Coup. In: work, Dossier Dezember

Leimgruber, Matthieu, 2010: La doctrine des trois piliers. Entre endiguement de la sécurité sociale et financiarisation des retraites (1972–2010). Yverdon-les-Bains

Leimgruber, Matthieu, 2016: Schwarzmalerei bei der AHV diente stets dem Abbau. In: WOZ, 8.9.

Therese Wüthrich

AHV – keine falsche Gleichmacherei zwischen den Geschlechtern

«Wir wollen Renten, die uns ein Leben in Würde ermöglichen, ohne dass unser Rentenalter erhöht wird.» So ist es im Aufruf zum Frauen*streik 2019 nachzulesen. In der Tat braucht es wirkliche Fortschritte in der Altersvorsorge für Frauen in der Schweiz, insbesondere bei der Alters- und Hinterlassenenversicherung (AHV), der Ersten Säule. Falsche Gleichmacherei beim Rentenalter ist fehl am Platz. Es ist mehr als unverständlich, dass der Bundesrat gut zwei Wochen nach dem Frauenstreik vom 14. Juni 2019 mit den Eckwerten zur AHV-Reform 21 die Erhöhung des AHV-Rentenalters von 64 auf 65 Jahre für Frauen bekannt gab (BSV 2019). Anstatt sich der realen Problematik der ungenügenden Renten anzunehmen, setzt er weiterhin auf eine Erhöhung des Frauenrentenalters.

Die AHV als Solidarprinzip

Wie keine andere Sozialversicherung geniesst die AHV seit ihrer Einführung nach dem Zweiten Weltkrieg (1948) hohes Ansehen in der ganzen Schweizer Bevölkerung. Sie stand unter dem Motto «Weg von der Bedürftigkeit, soziale Sicherheit für alle!» Nach dem Prinzip der Solidarität, dem Umlageverfahren, soll allen Menschen eine würdige Existenz und Selbständigkeit im Alter zuteilwerden (Binswanger 1986). Demzufolge ist in der Bundesverfassung festgeschrieben: Renten der AHV haben den Existenzbedarf angemessen zu decken (BV, Art. 112).

Das Umlageverfahren der AHV ist ein Sozialversicherungssystem, das fast ausschliesslich durch prozentuale Prämienbeiträge (Lohnprozente)[1] von Erwerbstätigen und Arbeitgebenden finanziert wird. Die Prämienbeiträge werden nachhaltig als Renten an Menschen im Alter weitergegeben. Die AHV beruht auf dem Prinzip der Generationensolidarität. Die Beitragspflichtigen sichern die Renten der älteren Generationen im Wissen darum, dass ihre Renten später von den beitragspflichtigen jüngeren Generationen sichergestellt werden. Demnach gibt es bei der AHV kein individuelles Sparen. Es gilt die einfache und klare Vereinbarung: Beim Umlageverfahren wird jeder Sozialaufwand immer aus dem erwirtschafteten Volkseinkommen einer laufenden Zeitspanne gedeckt (Christen 2001).

Ungeachtet der Höhe des Gehalts gibt es keine Plafonierung der prozentualen Beitragsleistungen gegen oben. Die Rentenhöhe hingegen ist für alle auf ein oberes Maximum fixiert.[2] Ab einem bestimmten durchschnittlichen Jahreseinkommen (für das Jahr 2020 sind es 85 320 Franken und mehr) tragen die Prämienzahlungen zur Finanzierung der Renten von einkommensschwachen Bevölkerungsgruppen bei, was das Solidarprinzip auszeichnet.

Der lange Kampf der Frauen für Besserstellung in der AHV

Die emanzipatorische Komponente der AHV liegt darin, gemeinsam die Verantwortung für das gesellschaftliche Wohl bei Risiken von Alter und Verwitwung zu tragen. Neben dieser Form der Solidarität, die auf einem genossenschaftlichen Prinzip beruhte, basierte das AHV-Gesetz bei seiner Einführung aber gleichzeitig auf sehr hierarchisch ausgeprägten Solidaritätsformen, die Abhängigkeiten zwischen den Geschlechtern festigten wie auch das Prinzip des Familienernährers fortsetzten. Während der verschiedenen AHV-Revisionen der vergangenen Jahrzehnte meldeten sich Frauenorganisationen immer wieder zu Wort und stellten Forderungen auf, um auf die benachteiligte gesellschaftliche Situation der Frauen in der AHV hinzuweisen und um dagegen anzutreten. In den 1960er-Jahren wurde beispielsweise erstmals vonseiten der Frauen und ihrer Organisationen eine getrennte Auszahlung der Ehepaarrente gefordert. Diese Forderung blieb damals aussichtslos (Luchsinger 1995).

Erst die Einführung des Frauenstimm- und Wahlrechts 1971 wie auch die Annahme des Gleichstellungsartikels in der Bundesverfassung (BV, Art. 8, 1981) brachte den Frauen auch bedeutende Verbesserungen in der Altersvorsorge: Mit der zehnten AHV-Revision konnte 1997 die gesplittete Ehepaarrente, wie sie Jahrzehnte zuvor gefordert wurde, eingeführt werden. Demnach erhielten Ehepartnerinnen fortan ihre AHV-Rente auf ein eigenes Konto ausbezahlt.

Die grosse Errungenschaft der zehnten AHV-Revision war jedoch die Einführung einer Gutschrift für Erziehungsarbeit und Betreuung von hilfs- respektive pflegebedürftigen Angehörigen, die im gleichen Haushalt leben. Das heisst, für die Anzahl Jahre, die Frauen unbezahlt Erziehungs- und Betreuungsarbeit leisten, wird ihnen eine bestimmte Gutschrift für die Berechnung der AHV-Rente angerechnet.[3] Mit dieser Errungenschaft ist die Schweiz im Vergleich zum übrigen Europa bisher einzigartig geblieben. Das Ganze hatte aber einen Preis: Das Frauenrentenalter wurde schrittweise von 62 auf 64 Jahre angehoben. Seit 2005 gilt nun für Frauen das Rentenalter 64.

Zur aktuellen Rentensituation der Frauen

Wenn wir einen Blick in die Statistik in Bezug auf die Rentenausgestaltung zwischen den Geschlechtern werfen, so wird bald klar, dass die AHV als Sozialversicherung die bessere Altersvorsorge für die meisten Frauen darstellt. Sie vermag der Sorge- und Versorgungsarbeit Rechnung zu tragen, die Frauen in der Regel unentgeltlich für die Familie leisten und demzufolge oft das Pensum ihrer Erwerbsarbeit anpassen, das heisst reduzieren. Aktuell gibt es in der AHV bei den mittleren Renten zwischen den Geschlechtern kaum eine signifikante Differenz. (Anzumerken ist, dass diese Rentenangleichung nicht zuletzt auf die Einführung der Gutschrift für Erziehungs- und Betreuungsarbeit zurückzuführen ist.) Dies im Unterschied zu den Renten in der Zweiten Säule, wo die mittleren Renten für Frauen gut die Hälfte im Vergleich zu denjenigen der Männer umfassen (Bianchi 2015, 14f.)

Gemäss Bundesverfassung (BV, Art. 112) sollten die AHV-Renten die Existenz im Alter sichern. Mit einer Rente zwischen 1185 Franken (Minimalrente) und 2370 Franken (Maximalrente), für Ehepaare 3555 Franken (Maximalrente) kann kaum von existenzsichernden Renten geredet werden. Dennoch ist die AHV für die grosse Mehrheit der Menschen im Alter die Haupteinnahmequelle, nämlich für zwei Drittel der Rentnerinnen und Rentner. Für knapp die Hälfte der RentnerInnen macht die AHV mehr als die Hälfte des Alterseinkommens aus. Für 38 Prozent der Frauen und für 19 Prozent der Männer ist die AHV das einzige Einkommen im Alter.

Eine existenzsichernde AHV-Rente für Frauen – kein Tabu

Die vom Bundesrat angekündigte Reform AHV 21 mit Erhöhung des Frauenrentenalters von 64 auf 65 Jahre greift zu kurz; sie wird sich nicht wie erwartet auswirken (Wechsler/Thommen 2019). Denn trotz Rentenalter 64 beenden viele Frauen ihre Erwerbsarbeit bereits früher, durchschnittlich mit 63 Jahren. Dafür gibt es verschiedene Gründe. Einerseits ist es für viele ältere Frauen schwierig, auf dem aktuellen Arbeitsmarkt einer angemessenen Erwerbsarbeit nachzugehen (z. B. aufgrund zu kleiner Pensen oder Unterqualifizierung) oder überhaupt Erwerbsarbeit zu finden. Daneben spielen auch gesundheitliche Probleme eine Rolle (Seco 2019). Andererseits verlassen Frauen zwischen 55 und 63 Jahren den Arbeitsmarkt, weil sie sich um kranke und pflegebedürftige Angehörige kümmern (BFS, SAKE 2016) oder Betreuungsaufgaben für ihre Enkelkinder übernehmen.

Mit dem kraftvollen Frauenstreik 2019 gilt es nun, den Kampf für eine AHV im Interesse der Frauen fortzusetzen, in Anlehnung an die Forderungen nach Renten für ein würdiges Leben ohne Erhöhung des Frauenrentenalters. Es ist unabdingbar, darüber nachzudenken, wie gute und existenzsichernde Renten für Frauen im Alter auszugestalten sind. Denn es gilt die ganze Arbeit, die Frauen in der Arbeitswelt und für unsere Gesellschaft nachhaltig leisten, zu würdigen, zu respektieren und sie vollumfänglich in die Rentenberechnung einfliessen zu lassen. Nach Berechnungen von Mascha Madörin leisten Frauen in Franken umgerechnet für achtzig Milliarden unbezahlte Arbeit; wird die Summe der Lohndifferenz, die Frauen weniger verdienen, dazugezählt, fehlen den Frauen in der Schweiz jährlich insgesamt gegen 110 Milliarden Franken im Portemonnaie (Madörin 2019).

Wie wir wissen, haben Frauen unterschiedliche Lebensentwürfe, die in unserer Altersvorsorge nur mit dem Umlageverfahren und nach dem Solidarprinzip der AHV abgebildet werden. Also gilt es, die AHV zu stärken, auszubauen und den Verfassungsauftrag nach einer existenzsichernden Ersten Säule einzufordern. Wir reden heute von Minimallöhnen von 4000 bis 4200 Franken. Also müsste eine AHV-Rente für eine Person, die tatsächlich die Existenz garantiert, in dieser Grössenordnung ausgestaltet werden. In diese Richtung muss die Diskussion gehen, um die reale Problematik der ungenügenden Renten anzupacken.

Anmerkungen

1 Lohnprozente ab 2020 je für Arbeitgeber und Arbeitnehmende 4,35 Prozent; seit 1975 bis 2019 unverändert je 4,2 Prozent.

2 Aktuelle Höhe der AHV-Renten: Minimalrente 1185 Franken und Maximalrente 2370 Franken für Einzelpersonen; Maximalrente für Ehepaare 3555 Franken.

3 Die Erziehungs- oder Betreuungsgutschriften sind so hoch wie die dreifache jährliche AHV-Minimalrente beim Zeitpunkt der Pensionierung. 2019 waren das 42 660 Franken. Diese Aufstockung des AHV-Kontos erhöht demzufolge die Rente.

Literatur

Aufruf zum Frauen*streik 2019: Nationale Streikversammlung, verabschiedet am 10. März in Biel. 14juni.ch/wp-content/uploads/Aufruf_10Maerz_offiziell (Abfrage 15.2.2020)

Bianchi, Doris / Lampart, Daniel / Aregger, Jasmin / Zimmermann, Thomas, 2015: AHV. Eine starke Altersvorsorge für Jung und Alt. Schweizerischer Gewerkschaftsbund. ahv-plus-initiative.ch/wp/wp-content/uploads/2015/12/20150910_SGB_AHV-Brosch_eBook_DE.pdf (Abfrage 15.2.2020)

Binswanger, Peter, 1986: Geschichte der AHV. Schweizerische Alters- und Hinterlassenenversicherung. Zürich

BSV, Bundesamt für Sozialversicherungen, 2019: Schweizerische Arbeitskräfteerhebung (SAKE). bsv.admin.ch/bsv/de/home/sozialversicherungen/ahv/reformen-revisionen/ahv (Abfrage 15.2.2020)

BFS, Bundesamt für Statistik, 2016: bfs.admin.ch/bfs/de/home/statistiken/arbeit-erwerb/erhebungen/sake/publikationen-ergebnisse.html (Abfrage 21.2.2020)

Christen, Christian, 2001: Privatisierung der Alterssicherung. Gefährliche Illusionen über den Reichtum für alle. In: Sozialistische Zeitung

Luchsinger, Christine, 1995: Solidarität, Selbständigkeit, Bedürftigkeit. Der schwierige Weg zu einer Gleichberechtigung der Geschlechter in der AHV, 1939–1980. Zürich

Madörin, Mascha, 2019: Wie die Frauen um 100 Milliarden betrogen werden. In: WOZ, 30.5.2019. woz.ch/1922/feministische-oekonomie/wie-die-frauen-um-100-milliarden-betrogen-werden (Abfrage 21.2.2020)

Staatssekretariat für Wirtschaft SECO, 2019: Indikatoren zur Situation älterer Arbeitnehmerinnen und Arbeitnehmer auf dem Schweizer Arbeitsmarkt 2019. Grundlagen zur nationalen Konferenz vom 3. Mai 2019. seco.admin.ch/seco/de/home/Publikationen_Dienstleistungen/Publikationen_und_Formulare/Arbeit/Arbeitsmarkt/aeltere_Arbeitnehmende/Grundlagen_nationale_Konferenz_2019.html (Abfrage 21.2.2020)

Wechsler, Martin / Thommen, Fabian, 2019: Executive Summary – Die nachhaltige Sanierung der AHV ist möglich. Studie zur langfristigen Sicherung der AHV. alters-vorsorge.ch/sites/default/files/pdf/Sanierung_AHV.pdf (Abfrage 21.2.2020)

REZENSIONEN

Sara Ahmed: **Feministisch leben!** Manifest für Spassverderberinnen.

Aus dem Englischen von Emilia Gagalski. Unrast Verlag, Münster 2018 (352 S.)

Cinzia Arruzza / Tithi Bhattacharya / Nancy Fraser: **Feminismus für die 99%**

Aus dem Englischen von Max Henninger. Matthes & Seitz, Berlin 2019 (107 S.)

Ein Gespenst geht um in der Welt und es ist feministisch. Rund um den zweiten nationalen Frauen*streik erscheinen zwei Übersetzungen feministischer Manifeste: *Feministisch leben!* von Sara Ahmed (2018) und *Feminismus für die 99%* von Cinzia Arruzza, Tithi Bhattacharya und Nancy Fraser (2019).

Ein Manifest legt etwas offen, macht es handgreiflich. Eine Offenbarung, ohne göttlichen Charakter. Das Manifest ist nicht erst seit dem *Kapital* eine beliebte Textsorte, umgeben von einer ebenso politischen wie kämpferisch-revolutionären Aura. Ob ein direkter Bezug zu den Vorgänger*innen deutlich wird, wie bei *Feminismus für die 99%*, in dessen Nachwort wir über das Verfassen eines Manifestes lesen: «Wer sich heute daran versucht, steht auf den Schultern – und im Schatten – von Marx und Engels.» (Arruzza, Bhattacharya, Fraser 2019, 77) Oder ob das Manifest ganz bewusst ohne derlei Referenzen auskommt, wie bei Sara Ahmed: «In diesem Buch befolge ich einen strikten Grundsatz beim Zitieren: Ich zitiere keine *weissen* Männer.» (S. 29) Manifeste versprechen – oder ich mir davon – weltverändernd zu sein, gewohnte Welten auseinanderzunehmen. Aber was davon halten sie ein?

Manifest ist nicht gleich Manifest. Das Autorinnen-Kollektiv von *Feminismus für die 99%* legt elf Thesen eines neuen, aus den Streikbewegungen entstandenen Feminismus vor, gefolgt von einem Nachwort, dessen Titel «in media res» nichts weniger verspricht, als zur Sache zu kommen. Darin wird Hintergrundwissen rund um die elf Thesen und deren Entstehung dargelegt. Ahmed verfährt andersrum. Ihr ausführliches, dreiteiliges Werk entwickelt eine Antwort auf die Frage, was es heisst, feministisch zu leben und schliesst mit praktischem Werkzeug, einem Survival-Kit und dem eigentlichen Manifest für Spassverderber*innen, welches klassische zehn Grundsätze umfasst. *Feminismus für die 99%* kommt schnörkellos und ohne Tand daher, kein einziges Zitat, kein Literaturverzeichnis. *Feministisch leben!* ist weitläufig, verwoben, tiefgreifend. Voller Geschichten, Umwege, Abzweigungen. Manifest greift dafür eigentlich zu kurz, es ist radikale feministische Theorie, die Ahmed entfaltet, in ihrer Geschichte und Gegenwart. *Feministisch leben!* ist Ratgeberin und Werkzeugkiste, Baukasten und Nachschlagewerk.

Sara Ahmed schöpft aus dem Alltäglichen. Sie reflektiert, was es bedeutet, ein feministisches Leben zu führen. Ihre Auffassung ist radikal: «Wo wir auch hingehen, Feminismus geht mit. Wenn das nicht so ist, sind wir keine Feminist*innen.» (S. 29) Sie untersucht, was es mit und nach sich zieht, Feminist*in zu werden und zu sein, als solche zu sprechen, arbeiten, (über-)leben. Sie begreift Feminismus demnach als Lebensart und -weise, wie wir über das Leben denken, ihm begegnen, Beziehungen knüpfen oder aufbrechen. Feminismus ist eine Hausaufgabe, eine Aufgabe also, die Zuhause beginnt. Es gilt, das Haus zu verändern und das Reich des Herren umzubauen. So beginnt Ahmeds eigene feministische Geschichte als Spassverderberin am Familientisch. Ahmed eignet sich diese Figur der Spassverderber*in an, sie begleitet uns durch das gesamte Werk. Sie wird zum Symbol, zur Metapher, zum schweisstreibenden Konzept. Die feministische Spassverderber*in kommt uns bekannt vor. Oftmals durch Augenrollen eingeleitet, wird sie zum Problem, sobald sie Probleme anspricht. Denn das, was wir als Feminist*innen wahrnehmen, aufzeigen und kritisieren, so Ahmed, existiere für einige andere nicht einmal. Uns wird Unrecht getan, wenn wir auf Unrecht hinweisen. Feministisches Handeln erfordert demnach Hartnäckigkeit und Eigenwille, die Bereitschaft, immer wieder weiterzumachen, trotz Widerständen, trotz Mauern. Ahmeds feministische Theorie möchte nicht von Politik getrennt werden, sie ist Politik, sie ist persönlich. So auch ihr Ursprung: «Es ist entscheidend, wo wir Feminismus entdecken.» (S. 14) Es spielt eine Rolle, wer ihn uns zeigt. Weil Alltagsnähe und Alltagssprache feministische Theorie erst verständlich machen, möchte Ahmed sich nicht weiter als nötig von diesen entfernen. Das macht ihr Werk allerdings nicht weniger anspruchsvoll.

Ahmed versteht Feminismus als Bauwerk, Texte als Welten. Ihr theoretisches Gerüst besteht aus einem lesbischen Feminismus of Color. Es geht darum, wie wir Wissen hervorbringen und weitergeben, es ist von Wichtigkeit, wen wir zitieren. Feministische Welten müssen aus feministischem Material bestehen. Deswegen auch ihr Zitiergrundsatz. Worte sind Ahmeds Werkzeug, Metaphern ihre Munition (wobei sich bei der Übersetzung ins Deutsche einige ungenaue und teils problematische Begrifflichkeiten und auffällig viele (Tipp-)Fehler eingeschlichen haben). Weswegen verwendet sie Metaphern? Weil dasjenige, was schwer ist, ebenso schwer zu beschreiben ist. Sie lässt diese jedoch nicht als vage Begriffe stehen, sondern nimmt sie ernst, genau wie das damit Umschriebene. Zitate seien, so Ahmed, Ziegelsteine, aus denen wir Behausungen bauen. Wir entscheiden, wie diese aussehen und wen sie beherbergen. Ahmed hinterfragt Metaphern, deckt sie auf. Die gängige Vorstellung unseres Lebens entspricht einem Pfad, auf dem wir gewisse Punkte erreichen (sollen). An dessen Ende steht das Glück/lichsein: «Die glücklichen Geschichten für Mädchen basieren weiterhin auf Märchen-Formeln: Entweder Leben, Hochzeit und Fortpflanzung oder Tod und Elend.» (S. 71) Je mehr Menschen den einen Pfad gehen, desto leichter der Durchgang. Ahmed nennt dieses Phänomen «entlastendes Vorankommen». Das gilt auch für die Sexualität. Heteronormativität beschreibt nichts anderes als die Mühelosigkeit, mit der wir heterosexuell durch das Leben schreiten. Glück/lichsein als Einbahnstrasse. Wer erfüllt überhaupt die Voraussetzung, um glücklich zu werden? Feminismus können wir als unglückliches Archiv begreifen. Als Archiv aus Geschichten, Stimmen, Zitaten.

Sind Zitate Ziegelsteine, dann können daraus Mauern entstehen. Die Metapher der Mauer, die es vermag, Pfade zu verbauen, ist bei Ahmed von grosser Wichtigkeit. Auch und vor allem bei der Arbeit: «Ich beschreibe Mauern als ‹Verhärtungen der Geschichte›, das Baumaterial der Macht.» (S. 123) Eine Feministin ist auch Feministin bei der Arbeit. Oder erst recht. Ahmeds Arbeitsplatz, die Universität, ist von dicken Mauern umgeben, durchdrungen. Die Aufgabe der Feministin innerhalb der Institution: Gegen Mauern anrennen, teilweise unsichtbare, immer und immer wieder. Die Feministin ist manchmal Maurerin von Beruf, sie arbeitet mit ihren Armen. Die Metapher des feministischen Arms hängt mit Eigenwilligkeit zusammen. Sie entstammt einer eigenwilligen Geschichte, der Geschichte von Eigenwilligkeit. Ahmed geht dieser auf den Grund und deutet sie um. Das Grimmsche Märchen *Das eigenwillige Kind* wird so zu einer feministischen Geschichte. Darin kommt ein widerständiges Mädchen vor, welches für ihren Eigensinn mit dem Tod bestraft wird. Einmal begraben, hört ihr Arm aber nicht auf, eigensinnig zu sein und ragt immer wieder aus dem Grab heraus. Der Arm sei ein revolutionärer Körperteil, so Ahmed, «ein Versprechen dessen, was noch kommen wird.» (S. 117)

«Wie schnell zerbrechen Dinge, wenn wir gegen eine Mauer anrennen», konstatiert Ahmed zu Beginn des letzten Teils. Sie beginnt diesen mit einem Bruch, mit Geschichten von Gegenständen, die zerbrechen. Dabei fällt Ahmed auf, dass Eigenwilligkeit nicht selten herangezogen wird, um einen Bruch zu erklären. Sie schliesst daraus: «Möglicherweise ist Feminismus dann die Art und Weise, wie wir die Teile aufsammeln.» (S. 219) Und so entwirft sie in einem nächsten Schritt eine queere Moral der Tollpatschigkeit, als Gefühl des Stossens gegen Mauern und eine Welt, die nicht für alle Körper gleichermassen gemacht ist.

Wir lernen von Ahmed, dass Worte Geschichten transportieren. Und dass es an uns liegt, diese aufzudecken und umzuschreiben. Dabei hilft sie uns, regt uns an. Ein Manifest, so Ahmed, führe etwas deutlich vor Augen. Und dazu ist es unabdingbar, mit dem Erkennen von tatsächlichen Ungleichheiten zu beginnen. So ermutigt uns der abschliessende Teil des Manifests dazu, nicht aufzuhören, mit dieser Welt unglücklich zu sein und es in Kauf zu nehmen, Unglück zu verursachen. Weiter sollen wir nicht über Witze lachen, die andere beleidigen, aber Bindungen brechen, die uns oder anderen schaden. Als letzten Grundsatz hebt Ahmed die Wichtigkeit von Bündnissen hervor: «Wir sind gewillt, an einer Spassverderber*innen-Bewegung teilzunehmen.» (S. 343) Denn nur so lassen sich Mauern bewegen: «Die Arme, die das Haus gebaut haben, werden es auch niederreissen.» (S. 120)

Um das kompromisslose Niederreissen und Wiederaufbauen der Gesellschaft geht es auch in *Feminismus für die 99%*. Die drei Autorinnen antworten auf die Krise des Kapitalismus und den Bankrott des liberalen Feminismus: «Es interessiert uns nicht, die Glasdecke zu durchstossen, um es dann der überwiegenden Mehrheit zu überlassen, die Scherben aufzukehren.» (S. 23) Letzterer tauge höchstens als perfektes Alibi des Neoliberalismus. Und weiter: «Weit davon entfernt, weibliche Vorstandsvorsitzende mit Eckbüros zu feiern, wollen wir Vorstandsvorsitzende und Eckbüros abschaffen.» (Ebd.) Sie wollen keinen Mittelweg, keine halbherzigen Massnahmen, sondern nichts weniger als den Umbruch unserer Gesellschaftsform. Aber wie? Mit Hilfe eines radikal antikapitalistischen, antirassistischen, internationalistischen Feminismus für die 99%. Dieser geht aus den weltweiten Streikbewegungen hervor und hat von ebendiesen gelernt, unsere Vorstellung von Arbeit und Arbeiter*innenklasse zu erweitern, insbesondere auf den Bereich der gesellschaftlichen Reproduktion. Das Motto ist nicht «lean-in», sondern «kick-back». *Feminismus für die 99%* liefert eine scharfe Analyse der Krise unserer Gegenwart, lässt den Ausweg jedoch vage. Die Autorinnen sind sich dessen bewusst: «Gewiss, unser Manifest bietet keinen präzisen Entwurf einer Alternative, da diese nur aus den Kämpfen ihrer Verwirklichung hervorgehen kann.» (S. 102) So bleibt die Leser*in zwar von der Dringlichkeit eines Umsturzes überzeugt, aber doch etwas ratlos zurück. Ratlos auch deswegen, weil fraglich ist, wie die teilweise akademische Sprache (bei deren Übersetzung ins Deutsche aber die Geschlechtergerechtigkeit verlorenging) in die Leben der 99% gelangt. Sara Ahmeds Manifest fehlt es hingegen nicht an Handgreiflichkeit, das dazugehörige Survival-Kit, eine feministische Werkzeugkiste, strotzt nur so vor konkreten Ideen, sei es eine kleine Bibliothek unserer liebsten feministischen Autorinnen, die überall hin mitkommt, oder feministische Gegenstände, mit denen wir uns umgeben. Damit feministische Dinge das Erste sind, was wir sehen, wenn wir morgens aufwachen. Diese beiden Manifeste sollten im Survival-Kit für Spassverderber*innen auf keinen Fall fehlen.

Lea Dora Illmer

Natasha A. Kelly (Hg.): **Schwarzer Feminismus.** Grundlagentexte.

Unrast Verlag, Münster 2019 (232 S.)

Der Sammelband in deutscher Sprache mit Grundlagentexten des Feminismus umfasst Texte von Autorinnen, von denen ich viel gehört und von einigen schon etwas gelesen habe. Texte, welche in meiner Zeit als junge Feministin so wichtig gewesen wären, weil sie andere Stimmen versammeln als die üblichen eurozentrischen, feministischen Referenzen. Ich denke, ich halte ein wichtiges Werk in Händen, das unseren Kanon erweitern wird. Und dennoch, bereits beim Lesen des Titels überfällt mich eine gewisse Skepsis. *Schwarzer Feminismus – Grundlagentexte.* Wer entscheidet erstens, welches Grundlagentexte sind, und zweitens, wer bestimmt den Referenzrahmen für den Schwarzen Feminismus? Dieses Buch versammelt ausschliesslich Stimmen Schwarzer US-amerikanischer Denkerinnen. Da ist meiner Meinung nach dem Verlag und der Herausgeberin ein Fauxpas unterlaufen, der nicht unkommentiert bleiben darf. Zumindest müsste dies im Titel wie auch im Vorwort klar benannt werden, zum Beispiel als «Schwarzer Feminismus – Analysen afroamerikanischer Feministinnen». Andere Stimmen Schwarzer Frauen werden dadurch vertuscht und marginalisiert, sodass ihnen eine eigenständige Existenz abgesprochen wird. Diesen die US-amerikanische Dominanz unterstreichenden Ausschluss betrachte ich als Folge des gängigen Verständnisses, dass der Globale Norden nur von sich selber lernen kann. So fehlen wichtige Perspektiven, die ihre feministische Analyse anders herleiten und abstützen – aus Erfahrungen und Wissenstraditionen des globalen Südens. Ich denke da zum Beispiel an Ama Ata Aidoo, Mariama Bâ, Ken Bugul, Wangaari Mathai, Nawal El Saadawi und viele mehr. Natasha A. Kelly berichtet in einem Interview auf der Webseite des Theaters HAU Hebbel am Ufer, dass ein zweiter Band veröffentlicht werde, in dem – so lässt das Gespräch vermuten – auch ein europäischer Schwarzer Feminismus Eingang finden wird.

Trotz obiger Kritik bin ich der Herausgeberin dankbar, dass sie die Texte der bekannten US-amerikanischen Schwarzen Feministinnen in einem Buch versammelt. Es ist wichtig für alle deutschsprachigen BIPoC von den Analysen Schwarzer Frauen zu erfahren und diese mit den eigenen Erfahrungen verbinden zu können. Menschen aus weiss dominierten, deutschsprachigen Ländern lassen solche Texte über den eigenen Tellerrand blicken und sie tragen zum Verständnis bei, welche weiteren Kategorien zu einer vollständigeren feministischen Analyse gehören. Neben Gender sind das zwingend Race und Klasse, heteronormative Vorstellungen zu Paar- und Familienbeziehungen sowie Annahmen zur psychischen und physischen Unversehrtheit und vieles mehr.

Dass der europäische Feminismus heute Ausgrenzungs- und Unterdrückungsmechanismen vermehrt auch intersektional, also bezüglich Mehrfachdiskriminierung, zu analysieren vermag, verdanken wir den Schwarzen feministischen Vordenkerinnen, die die Verschränkung dieser Kategorien bereits Ende der 1970er-Jahre in den Diskurs einbrachten.

Barbara Smith, ein Mitglied des Combahee River Collective, schreibt in ihrem Text: «Wir analysierten unsere Leben und stellten fest, dass uns alles da draussen fertig macht. Race, class, gender und Homophobie» (S. 133). Viele der US-amerikanischen Schwarzen Denkerinnen referieren auf diese vier Kategorien, weil bis anhin der Feminismus weiss gedacht, der Rassismus männlich analysiert, der eigentlich weisse Marxismus nie als solcher beschrieben und die Heteronormativität das Mitwirken von lesbischen (und queeren) Aktivist*innen erschwert hatte. Auch die viel zitierte Audre Lorde appelliert an die Solidarität aller und verweist darauf, dass es keinen Sinn macht, Unterdrückungsformen zu klassifizieren. Es gelte, die Komplexität und Vielschichtigkeit der Unterdrückung zu erfassen und darzustellen. Erst eine solche Bewusstwerdung bietet Raum für Freiheit, schreibt Patricia Hill Collins in ihrem Beitrag des vorliegenden Sammelbandes (S. 216), der diese Suche nach Freiheit nun auch auf Deutsch zugänglich macht. Denn der fast schon revolutionäre Fakt, dass nun die «Schwarze Frau» als Subjekt ansprechbar ist, verdanken wir verschiedensten Schwarzen US-Feministinnen. Es brauchte und braucht noch immer deren Analyse und Theorieentwicklung ebenso wie die tägliche Organisierung von Gemeinschaften.

Der Sammelband umfasst acht Texte, welche zwischen 1851 und 2008 herausgekommen sind. Er ist chronologisch aufgebaut. Der erste Beitrag ist die Rede von Sojourner Truth aus dem Jahr 1851 mit dem Titel «Bin ich etwa keine Frau?».

Darauf folgen Reflexionen von Angela Davis «über die Rolle der Schwarzen Frau in der versklavten Community», das Statement des Combahee River Collective aus dem Jahr 1977 sowie ein Text von bell hooks, in dem sie beleuchtet, warum Schwarze Frauen zögern, Bündnisse mit weissen Feministinnen einzugehen. Zur Zeit der Befreiung versklavter Menschen gab es in der abolitionistischen Bewegung ein Bündnis zwischen weissen Frauen einerseits und Schwarzen Frauen und Männern andererseits, das sich für die Rechte aller einsetzte. Als jedoch das Frauenstimmrecht 1920 eingeführt wurde, wurde es Schwarzen Frauen aberkannt und kaum jemand setzte sich für sie ein. Erst Anfang der 1960er-Jahre wurde Schwarzen Frauen und Männern das Wahlrecht zugesprochen.

Auch die weiteren Autorinnen analysieren Machtverhältnisse entlang von Race, Gender und Klasse und dekonstruieren diese. Den Abschluss bildet ein Text von Patricia Hill Collins zur «Kraft der Selbstbestimmung», in dem sie die Wichtigkeit der Artikulation und die Kraft des Ausdrucks würdigt und dazu auf Beispiele in Blues, Film und Literatur eingeht. Dieses kreative Schaffen gab und gibt noch heute Schwarzen Frauen die Möglichkeit, die eigenen Realitäten der Unterdrückung und Diskriminierung zu benennen und zu politisieren.

Insgesamt ist der Band flüssig zu lesen und ein wichtiges und ermutigendes Werk. Er würdigt einen Teil der Schwarzen feministischen Geschichte und fokussiert auf feministische postkoloniale Analysen aus einem Land, in dem das Verbot der Versklavung noch nicht sehr alt ist und das noch heute stark geprägt ist von rassifizierter Segregation in den Bereichen Arbeit, Bildung, Gesundheit, Politik und Wohnen et cetera. Diese offensichtlichen Beschneidungen der Schwarzen weiblichen Freiheit und die Ungleichbehandlung prägten den Blick der Schwarzen US-amerikanischen Feministinnen und schärften ihre Analysen. Deshalb ist es für uns in Europa wichtig, diese Stimmen zu hören und einzubeziehen. Wir können von ihnen lernen, in Zukunft vermehrt der wirkmächtigen Kategorie Race und der Unterdrückung durch Rassismus im Feminismus Platz zu geben. Denn wo Race als Analysekategorie fehlt, bleiben emanzipatorische, feministische Projekte kraftlos.

Rahel El-Maawi

Ulrike Knobloch (Hg.): **Ökonomie des Versorgens.** Feministisch-kritische Wirtschaftstheorien im deutschsprachigen Raum.

Beltz Juventa, Weinheim 2019 (362 S.)

Mit dem Sammelband *Ökonomie des Versorgens – Feministisch-kritische Wirtschaftstheorien im deutschsprachigen Raum* erschien Ende Sommer 2019 ein Buch, welches Perspektiven der feministischen Ökonomie in ihrer Vielfalt versammelt. Der Fokus liegt dabei auf den im deutschsprachigen Raum entwickelten Ansätzen feministischer Wirtschaftstheorie und Wirtschaftsethik.

Nach wie vor ist Geschlechterforschung in den Wirtschaftswissenschaften wenig selbstverständlich, obwohl international seit Jahren dazu geforscht wird. Zum Versäumnis der nicht vorhandenen Geschlechterperspektive – ein Umstand, der nicht gerade als Einzelphänomen dieser Disziplin bezeichnet werden kann und als solcher nicht weiter überrascht – kommt erschwerend hinzu, «dass die Wirtschaftswissenschaft lange von einer einzigen Denkschule dominiert wurde und zwar von der Neoklassischen Wirtschaftstheorie mit ihrer starken Marktfokussierung und Präferenzorientierung», wie Ulrike Knobloch in ihrer Einleitung erläutert (S. 11). Und weiter: «Parallel dazu existierten zwar immer schon heterodoxe wirtschaftstheoretische Strömungen, aber an den Hochschulen, in der Wirtschaftspolitik und in den Medien waren sie lange wenig präsent.» (ebd.) Zweifelsohne handelt es sich bei diesem Buch also um eine wertvolle Pionierinnenleistung. Denn es versammelt Beiträge von Wissenschaftlerinnen aus drei Generationen, die uns Einblick in ihre Zugänge und Theorien aus kritisch-feministischer Perspektive gewähren, an denen sie meist schon viele Jahre, wenn nicht Jahrzehnte arbeiten. Das Buch ist in drei Teile gegliedert.

Der erste Teil versammelt Beiträge, die wirtschaftstheoretische Zugänge aus Geschlechterperspektive reflektieren und sie in diesem Sinne neu denken. So zeigt beispielsweise Maren Jochimsen eindrücklich, dass die allgemeingültige neoklassische Ökonomie mit ihrem Kredo der Symmetrie, der Unabhängigkeit und der absoluten Handlungsfähigkeit nur im Ausnahmefall zutrifft. In ihrer Theorie der «sorgsamen Ökonomie» geht sie deshalb von Asymmetrie, Abhängigkeit und begrenzter Handlungsfähigkeit als Normalfall aus – und stellt damit die neoklassische Ökonomievorstellung gründlich auf den Kopf. Oder Mascha Madörin, die in ihrem Beitrag herausarbeitet, dass in der Volkswirtschaftlichen Gesamtrechnung neben den drei gängigen Sektoren – Landwirtschaft, Industrie, Dienstleistung – ein wesentlicher Sektor fehlt, nämlich die Sorge- und Versorgungswirtschaft. Sie macht deutlich, warum dieser Sektor nicht länger ignoriert werden darf, wie er bislang organisiert und finanziert wird und wie dies wiederum die Geschlechterverhältnisse prägt.

Der zweite Teil versammelt Beiträge, die den Begriff Ökonomie um historische, sozialethische, räumliche und ökologische Perspektiven erweitern. Die Stadt- und Raumplanerin Barbara Zibell führt beispielsweise in ihr Denkmodell einer nachhaltigen Raumbewirtschaftung ein, welches nicht auf die Bedürfnisse der Norm-Lebensrealität eines männlichen Haupternährers fokussiert, sondern auf jene der unentgeltlich Sorgearbeitenden und somit, nach wie vor, insbesondere auf jene der Mütter.

Sabine Hofmeister, Helga Kanning und Tanja Mölders plädieren dafür, den Zusammenhang von Natur- und Geschlechterverhältnissen in ökonomische Theorien einzubeziehen. Sie zeigen auf, dass unser Naturverständnis nichts Gegebenes ist, sondern im Gegenteil, dass wir uns darüber verständigen müssen, «welche ‹Natur› wir wollen, welche Pflanzen- und Tierarten, welche Landschaften und Ökosysteme dazu gehören sollen und welche nicht.» (S. 223)

Der dritte Teil versammelt Beiträge, die einen Blick in mögliche Zukünfte werfen, indem sie sich mit der Um- und Neugestaltung von Wirtschafts- und Versorgungssystemen befassen. Andrea Baier diskutiert beispielsweise mögliche Zusammenhänge zwischen dem Subsistenzansatz, Intersektionalität und dem Neuen Feministischen Materialismus – wobei sie Subsistenz nicht nur materiell, sondern auch sozial versteht. Und Corinna Dengler denkt gemeinsam mit Miriam Lang den Diskurs der Postwachstumsökonomie weiter. Ihr Hauptfokus liegt dabei auf der Organisation von Sorgearbeit in einer Postwachstumsgesellschaft, welche nicht durch androzentrische, umweltschädigende, kapitalistische und koloniale Mechanismen geprägt ist. Sie erarbeiten eine Strategie der «schrittweisen, emanzipatorischen Entkommerzialisierung» (S. 316) hin zu einer «Commonisierung von Care» (ebd.), mit dem Ziel, dass Sorgetätigkeiten zwar unbezahlt, dafür aber kollektiv und dadurch gesellschaftlich anerkannt verrichtet werden.

Die Beispiele aus den jeweiligen Teilen ergeben zwar kein vollständiges Bild dieses Sammelbandes, aber es dürfte dennoch einen Eindruck vermitteln, in welcher Breite sich das Spektrum der Zugänge, Denkansätze und Lösungswege eröffnet. Und auch wenn sich die verschiedenen Beiträge nicht nur ergänzen, sondern sich bisweilen auch widersprechen, so haben sie mit dem Begriff der «Ökonomie des Versorgens» einen grossen gemeinsamen Nenner. Ausformuliert, bedeutet dieser gemeinsame und heterodoxe Nenner: «wirtschaftstheoretische Zugänge, die nicht androzentrisch und nicht nur auf den Markt bezogen, sondern geschlechterbewusst und multisektoral sind, die die unbezahlte Versorgungswirtschaft in die Untersuchung systematisch einbeziehen und die die bisherige kapitalistisch orientierte Wirtschaftsweise mit ihrer Verwertungslogik auf der einen Seite und ihren blinden Flecken bezüglich der gesellschaftlich notwendigen unbezahlten Arbeit auf der anderen Seite reformieren und transformieren.» (S. 28) Mit anderen Worten: Androzentrismen und geschlechtsspezifische Zuschreibungen in den Wirtschaftstheorien sowie ihre Auswirkungen auf die Geschlechterverhältnisse werden sichtbar gemacht und hinterfragt, wofür sich die Autorinnen auf vielfältige Vorgehensweisen aus der Geschlechterforschung und der ökonomischen Wissenschaft stützen können. Je nach Zugang wird der Parameter Geschlecht auf individueller Ebene (Geschlechtsidentität), auf sozialer Ebene (Geschlechterverhältnisse) oder auf struktureller Ebene (Geschlechterordnung) einbezogen und in Abhängigkeit von der jeweiligen Fragestellung durch weitere Kategorien ergänzt. In Bezug auf die zu versorgende Person handelt es sich dabei in erster Linie um die Kategorien Alter, Krankheit und Behinderung, während in Bezug auf die versorgenden Personen die Kategorien Klasse, Nationalität und Ethnizität eine wichtige Rolle spielen.

Ulrike Knobloch arbeitet in ihrer Einleitung deutlich heraus, «wie hilfreich, notwendig und wichtig nicht nur die Gemeinsamkeiten, sondern gerade auch die Unterschiede und gegebenenfalls auch Widersprüche sein können, um Ansatzpunkte für die Gestaltung geschlechtergerechter und zukunftsfähiger Wirtschafts- und Versorgungssysteme zu entwickeln.» (S. 28) Das wiederum «setzt voraus, dass die unterschiedlichen Vorgehensweisen mit ihren unterschiedlichen Gewichtungen nicht als zu beseitigendes Problem, sondern als grosses Potenzial gesehen werden und deutlich wird, wie sie sich ergänzen.» (ebd.)

Besonders deutlich kommt dies vielleicht zum Vorschein, wenn wir uns vergegenwärtigen, dass sich nicht nur zwischen den einzelnen Beiträgen Widersprüche spiegeln. Auch innerhalb der verschiedenen Ansätze zeichnen sich Widersprüche ab, die sich aber keineswegs gegenseitig ausschliessen, sondern vielmehr zueinander in Beziehung gesetzt werden. So argumentiert Andrea Baier beispielsweise, dass eine Subsistenztheorie, die sich auf die spezifische Produktivität des gebärfähigen Körpers bezieht und in dieser Betonung der Geschlechterdifferenz zwar im Widerspruch zu dekonstruktivistischen Ansätzen steht, dass es aber dennoch bereits Versuche gibt, «queere Theorie mit materialistischer Theorie zu verbinden» (S. 258, Anm. 15).

Der Sammelband *Ökonomie des Versorgens* erlaubt einen bis anhin einzigartigen Überblick über den aktuellen Stand der im deutschsprachigen Raum entwickelten feministischen Wirtschaftstheorien, die ihr Potenzial für gesellschaftliche und politische Prozesse in Richtung einer gerecht(er)en und nachhaltig(er)en Wirtschaftsweise sowohl im Einzelnen aber insbesondere in ihrer Summe entfalten.

Mirjam Aggeler

Lise Vogel: **Marxismus und Frauenunterdrückung**. Auf dem Weg zu einer umfassenden Theorie.

Unrast Verlag, Münster 2019 (324 S.)

Lise Vogels Werk von 1983 ist schon beachtlich alt, doch siedelt es sich erstens in einer eher zeitlosen Debatte um Grundbegriffe und Analyse an und ist zweitens erst in jüngster Zeit vermehrt rezipiert worden. Daher ist das Interesse am Originaltext gewachsen.

Den Bogen von 1983 zu heute spannt die aktuelle Einleitung von Frigga Haug. Die Rezeption sei nicht immer im Sinne der Autorin ausgefallen, vertritt Haug. Vogel werde gerne als Begründerin einer «neuen sozialen Reproduktionstheorie» gefeiert, obwohl sie ganz im Gegensatz dazu, die «alte» marxistische Theorie zu beleben versuche und den Begriff «neu» selber nie verwendet habe. Zur Klärung hat Haug mit Vogel korrespondiert. Diese aktuelle, in die Einleitung eingeflossene Diskussion des Werks macht die im Oktober 2019 erschienene Übersetzung durch den Unrast Verlag verdienstvoll: Nun kann, wer will, Vogels Text auf Deutsch studieren und selber über die Stichhaltigkeit der Rezeption urteilen, wofür Haugs Einleitung eine praktische Starthilfe bietet.

Lise Vogel ist eine sozialistische Feministin, die mit der Behandlung der sogenannten «Frauenfrage» durch die sozialistische Tradition sehr unzufrieden ist. «Entscheidend ist, dass die sozialistisch-feministische Theorie bisher nicht in der Lage war, eine theoretische Untermauerung zu entwickeln, die ihrem strategischen Unterfangen der klassen-, race-, alters- und geschlechterübergreifenden Organisierung von Frauen gerecht wird.» (S. 68) Dafür, so ihre Überzeugung, braucht es eine genaue Lektüre der klassischen Texte. Diese sind zwar auf Mängel und Versäumnisse zu prüfen, aber bleiben das beste Analyseinstrument für das Funktionieren der Klassengesellschaft in ihrer Gesamtheit.

Das Buch ist äusserlich hässlich und trägt einen sperrigen Titel. Der Text hingegen erweist sich oft als scharfsinnig und ab und zu sogar als witzig, leider zu seltene Eigenschaften in der Theorieproduktion. Dennoch bleibt es ein theoretisches Werk, wie Vogel im Vorwort entschuldigend schreibt. Die heute emeritierte Soziologie-Professorin aus den USA hat sich um einen zugänglichen Text bemüht, der wohl deshalb auch viele Wiederholungen beinhaltet. Wir erkennen darin das Ringen um Genauigkeit, gekoppelt mit der Erfahrung aus Diskussionen, die Vogel als «obskure Übung in marxistischer Pedanterie» bezeichnet, so beispielsweise die Hausarbeitsdebatte der 1970er-Jahre. (S. 53)

Vogel diskutiert im ersten Teil des Buchs einige Texte von sozialistisch-feministischen Kolleginnen, die vor ihr um eine vereinheitlichte Analyse bemüht waren, dies aber aus einer «Zwei-System-Perspektive» taten. An ihnen übt sie die Kritik des Verharrens im Dualismus – in Kapitalismus und Patriarchat, Produktions- und Reproduktionsweise oder Klassen- und Geschlechtersystem. Damit begründeten und verstärkten sie den Gegensatz zwischen Marxismus und Feminismus eher, statt ihn wie gewünscht aufzuheben. Die Ursache dieses Widerspruchs ortet Vogel im zu einfachen und praktischen Rückgriff auf Friedrich Engels und den *Ursprung der Familie, des Privateigenthums und des Staats* von 1884. Eine Schrift zwar, mit der sich eine starke Rückendeckung für autonome Frauenorganisation begründen lasse, doch eigentlich widerspiegle sie Engels in seinem schwächsten Moment und konstituiere besagten Dualismus. Eine Schrift aber, die sich für die historische sozialistische Bewegung als enorm wichtig erwiesen habe, genauso wie das Buch von August Bebel *Die Frau und der Sozialismus*, der Bestseller unter den sozialistischen Klassikern, der die Produktionssphäre gänzlich vernachlässigt habe. Die beiden Werke seien so zum historischen Hemmschuh für eine konstruktive und theoretisch fundierte Herangehensweise geworden, welche Marx' Spätwerk bieten würde. Deshalb räumt ihnen Vogel viel Platz ein, mehr sogar als dem Gesamtwerk von Marx und Engels. Für Personen, die nicht sozialistisch bewandert sind, mag das beschwerlich und überflüssig sein, für jene, die die sozialistische Tradition kennen, ist die detaillierte Auseinandersetzung mit dieser in der sozialistischen Bewegung verankerten Theorie jedoch sehr sinnvoll.

Doch zunächst macht sich Vogel im zweiten Teil ihres Werks auf die Suche nach verwendbaren Aussagen im Gesamtwerk von Marx und Engels und kommt zum Schluss: «Genau genommen haben Marx und Engels ganz schön viel dazu gesagt, auch wenn es nicht ansatzweise genug gewesen ist.» (S. 74) Sie kritisiert das biologistische Frauenbild und das Nicht-Überwinden des Konzepts von Natürlichkeit, das das 19. Jahrhundert und mit ihm die Klassiker prägte. In Verteidigung der letzteren betont sie aber, dass deren hauptsächliches Erkenntnisinteresse auf der Analyse der Produktionsverhältnisse gelegen habe. Es sei deshalb wenig überraschend, dass ihr Werk die Geschlechterentwicklung und die Beziehung zwischen den Geschlechtern nur unzureichend beleuchtet hat.

Es mag überraschen, dass neben Zetkin Lenin unter den zitierten Klassikern am positivsten abschneidet, obwohl die Geschlechterfrage in seinem Gesamtwerk nicht viel Raum einnimmt. Lenin sprach sich in seinem Anschreiben gegen reformistische und revisionistische Tendenzen innerhalb der Bewegung unzweideutig für rechtliche Gleichstellung aus. Erst diese würde es Frauen zu erkennen ermöglichen, dass die «Quelle ihrer ‹Haussklaverei› der Kapitalismus ist und nicht die Rechtlosigkeit» (S. 178). In späteren Jahren bestärkte ihn die Tatsache, dass die russische Revolution auf gesetzlicher Ebene Gleichheit geschaffen hatte, dies aber das Problem nicht ansatzweise gelöst hatte. Politische Rechte erwiesen sich als zwingende, aber keineswegs ausreichende Ausgangslage. So legte Lenin stärkeres Gewicht auf die materielle Unterdrückung innerhalb des einzelnen Haushalts und forderte entsprechend die Erziehungsarbeit unter Männern, in der Partei wie bei den Massen. Doch weder Zetkin noch Lenin gelang es, in dieser Frage nachhaltig auf die sozialistische Bewegung zu wirken. Der Bezug zu Lenin ist für Vogel auch deshalb wichtig, weil sie Ungleichheit als ein zentrales Kampfterrain betrachtet, das einzige, von dem Frauen als Kategorie klassenübergreifend betroffen sind.

Im vierten und letzten Teil, der mit «Von der Frauenfrage zur Frauenbefreiung» betitelt ist, macht sich Vogel dann an die Aufgabe, das marxistische Erbe zu aktualisieren. Dabei beschränkt sie sich auf Frauen der ausgebeuteten Klasse, Frauen des Bürgertums unterstehen anderen Bedingungen. Ausserdem bespricht sie Mechanismen, die die Ausbeutung und die Klasse in ihrer Gesamtheit betreffen; Einzelfälle können sehr wohl aus dem Rahmen fallen, ohne das Grundsätzliche zu widerlegen. Sie geht betont abstrakt vor, historische Werke könnten und müssten gänzlich unterschiedliche Erscheinungsformen des Phänomens zu Tage fördern.

Ökonomischer Kern und weibliches Spezifikum, das die Frauenunterdrückung bedingt, bleibt dabei immer die Gebärfähigkeit und die personelle Reproduktion der Arbeiter*innenklasse. Arbeitsteilung und Familienmodelle sind soziale Konstruktionen, die den zukünftigen Ersatz der Arbeitskraft für das Kapital bei möglichst wenig «Einbusse» an Mehrwert garantieren soll. Dies geschieht durch «die Versorgung von Frauen mit Subsistenzmitteln durch Männer während der Zeit, in der sie ein Kind austragen» (S. 213). Die herrschende Klasse fördere die männliche Vorherrschaft innerhalb der ausgebeuteten Klasse, tue das aber immer auch angepasst an konkrete Entwicklungen der Klassengesellschaft, weshalb jede Spielart anzutreffen ist – von gut ausgebauten Sozialsystemen, wo Frauen wichtiger Teil der Mehrproduktion sind, über komplette Vernachlässigung derselben. Aber, das betont Vogel mehrfach, im Grunde erfordere die kapitalistische Reproduktion nur die Verfügbarkeit von Arbeitskräften, üblich sei aber eine institutionalisierte Herangehensweise.

Des Weiteren geht sie auf die Hausarbeit ein, die in der Klassengesellschaft als getrennte Sphäre behandelt wird, obwohl darin notwendige Arbeit geleistet wird. Die kapitalistische Klasse wird darum bemüht sein, die Reproduktion der Arbeitskraft auf einem tiefen Kostenniveau zu halten und die Hausarbeit auf ein Minimum zu reduzieren, was Anlass für Klassenkampf gibt. Der ausbezahlte Lohn entspricht zwar einer ökonomischen Logik, trägt aber auch historische und moralische Elemente in sich, die aus diesem Kampf entspringen. Die oft vertretene Forderung nach einem «Familienlohn» sieht Vogel entsprechend kritisch, zentrale Bedingung für den weiteren Kampf sei das Wegkommen von den «rigiden ideologischen Vorstellungen von der Familie der Arbeiterklasse» (S. 228).

Das Buch endet überraschend pamphletartig mit viel «vorwärts-Optimismus», der innerhalb des abstrakt gehaltenen Werks seltsam anmutet. Der Artikel aus dem Jahr 2000, der angehängt ist, fängt das wieder auf und bietet eine Zusammenfassung. Diese kann ein alternativer Zugang zu Vogels Theorie sein für «Faule», die sich nicht ausführlich mit politischer Ökonomie befassen wollen. Wer das aber möchte, findet in diesem Werk anregende und überzeugende Argumente zu marxistischen Grundbegriffen.

Claudia Graf

Frigga Haug: **Selbstveränderung und Veränderung der Umstände**.

Argument Verlag, Berlin 2018 (349 S.)

«Älter geworden, erkennt man alte Fehler, kann sich korrigieren, im neuen Licht anderes gewinnen. Noch schmerzen alte Wunden» (S. 7), schreibt die marxistische Feministin Frigga Haug im Vorwort ihres Buches über die Selbstveränderung. «Selbstveränderung und Veränderung der Umstände fallen in revolutionärer Praxis zusammen.» (S. 19) So lautet ihr Leitmotiv. Sie orientiert sich dabei an der ersten Feuerbachthese von Karl Marx.

Frigga Haug kommt 1937 zur Welt. Sie besucht in den 1950er-Jahren das Mülheimer Mädchengymnasium mit Töchtern von Anwälten, Ärzten und Industriellen. Ihre akademisch gebildete Mutter ist Kriegswitwe. Frigga wählt an der Mittelschule die sprachliche Abteilung. Sie zählt damit schon ein wenig zur Elite. Wer den hauswirtschaftlichen Zweig belegt, macht nur ein «Puddingabitur». 1957 nimmt Frigga Haug in Berlin ihr Studium der Soziologie und Volkswirtschaft auf. Sie heiratet dann «irgendwann» einen Medizinstudenten aus der DDR, zieht mit ihm «unverhofft schwanger» aufs Land und nach zwei Jahren alleine mit dem Kind in die Stadt zurück. Hier ehelicht sie 1965 den Philosophen Wolfgang Fritz Haug. Die beiden arbeiten seither bei der Zeitschrift *Das Argument* zusammen. 1968 gründet Frigga den Aktionsrat zur Befreiung der Frau mit. 1971 legt sie ihre viel beachtete Diplomarbeit zur *Kritik der Rollentheorie* vor. 1976 promoviert sie mit einer *Kritik des Rollenspiels* in Psychologie. In diesem «weichen» Nebenfach verspürt sie, politisch engagiert, «ein schlechtes Gewissen beim Befassen mit mir selbst» (S. 9). Als Assistentin an der Freien Universität Berlin unterrichtet sie nun Bildungsökonomie und hilft mit, eine Kritische Psychologie aufzubauen. Sie will «die Kontrolldisziplin in eine Wissenschaft der Befreiung» verwandeln. Nach ihrer Habilitation (1978) lehrt Frigga Haug an diversen Hochschulen. 2001 endet ihre Verpflichtung an der Hamburger Universität für Wirtschaft und Politik. Zahlreiche Publikationen liegen von ihr zur Alltagsforschung, zu Frauen-Politiken, Erinnerungskulturen, Lernverhältnissen, Rollentheorien und marxistischer Theorie vor. Frigga Haug greift diese Schwerpunkte auch in ihrem Buch über die Selbstveränderung auf, in dem sie frühere Texte aufnimmt, kontextuell verortet und weiterführend debattiert.

«Auf der Suche nach einer nützlichen Wissenschaft» entwickelt Frigga Haug in den 1970er-Jahren eine «Kritische Psychologie als Theorie und Praxis» (S. 19) mit. Wichtige Elemente enthält ihr Vortrag «Soziale Beziehungen und gesellschaftliche Verhältnisse in kritisch-psychologischer Analyse», den sie am Internationalen Kongress Kritische Psychologie vom 13–15. Mai 1977 in Marburg gehalten hat. Er findet sich im Buch über die Selbstveränderung nachgedruckt (S. 21–30). Hier arg verkürzt: Gängige Psychologie konzentriert ihre Theoriebildung auf die individuelle Praxis. Zunehmende Erkrankungen erhöhen den Bedarf an «Sozialtechniken». Damit sind Theorien gefragt, die menschliches Handeln antizipieren, das individuelle Verhalten in der Gesellschaft akzentuieren und die «Psychologisierung der Soziologie» mit einer «Soziologisierung der Psychologie» (S. 22) verbinden. Interaktionistische Ansätze und Rollentheorien zeugen davon. Sie modifizieren systemkonforme Reiz-Reaktions-Ketten und reduzieren Beziehungen weitgehend auf das funktionelle Erfüllen von Erwartungen. «Die Gesellschaft erscheint dabei als Theaterstück.» (ebd.) Vernachlässigt bleiben reale Beziehungen, die von historisch entstandenen und von Interesse geprägten Alltagserfahrungen ausgehen. Wichtig ist der Blick von unten. Er schärft das Augenmerk dafür, wie die konkrete «Produktion des Lebens» die Gesellschaft in Klassen spaltet und «die Einzelnen sich zusammentun, um die Welt ordentlicher einzurichten» (S. 28).

In einem Zwischenhalt ergründet Frigga Haug auch, wie sich im Zusammenleben das Verhältnis zur Natur zeigt. Sie tut dies historisch rekonstruktiv, nicht analytisch deduktiv. Und sie diagnostiziert, noch vor den Katastrophen von Tschernobyl und Fukushima, «dass der Mensch sich die Natur unterwirft, statt sich an sie anzupassen» (S. 32). Mit Auszügen aus ihrer Dissertation vertieft Frigga Haug ihre *Kritik des Rollenspiels* (1977). Die Rollentheorie bewirkt Anpassung und lenkt von gesellschaftlichen Widersprüchen ab. So lautet ihr Einwand. Ein weiterer Einwand gilt dem Philosophen Jürgen Habermas. Das simple Verbessern des Dialogs schürt als oberflächlicher «Fassadenputz» (S. 41) die Illusion einer «herrschaftsfreien Kommunikation, ohne die Herrschaft auch nur anzutasten» (ebd.). Dazu passe die Intention, einen Teamgeist herzustellen, «der auf die Bedingungen für eine wirkliche Kooperation und Kollektivität verzichten kann» (ebd.). Die fiktive Gleichheit im Rollenspiel führe ferner dazu, die wirkliche Ungleichheit als Spielart von Gleichheit wahrzunehmen. Zudem erlaube die Einfühlung bei gegensätzlichen Interessen, «in die Unterdrückung der eigenen Klasse einverständig sich hineinzufühlen» (ebd.). So mache Einfühlung blind, und teilweise erhellende Rollenspiele trügen mehr dazu bei, manipulativ zu deformieren, als mündig zu emanzipieren. Daher sollten beim Verhalten von Einzelnen die Bedingungen mit gezeigt werden, die es möglich machten. «So wird das Verhalten aus seinen Bedingungen erklärlich, die Kritik richtet sich auf die Verhältnisse, unter denen es möglich war, nicht auf den Menschen, als dessen Tat es erschien.» (S. 49)

Frigga Haug analysiert, wie menschliches Handeln gesellschaftliche Verhältnisse dokumentiert. In ihrem Zugang rekurriert sie auf den Schriftsteller Bertolt Brecht, der sich sozialen Realitäten über Verfremdungen und Zuspitzungen annähert. In einem Nachtrag reflektiert sie, unter welchen Bedingungen sie zu welchen Erkenntnissen gekommen ist. Zum Beispiel in der Frauenforschung. Auszüge aus *Frauenformen* (Haug 1980) vergegenwärtigen eigene Erfahrungen. Viele sind im Kollektiv mit andern Frauen entstanden. Akteurinnen aus dem Sozialistischen Frauenbund erinnern ihren Prozess der Vergesellschaftung. Sie vollziehen ihren Werdegang und ihre Lebensweise im Kontext gesellschaftlicher Veränderungen nach, diskutieren auch marxistische und literarische Quellen sowie konkrete Aktionen. «Wir traten öffentlich auf und spielten Theater, das heisst wir führten kleine selbstgeschriebene Stücke auf, die so etwas wie Lehrstücke sein sollten. Alle schrieben ihre Erinnerungsgeschichten als Anfänge möglicher Alltagsliteratur und zugleich als erste Proben der Erkundung weiblicher Vergesellschaftung.» (S. 57) Dies mit dem Ziel, «mehr Erkenntnisse über Frauenunterdrückung und Befreiung zu gewinnen und gleichzeitig die Verallgemeinerung nicht bloss als Wissenschaft zu formulieren, sondern politisch eingreifend zu verbreiten» (S. 59). Ein Text befasst sich mit dem offenbar polarisierenden Aufstieg der Publizistin Alice Schwarzer und der Zeitschrift EMMA. Er nimmt Fragen auf, die wir uns alle stellen müssen: «Warum stehst du vorne, wenn ihr alle gleichberechtigt seid? Seid ihr am Ende gar kein Kollektiv?» (S. 61) Die Gunst, die liberale Männer gegenüber der EMMA aufbringen, deute wohl darauf hin, «dass die Geschlechterverhältnisse ein geeignetes Arrangement sein können, bestehende Herrschaftsverhältnisse abzusichern» (S. 64). Eine feministische Politik, «welche die Befreiung der Frauen als Befreiung aller Menschen erstreiten will» (ebd.), gelte indes als systemgefährdend.

«Das Geschlechterverhältnis ist also ein Teil der gesellschaftlichen Verhältnisse.» (S. 80) Dieses Fazit nimmt Frigga Haug im späteren Aufsatz «Wir wollen alles!» (1983) auf. Sie geht im Kapitel «Selbstveränderung und das Politische» (S. 76) darauf ein. Eine Frauenbewegung ohne Einbindung in das sozialistische Projekt blockiere sich selbst. Wobei der Kampf gegen Sexismus und Profit unterschiedliche Logiken berücksichtigen müsse. Methodologisch fragt sie: «Wie kann man Gedanken entwickeln unter Widersachern. Ohne dass diese Gegnerschaft den Gedankenfluss kanalisiert?» (S. 84) Zumal wir «durch das Echo» lernen, «das andere geben» (S. 85).

Wer sich selbst erkennen will, muss Kollektive als Korrektive nutzen und sich intensiv mit der Dialektik zwischen inneren und äusseren Anteilen auseinandersetzen. Frigga Haug erläutert diese Anforderung unter anderem anhand der Alltagsforschung (S. 138) und der Dynamik zwischen Subjektivität und Politik (S. 303). Sie reflektiert auch ihren persönlichen Umgang mit ausgrenzenden Erfahrungen, beispielsweise beim Entwickeln eines marxistischen Feminismus. So denkt sie immer wieder die Selbstveränderung und die Veränderung der Umstände zusammen. Dieser rote Faden zieht sich durch das ganze Buch. Das Organisieren von Aufklärung und Widerstand ist für Frigga Haug ein zentrales Lebensmotiv. Wer gesellschaftliche Strukturen humanisieren will, muss machtgeprägte Interessen angehen, ohne soziale Mängel moralisierend zu individualisieren. Engagiert zu sein, verlangt auch «zuhören zu lernen, die so komplexe Wirklichkeit immer weiter zu studieren, die Antworten nicht schon immer zu wissen» (S. 107). So zeigt sich im Alltag nicht nur vorherrschende Systemrationalität, sondern auch widerständige Gegenrationalität (S. 147). Vor allem, wenn Leute für sich selbst sprechen.

Wer das Politische im Persönlichen wahrnimmt, sieht «den Alltag auch als Quelle, aus der Wissen zu schöpfen ist»; beispielsweise «für die vielfältig verschwiegenen Dimensionen weiblicher Sozialisation» (S. 148). Was Frigga Haug für die Alltagsforschung und Erinnerungskultur postuliert, setzt sie ebenfalls in ihrer umfassenden theoretischen und politischen Arbeit um. Sie weigert sich, «alles determiniert [...] aus sozialen Verhältnissen zu denken» oder subjektives Handeln «allein ins Belieben von Einzelnen» zu stellen (S. 154). Sie erhellt vielmehr, was wir von den gesellschaftlichen Verhältnissen *wie* wahrnehmen, mit Bedeutung versehen und ins eigene Leben einbauen (S. 155). Schade bloss, «dass für die eigenen Versuche, neues Land zu gewinnen, ein ganzes Leben nicht ausreicht» (S. 159). Das gilt selbst für Frigga Haug. So dicht, gehaltvoll und gründlich ihr Buch daherkommt.

Ueli Mäder

Francesca Falk: **Gender Innovation and Migration in Switzerland**.

Palgrave Pivot, London 2019 (96 S.)

Mit ihrem Buch *Gender Innovation and Migration in Switzerland* beschreibt Francesca Falk die historischen Auswirkungen von Migration in geschlechtsspezifischen, innovativen und sozialen Praktiken. Ihre Arbeit ist besonders wertvoll für die Erweiterung der sozialen Vorstellungskraft von Ländern, Bürgerinnen und Bürgern, die mehr integrative und geschlechtergerechte Konzepte für die nationale Identität nötig haben.

Falk beschreibt Migrationsprozesse und die Emanzipation von Frauen in einem auf Handlungsbefähigung ausgerichteten Ansatz. Hiermit betont die Autorin die aktive Rolle von Frauen bei der Gestaltung bedeutender historischer Ereignisse. Sie zeigt verschiedene Arten von Ungleichheiten und Privilegien auf, basierend auf Geschlecht und Migration, und verfolgt insbesondere ihre Entstehung im Schweizer Kontext. Sie untersucht unterschiedlich miteinander vernetzte Bereiche, wobei sie sich besonders auf verschiedene Schnittstellen zwischen Migration und Geschlecht konzentriert. Falk bearbeitet den Einfluss von Migrantinnen auf die Schweizer Gesellschaft in folgenden Themenbereichen: Zugang von Frauen zu Hochschulbildung, Arbeit und Politik, Veränderungen in Bezug auf Geschlechterdifferenzen, die Art und Weise, wie Kindergartenstrukturen eingeführt wurden sowie das Frauenwahlrecht. «Diese Felder wurden ausgewählt, um zu zeigen, dass Migration in verschiedenen Konstellationen zu geschlechtsspezifischer Innovation führte.» (S. 20)

Im ersten Kapitel beschreibt Falk das politische Engagement ihrer emanzipierten, aus Norditalien stammenden Mutter, die in einem konservativen Schweizer Kanton lebt. Die Autorin vermittelt einen Einblick in die wertvollen Beiträge von Migrantinnen im Kampf für die Gleichstellung der Geschlechter in der Schweiz. Die Vergleiche zwischen dem von ihrer Mutter beschriebenen Befreiungskampf der Frauen in Italien und in der Schweiz machen deutlich, dass die Schweiz im Vergleich zu anderen europäischen Ländern zurückgeblieben war (und ist). Die Anekdoten über die Eigenheiten im Zusammenhang mit Geschlechterverhältnissen im Heimatdorf der Mutter geben dem Buch eine intime Perspektive. Diese biografische Note, kombiniert mit umfangreichen Forschungsberichten, die die Stimmen anderer Migranten und Migrantinnen hervorheben, bilden eine verständliche und fundierte Grundlage für eine Nacherzählung der Schweizer Geschichte.

Darüber hinaus fügen Falks eigene Überlegungen zu den politischen Aktivitäten ihrer Mutter und den Reaktionen ihrer traditionellen Umgebung dem Buch eine weitere Dimension hinzu, nämlich die Reflexion der zweiten Generation. So beschreibt Falk etwa hauswirtschaftliche Ausbildungskurse für Mädchen, wie sie sie selbst erlebt hat, und Geometriekurse, in der Regel den Jungen vorbehalten, die diese, im Gegensatz zu den Mädchen, auf eine höhere Ausbildung vorbereiteten.

In Kapitel drei wird die Veränderung der geschlechtsspezifischen Arbeitsteilung anhand einer Darstellung der Schweizer Auswanderung mit ihrer kolonialistischen Dynamik in den Aufnahmeländern veranschaulicht. Unterlegt ist dies von einer Analyse der Migration indischer Krankenschwestern von Kerala nach Deutschland, Österreich und in die Schweiz. Hier macht die Autorin erneut auf die unkritische Übernahme von Erzählungen aufmerksam. Falk präsentiert eine alternative Interpretation von Fakten mit neuen Konstellationen von Geschlechterverhältnissen. Dunkle Seiten dieser emanzipatorischen Prozesse werden ebenfalls erwähnt.

Ein wichtiges Ergebnis der Einreise von Migrantenfamilien nach dem Zweiten Weltkrieg, wie in Kapitel vier dargestellt, war die Feststellung, dass es der Schweiz an einem Kinderbetreuungssystem fehlte. Demzufolge trugen migrantische

Frauen stark zur Einrichtung der Schweizer Kindergarteninfrastruktur bei. Dass diese noch heute unzureichend ist, lässt die Autorin nicht unerwähnt. Ausserdem wird in diesem Kapitel erläutert, wer im Sektor Kinderbetreuung unter welchen Bedingungen beschäftigt wird. In der Regel sind es junge Migrantinnen und Frauen der zweiten immigrierten Generation, die unter prekären Bedingungen arbeiten. Des Weiteren wird die zunehmende Präsenz von männlichem Personal in Kindergärten als Folge der migrationsbedingten Veränderung der Geschlechterverhältnisse dargestellt.

Im Kapitel fünf geht Falk auf die Pionierinnenrolle der Frauen aus dem ehemaligen Zarenreich ein, die im 19. Jahrhundert an Schweizer Universitäten studierten. Sie ebneten den Schweizerinnen den Weg, vom Recht auf Hochschulbildung Gebrauch zu machen. Falk führt die LeserInnen beispielsweise in die Geschichte von Nadezhda Suslowa ein, die erste Frau, die in der Schweiz promovierte. Suslowa beeinflusste auch die erste Schweizer Ärztin, Marie Heim-Vögtlin, zu Beginn ihres Studiums. Es überrasche nicht, dass in den etablierten Schweizer Geschichtsbüchern Bezugnahmen auf im Ausland geborene Frauen kaum zu finden sind.

Weiter wird die Geschichte von Anna Tumarkin vorgestellt, der ersten Frau, die eine ausserordentliche Professur im deutschsprachigen Raum erlangte. Tumarkin war die erste Frau in Europa, die für die Betreuung von Doktoranden qualifiziert war. Die Autorin macht deutlich, dass Tumarkin trotz ihrer Leistungen damals nicht richtig anerkannt wurde. Ihr wurde eine volle Professur verweigert, nur weil sie eine Frau war. Falk weist darauf hin, dass diese mangelnde Anerkennung bis heute gegeben ist. Mit der Geschichte von Tumarkin und mit ein paar persönlichen Details wird das schwierige Leben dieser jungen Akademikerinnen dargestellt, die im 19. Jahrhundert, oft als Flüchtlinge, in die Schweiz kamen.

In Bezug auf das Thema Frauenwahlrecht zeigt Falk, wie namhafte Kämpferinnen für Frauenrechte in der Schweiz durch MigrantInnen für ihre Anliegen inspiriert und beeinflusst wurden. Zum Beispiel Marie Goegg-Pouchoulin aus Genf, die den Migranten Amand Goegg kennenlernte. Nach seiner Ausweisung zog sie mit ihm 1854 nach London und kam dort mit der englischen Frauenbewegung in Kontakt. Marie Goegg-Pouchoulin gehörte zu den Gründerinnen des ersten Schweizer Vereins zur Förderung der politischen und rechtlichen Gleichstellung von Frauen. Ein weiteres Beispiel in Kapitel sechs ist Tilo Frey, eine der unzähligen Kämpferinnen für das Frauenwahlrecht. Sie wurde 1971, nach Einführung des Frauenstimmrechts, als eine der ersten Frauen und ausserdem als schwarze Frau in den Nationalrat gewählt.

Abschliessend reflektiert die Autorin über die Tendenz, migrationsbezogene Tatsachen in der Geschichte wegzulassen. Falk schlägt für die aktuelle und zukünftige Geschichtsschreibung vor, die Auswirkungen der Migration anzuerkennen und für die LeserInnnen sichtbar zu machen. Das Buch ist ein wichtiger Beitrag für die Migrationsgeschichte. Es stärkt und motiviert die LeserInnen. Die wichtigen Beiträge von Migrantinnen und ihre proaktive Rolle sind eine Inspirationsquelle für den Alltag. Denn Migrantinnen sind starke Akteurinnen des Wandels in einer Gesellschaft, die noch lernt, deren Leistungen anzuerkennen.

Gemäss Falks Forderung nach einer «Migrantisierung» unseres Verständnisses der Vergangenheit wäre eine deutsche Übersetzung des Buches (aktuell in Englisch vorliegend) sehr willkommen. Ihr Ansatz würde dazu beitragen, den Weg für den Dialog mit eher traditionalistischen Lesarten der Geschichte zu eröffnen. Zum Beispiel würde es mir die Möglichkeit geben, meiner Zürcher Grossmutter einen Zugang zu einer alternativen Sicht der Vergangenheit zu bieten, um auf diese Weise einen Weg für aufschlussreiche Diskussionen und einen fruchtbaren Boden für eine generationenübergreifende Gender-Innovation zu eröffnen.

Carolina Hutmacher

Antje Schrupp: **Schwangerwerdenkönnen.** Essay über Körper, Geschlecht und Politik.

Ulrike Helmer Verlag, Rossdorf 2019 (192 S.)

«Kinder zu bekommen bedeutet, in der gesellschaftlichen Diskursdisko tanzen zu gehen. Manchmal bis die Füsse bluten.» Um dieses prägnante Bild von Jana Ballenthien aufzugreifen: Während vor fünfzig Jahren in Sachen Familie noch Slow Fox angesagt war, tanzen wir uns heute zur Tarantella des Gleichstellungsdiskurses die Füsse wund. Warum bloss scheinen sich alle Bestrebungen nach einem Leben in Freiheit und Gleichheit in Luft aufzulösen, sobald die Anzeige auf dem Schwangerschaftstest ein + anzeigt? Was die «anderen Umstände» für ungeahnte Folgen haben, darüber hat Antje Schrupp schon 2009 in ihrem Buch *Was wäre wenn? Über das Begehren und die Bedingungen weiblicher Freiheit* nachgedacht. Damals stellte sie klar, dass es ihr nicht um die «Reanimierung alter Weiblichkeitsmythen» (2009, 37) gehe, sondern darum, mit einem neuen Blick auf mütterliche Tätigkeiten einerseits die Freiheit der Frauen ins Zentrum zu stellen (und nicht deren Nützlichkeit für Familie, Wirtschaft etc.) und andererseits die «konkreten körperlichen Bedingungen des Mutterseins» zu reflektieren, «ohne daraus biologistische Schlussfolgerungen abzuleiten» (2009, 38). Hier hakt Schrupp mit *Schwangerwerdenkönnen* zehn Jahre später wieder ein.

Mit *Schwangerwerdenkönnen* ist Schrupp ein provozierender Essay gelungen. In neun Kapiteln lässt sie keines der «heissen Eisen» aktueller feministischer Debatten aus. Sie analysiert die Entstehung der heterosexuellen Matrix aus historischer Perspektive und diskutiert die Naturalisierung von Geschlecht im queeren* Geschlechterdiskurs. Sie erläutert die Konstruktion der Vaterschaft zur Legitimierung des Patriarchats und konstatiert die real gelebten Veränderungen verschiedenster Familienmodelle. Pointiert schildert sie die Entwicklungen der Reproduktionsmedizin und den juristischen Wildwuchs in Bezug auf Leihmutterschaft und kommt zuletzt auf das Phänomen der «schwangeren Männer» zu sprechen. Dabei versteht es Schrupp, historische Diskursstränge, persönliche Erfahrungen, Statistiken, krasse Beispiele und hin und wieder eine gehörige Portion Sarkasmus zu verweben. Das liest sich leicht und schlüssig, wobei der rhetorische Schmiss niemals zulasten von klaren Positionierungen geht.

Zwei Überlegungen liegen Schrupps Denken rund um das Schwangerwerdenkönnen zugrunde. Zum einen trennt sie die reproduktive Differenz von der Geschlechterdifferenz, um zu zeigen, dass beide zwar zusammenhängen, aber eben nicht deckungsgleich sind. Das Frausein, so Schrupp, ergebe sich nicht durch den Besitz, die Funktionsfähigkeit und den Gebrauch eines Uterus, sondern durch das bewusste Sich-Positionieren innerhalb des «Geschlechts der Frauen», der weiblichen Genealogie (S. 16). Zum anderen unterscheidet sie die Person, die schwangerwerdenkann, von der Schwangeren sowie der Mutterschaft als «sozialer Tätigkeit». Diese Entflechtung dient dazu, die absurde Diskriminierung von Menschen, die vielleicht schwangerwerdenkönnen, aufzuzeigen (S. 65f.) sowie den geburtlichen Übergang vom pränatalen körperlichen Zustand der Schwangerschaft zum postnatalen sozialen Zustand der Mutter-Kind-Beziehung thematisieren zu können (S. 122f.). Dank diesen Unterscheidungen kann Schrupp überzeugend dafür plädieren, dass die Biologie wieder in den feministischen Diskurs zurückgehört. Es gilt anzuerkennen, dass die «Beziehung der Schwangeren zu dem Wesen in ihrem Körper im Kern eine biologisch-materielle» (S. 40) ist.

Einen Ansatz, über die Bedingungen des schwangeren Subjekts nachzudenken, bietet Antoinette Fouque. Für sie ist Schwangerschaft die Verbindung von Zustand und Tat, eine aktive und zugleich passive Angelegenheit. Menschen, die Ideen ausbrüten, die mit Projekten schwanger gehen, kennen diesen Zwischenzustand aus eigener Erfahrung. Schwangerschaft ist folglich nicht ein Sonderfall oder etwas genuin Weibliches, sondern sie betrifft alle Menschen, auch solche, die nicht schwanger sind oder es nicht werden können (S. 42). Diese Tatsache nimmt Schrupp ernst und spricht (ausser wenn es um politische Aspekte wie reproduktive Rechte geht, die tatsächlich mehrheitlich Frauen betreffen) konsequent von «Menschen, die schwanger werden können». Es ist Schrupps Versuch, mit dem Dilemma umzugehen, in der patriarchalen symbolischen Ordnung über Erfahrungen, die vorwiegend von Frauen gemacht werden, als Erfahrungen zu sprechen, die von allgemeinem Interesse sind (S. 26f.).

Die spezifische Art der Bezogenheit in der Schwangerschaft fasst Schrupp mit Luce Irigaray als «nicht eins, nicht zwei» (S. 42f.). Wie Irigaray geht es auch Schrupp um die Definition einer Subjektposition, die nicht länger in Bezug auf die männliche definiert wird. Die Schwangerschaft sei ein Zustand beziehungsweise eine Tätigkeit jenseits des «Entweder-oder», die nicht einfach kulturelle und materielle, geistige und physische Aspekte vereine. Die Beziehung von Schwangeren und werdenden Menschen sei viel direkter: «Bei einer Schwangerschaft sind Soziales und Körperliches ein und dasselbe.» (S. 48) Es ist ein Zustand, in dem «Kulturtechniken, die für sozial vermittelte Beziehungen gültig sind» (S. 40) nicht mehr anwendbar seien. Schrupps Essay ist an diesem Punkt ein Warnruf an verschiedene feministische Positionen, ob unterschiedlicher Konzeptionen sexueller Differenz nicht zu vergessen, dass der eigentliche Gegner die Anti-Abtreibungs-Lobby ist.

Abtreibungsgegner*innen verbreiten immer noch die Vorstellung, Embryo und Schwangere seien zwei verschiedene Wesen und sie könnten als Anwält*innen «ungeborener Kinder» auftreten (S. 43f.). Mit Irigaray und Schrupp gedacht, gibt es «ungeborene Kinder» aber nicht. Kinder entstehen erst bei der Geburt, vorher handelt es sich um Föten, die mit den Schwangeren zusammen «nicht eins, nicht zwei» sind. Sie können nicht getrennt werden, jede Aussage über den Fötus ist auch eine Aussage über die Schwangere. Die Skandalisierung und Stigmatisierung von Abtreibungen hätten, so Schrupp, nicht den Zweck, ihre Zahl zu verringern (dafür gäbe es viel geeignetere Massnahmen). Das Anliegen der Abtreibungsgegner*innen sei vielmehr ein symbolisches: Die Fähigkeit des Schwangerwerdenkönnens soll mit Unfreiheit verknüpft werden (S. 72). Menschen, die schwangerwerdenkönnen, sollen vergessen, dass diese Fähigkeit/dieser Zustand ein Ausdruck von Freiheit ist: Ein Embyro wird erst dann zu einem Projekt des Lebens, wenn die Schwangere «Ja» dazu sagt.

In eine ähnliche Richtung gehen Schrupps Überlegungen zu Leihmutterschaft. Diese Praxis sei zwar kein neues Phänomen, habe aber die Bedeutung von Elternschaft grundlegend verändert: Früher übernahmen jene Menschen, die sich faktisch um die Kinder kümmerten, die Rolle von Vater und Mutter, heute geht es hauptsächlich um die genetische Elternschaft (S. 128f.). Hinter der überladenen Bedeutung der Genetik als Grundlage für familiäre Beziehungen stehe, so Schrupp, die staatliche Kontrolle, die die Entwicklungen in der Reproduktionstechnologie möglich gemacht hat. Embryonen können heute selektioniert werden, Samenspenden werden über Samenbanken in einen ökonomischen Zusammenhang überführt und staatlich gewünschte Familienformen gefördert beziehungsweise unerwünschte verunmöglicht (S. 132–134). Die Invitrofertilisation habe darum nicht zu mehr Vielfalt und Freiheit geführt, sondern zur Verstärkung traditioneller Narrative dessen, was Familie ist beziehungsweise sein soll.

Ähnlich wie in der Gleichstellungspolitik, in Diskursen um Sex und Gender oder in der Anti-Abtreibungs-Lobby wird auch im Bereich der Reproduktionsmedizin die Mutter unsichtbar gemacht: Sie bietet ihren Uterus an und liefert damit die «Hardware», innerhalb derer sich die «Software» DNA abspulen kann (S. 138f.). Auch hier wird so getan, als wären Schwangere und Embryo gar nicht richtig miteinander verbunden, obwohl die beiden Körper durch die Plazenta miteinander verbunden sind: Zellen des Fötus gehen in die Mutter über und werden bei einer nächsten Schwangerschaft sogar an den neuen Embryo weitergegeben. Die Behauptung, zwischen Mutter und Kind bestünde keine biologische Verwandtschaft, diene letztlich dazu, legale Ansprüche auf ein Kind zu rechtfertigen: «Kommerzielle und staatlich regulierte Leihmutterschaft kann nur als legitim erscheinen, wenn man einer Gebärerin keine eigene Bindung an das Kind zuspricht.» (S. 140) Perverserweise geniessen dagegen Männer den Status als Väter, auch wenn sie bloss den Samen gespendet haben und ansonsten gar nichts mit der Frau zu tun haben. Krassestes Beispiel für diese Stärkung der Vaterposition sind die Gesetzgebungen in verschiedenen US-amerikanischen Staaten, in denen dem «biologischen Vater» sogar dann ein Mitspracherecht bezüglich einer Abtreibung zugestanden wird, wenn er die Frau vergewaltigt hat (S. 118). Es ist sicher kein Zufall, dass die Überbewertung der genetischen Vaterschaft historisch einherging mit der Auflösung der monogamen, lebenslangen Ehe (S. 109 u. 141).

Immer wieder verweist Schrupp in ihrem Essay auf Aspekte von Klasse und Race, so etwa wenn es um ungeplante Schwangerschaften (S. 34), um die Risiken neuer Familienmodelle für Alleinerziehende (S. 60f.) oder eben um Leihmutterschaft geht. Bei der Auswahl der Leihmütter spielt das Aussehen der beteiligten Frauen eine zentrale Rolle, sollen die späteren Kinder doch möglichst so aussehen wie die Eizellenspenderinnen. Umgekehrt werden als Tragemütter spezifisch Women of Color ausgesucht, damit das Kind offensichtlich nicht «ihres» ist (S. 136). Und es wird noch perfider: Um das Argument zu entkräften, reiche *weisse* Frauen würden die Reproduktionsarbeit auf arme Frauen abwälzen, werden homosexuelle Männer ins Feld geführt. Ihnen kann der Vorwurf, die Reproduktionsarbeit der Schwangerschaft bloss abzuschieben, nicht gemacht werden. Darum gilt teilweise bereits als homophob, wer sich gegen Leihmutterschaft ausspricht (S. 136 u. 143). Im Dschungel sich verändernder Familienbilder und angesichts des juristischen Wildwuchses in Bezug auf Leihmutterschaft macht Schrupp zuletzt klar: Es gibt kein Recht auf Fortpflanzung, denn «(n)icht schwanger werden zu können ist ein normaler Zustand bei Menschen, keine Ungerechtigkeit und keine Diskriminierung, die die Gesellschaft ausgleichen müsste» (S. 144). Demzufolge soll keine Person, die schwangerwerdenkann, durch moralische oder ökonomische Argumente in die Lage gebracht werden, ihren Körper in «temporärer Leibeigenschaft» (S. 136) für einen Menschen, der nicht schwangerwerdenkann, herzugeben. Auch hier geht es – einmal mehr – um weibliche Freiheit.

Dolores Zoé Bertschinger

Renate Göllner: **Freiheit und Trieb**. An den Grenzen der Psychoanalyse.

ça-ira-Verlag, Freiburg 2019 (224 S.)

Glücklich die Wissenschaft, deren Entdeckungen auch eine kritische Distanzierung erlauben, ohne das Ziel und den Grund ihres Fragens verlassen oder verraten zu müssen. Zu diesen Wissenschaften gehört zuallererst die Psychoanalyse. Denn für sie gilt immer wieder neu der Schlusssatz aus Herbert Marcuses berühmtem Essay *Das Veralten der Psychoanalyse*: «Die Wahrheit der Psychoanalyse liegt darin, dass sie ihren herausforderndsten Hypothesen die Treue hält.»

Ein aktuelles, gelungenes Beispiel dieser Art von Auseinandersetzung ist Renate Göllners Essaysammlung *Freiheit und Trieb*. Der Untertitel *An den Grenzen der Psychoanalyse* verweist – im Gegensatz zum eher zu erwartenden *Die Grenzen der Psychoanalyse* – darauf, dass in Göllners Essays die Grenze mehr Ausgang als Ende, mehr Zone als Linie und mehr Reibung als Stillstand bedeutet.

Exemplarisch führt der einleitende Essay – eine Auseinandersetzung mit Jean-Paul Sartres Kritik an der Psychoanalyse – die Frage im Titel: «Wer wählt die Neurose?» Die Frage pointiert die für so viele freudsche Begriffe typische Spannung, nämlich hier, dass in der Neurose mindestens noch gleichviel Freiheit wie Trieb drinsteckt. Die Neurose ist der leerlaufende Vermittlungsversuch zwischen unvermittelbaren Ansprüchen in einem Individuum und zugleich ein Symptom, das die Deutung der gescheiterten Vermittlung ermöglicht. Sie ist nach Sigmund Freud also Hindernis *und* Schlüssel zur Heilung. Dass die Neurose in diesem Essay als subjektive Wahl untersucht wird, trägt dieser gespaltenen Konstitution Rechnung. Denn insofern sie als ein bestimmter Versuch unter anderen aufgefasst wird, mit den unvermittelbaren Ansprüchen, die an das Individuum gestellt sind, zu verfahren, muss ja irgendwann irgendwo eine Wahl für diese und nicht jene Form der Neurose stattgefunden haben. Dem Unbewussten ist damit eine Art Vernünftigkeit zugestanden, was Theodor W. Adorno mit Referenz auf Freud die «Unvernunft vernünftigen Handelns» genannt hat, und was, wie Göllner ergänzt, «im Grunde für alle zentralen Begriffe der Psychoanalyse, so auch für den der Verdrängung» gilt: «um von ihr sprechen zu können, muss bereits ein Bewusstsein angenommen werden, aus dem etwas verdrängt werde.» (S. 15) Im Hinblick auf Sartres gegen Freud formuliertes Konzept des Bewusstseins als vom Trieb unabhängige Einheit, erlaubt Göllners Verweis auf die Freiheit im Zwang der Neurose überraschend die Vermittlung von Sartre mit Freud. Leider auch um den Preis einer gewissen Beliebigkeit. Denn die von Göllner als Gemeinsamkeit herausgearbeitete Verantwortlichkeit als Moment individueller Freiheit in der erzwungenen Wahl könnte so noch für eine Reihe weiterer Entscheidungsmodelle Geltung beanspruchen.

Ein zweites Stück psychoanalytischer Dialektik, das die Frage der Freiheit im Zwang in ihrer ganzen Zweideutigkeit auslotet, entfaltet Göllner im Essay «Masochismus und Befreiung». Er ist ein Nachdenken über das Autobiografische in den Werken des französisch-deutschen Schriftstellers Georges-Arthur Goldschmidt, der als verfolgtes jüdisches Kind den Zweiten Weltkrieg in einem katholischen Kinderheim in den französischen Alpen überlebte. Dort erfuhr er gleichzeitig Rettung und schärfste Qual durch seine Mitschüler und durch die Leiterin des Heims, die Gaullistin Marie-José Lucas, deren Zivilcourage mit einem Sadismus gepaart war, den sie in ihren Erziehungsmethoden hemmungslos auslebte: «Auf den nackten Hintern, mit Birkenzweigen, die Goldschmidt zuvor in einem kleinen Wald selber brechen musste, gingen die Hiebe nieder.» (S. 156) Aber die an ihm, dem auf Gedeih und Verderben ausgelieferten Knaben, vollzogene Gewalt, enthält eine unvermutete Kehrseite. Die Züchtigungen «wurden zum Ersatz für die so sehr entbehrte Liebe, eröffneten es dem Kind, die Verzweiflung zu bekämpfen. Durch die Schläge auf den nackten Körper erfuhr er die ersten erotischen Sensationen, die Umkehr des Schmerzes und der Scham in Wollust.» (S. 157) Bei Freud, der für Goldschmidt später bedeutsam werden sollte, fand er seine eigene Erfahrung beschrieben als infantile Wünsche und Fantasien, die mit Strafe einhergehen können. Dieses Umschlagen von Ohnmacht und Scham in Momente der Befreiung kontrastiert Göllner mit der berühmten Schulpein-Erzählung von Robert Musil, den *Verwirrungen des Zöglings Törless*, in der die adoleszente Ambivalenz eigenen homosexuellen Regungen gegenüber in Ekel und totale Unterdrückung ausschlägt. Diese gewaltsame Verdrängung des eigenen Eros steht auch am Ursprung der Paranoia faschistischer Männerhorden. Der Bisexualität, jener glücklichen und bahnbrechenden Entdeckung Freuds, die ein nicht verdrängendes Verhältnis zu den eigenen homoerotischen Neigungen erlaubt, ist in diesem Band folgerichtig ein wichtiger Beitrag gewidmet.

Bei der Psychoanalytikerin Melanie Klein kritisiert Göllner ebenfalls die unterschätzte Bedeutung der Bisexualität und die biologistische Konzeption von Weiblichkeit. Die daran anschliessenden Überlegungen zur Transformation familiärer Autoritäten in modernen Gesellschaften zeigen aufs Neue, wie exakt *mit Freud* (um einen früheren Buchtitel Göllners zu nennen) die widersprüchlichen Realitäten der Menschen erfasst werden können. Dass man gleichzeitig die Realität innerfamiliärer Gewalt nach der Schwächung der väterlichen Autorität, die Komplizenschaft der Mutter in diesem System, die Probleme der Ich- und Über-Ich-Bildung in der Moderne sowie der Zurückdrängung der Familie als Instanz primärer Sozialisation und Individuation ansprechen kann, ist nur innerhalb einer Theoriebildung möglich, die die Zweideutigkeiten des Menschlichen nicht wegschlägt, sondern auf ihnen aufbaut. Ein Verfahren, das auch der Kritischen Theorie eigen ist, weshalb sie in den Texten Göllners immer wieder Pate steht.

Die in *Freiheit und Trieb* versammelten Essays schälen aus verstreuten und widersprüchlichen Motiven jeweils eine im emphatischen Sinn des Wortes eigenwillige Linie des Denkens heraus. Es sei daher erlaubt, an dieser Stelle die Form der Rezension zu verlassen und diesen Artikel mit einem kleinen subjektiven Versuch über den wichtigsten Text in Göllners Buch, ihren Essay *Versuch über Simone de Beauvoir*, abzuschliessen:

Das souveräne, heroische männliche Subjekt ist heute zum Glück öfter als früher zur Untätigkeit verdammt. Der gewohnte männlich konnotierte, meist von Handlungszwang getriebene Kampf gegen die Wirklichkeit findet immer seltener die ersehnte Resonanz. Der rastlose Aktivismus verliert sich in den Verstrickungen schon der nächsten Umgebung. Überraschenderweise passt zu dieser Situation ziemlich genau, was Simone de Beauvoir in ihrem Buch *Le deuxième sexe* (2000, 25), in Anlehnung an Sartres Philosophie und mit Blick auf die Situation der Frauen im Patriarchat schrieb: «Jedes Subjekt [...] verwirklicht seine Freiheit nur durch deren ständiges Überschreiten auf andere Freiheiten hin. [...] Jedes Mal, wenn die Transzendenz in Immanenz zurückfällt, findet eine Herabminderung der Existenz in ein An-sich und der Freiheit in Faktizität statt.»

Die solchermassen drückend erfahrene Faktizität erzeugt Anfang des 21. Jahrhunderts für viele Menschen, darunter vor allem Männer, ein Gefühl der Unmöglichkeit, überhaupt noch etwas tun zu können. Dass dieses Gefühl viele ergreift und mehr noch, dass es als Katastrophe erfahren wird, hat entscheidend mit einer übersteigerten Vorstellung von Autonomie zu tun. Diese vollzieht sich in vielen männlichen Jugendlichen immer wieder aufs Neue als Abgrenzungsvorgang gegen die im Patriarchat als Schmach empfundene Abhängigkeit vom weiblichen Geschlecht. Die im Kampfmodus errichtete Identität kann sich nur über wenigstens punktuell ausgelebte Allmachtsgefühle, wie etwa in der Fiktion völlig autonomer Handlungen, stabilisieren.

Anderseits bestünde aber auch die Möglichkeit der Annahme der Passivität, also zur depressiven Position, wie man in Anlehnung an Melanie Klein sagen könnte. Selbstredend wurde und wird aber Passivität aus der Perspektive des autonomen Macher-Subjekts genauso wie auch aus jener der in patriarchalen Verhältnissen lebenden Frauen sehr oft nur als Zwang und Erniedrigung erlebt. In Beauvoirs (ebd.) Worten: «Dieses Zurückfallen ist, wenn das Subjekt es bejaht, eine moralische Verfehlung, wird es ihm auferlegt, führt es zu Frustration und Bedrückung, in beiden Fällen ist es ein absolutes Übel.» Denn die Befreiung aus den patriarchalen Zwängen der noch immer meist weiblichen Passivität und des meist männlichen Autonomiewahns ohne die Befreiung aus den kapitalistischen Leistungs- und Konkurrenzzwängen entlässt die wenigsten aus diesem Entweder-oder, sondern stösst sie allzuoft nur auf die je andere Seite.

Der Verleugnung von Abhängigkeit wurde psychoanalytisch (Donald Winnicott) oder feministisch (Judith Butler, Donna Haraway) ein Realismus der Fürsorglichkeit entgegengesetzt. Aber die theoretische Kritik hebt den realen Widerspruch nicht auf. Dieser ist nur dort aufgehoben, wo die kapitalistische Leistungs- und Konkurrenzforderung gezähmt beziehungsweise ausser Kraft gesetzt ist. Solange für die meisten Menschen Passivität an erzwungene Abhängigkeit durch Prekarität und Arbeitslosigkeit gebunden ist und Aktivität wegen der Angst vor dieser Abhängigkeit für viele als Streben nach vollständiger Sicherheit durch Autonomie missverstanden werden muss, ist Beauvoirs Satz noch immer gültig. Anders gesagt: Die Gefahr, dass der Selfmademan zu einem grossen Teil mit der Selfmadewoman bekämpft wird, ist noch nicht vom Tisch. Aber gleichzeitig ist damit auch die Frage nach einer neuen Form der Befreiung aus patriarchaler und kapitalistischer Herrschaft gestellt. Eine Befreiung, aus der nicht eine Gesellschaft resultiert, in der nur das rastlos sich selber übersteigende Individuum, das sich permanent die Wirklichkeit selber erschaffen muss, frei sein kann. Es ist die Frage, ob eine Gesellschaft – postpatriarchal und postkapitalistisch – denkbar wäre, die nicht mehr durch die Dichotomie erniedrigender Passivität und anmassender Autonomie geprägt ist. Es wäre vielleicht eine Gesellschaft, in der die revolutionäre Antwort auf Lenins Frage «Was tun?» mit der Formel «Nicht alles, was möglich ist» eingeleitet wird und dem Heroismus der Tat der Heroismus der selbstgewählten Passivität gleichwertig gegenübergestellt werden kann.

Rolf Bossart

Ann Wiesental: **Antisexistische Awareness**. Ein Handbuch.

Unrast Verlag, Münster 2017 (163 S.)

Ann Wiesental veröffentlichte 2017 ein auf ihren langjährigen Erfahrungen als Aktivistin basierendes Handbuch zu antisexistischer Awareness. Es richtet sich an «Betroffen_e» von sexualisierter Gewalt und an all jene, die sich sexistischen Strukturen entgegenstellen wollen. Das Buch beschreibt zugänglich verschiedene Ansätze der Awareness als sich stets weiterentwickelndes, kollektives Projekt und begreift sich selbst als Teil dieses dynamischen Verhandlungsprozesses. Dabei gelingt es der Autorin, einen zu Veränderung ermutigenden theoretischen und praktischen Ausgangspunkt zu schaffen.

Antisexistische Awareness bezeichnet Wiesental zufolge sowohl eine grundlegende Haltung als auch ein daraus resultierendes verantwortungsbewusstes Handeln in Bezug auf Sexismus und sexualisierte Gewalt. Dieses besteht in der Bildung von Awareness-Strukturen, die von sexualisierter Gewalt betroffene Personen solidarisch unterstützen sollen. Das Handbuch stellt dafür konkrete Leitfäden mit praktischen Beispielen zur Verfügung. Das antisexistische Bewusstsein zielt darauf, Gewalt abzubauen und ihr vorzubeugen und wird als notwendige Bedingung für einen allumfassenden emanzipatorischen Wandel verstanden. Dass sich Wiesentals Vorschläge jedoch nicht leicht auf breite Teile der Gesellschaft (jenseits der linken Szene) anwenden lassen, erscheint gerade vor dem Hintergrund der gesamtgesellschaftlichen Wichtigkeit des Awareness-Prinzips als Schwachstelle.

Im Zentrum antisexistischer Awareness steht ein bewusstes Anerkennen, dass sexualisierte Gewalt – auch in linken Räumen – stattfindet und dass diese Handlungen keine Einzeltaten, sondern Ausdruck gesellschaftlicher Strukturen sind. Wiesental verbindet so die Ebene persönlicher Alltagserfahrungen konsequent mit einer Strukturanalyse und tritt damit der Individualisierung von sexualisierter Gewalt entgegen. Zur geschichtlichen Einbettung antisexistischer Awareness unterstreicht Wiesental unter anderem den Einfluss von Widerstandsbewegungen Schwarzer Frauen*. Diese stellten in ihrer Politik von Beginn an «die individuellen Geschichten und Handlungen der einzelnen Frauen*, den kollektiven Widerstand der Schwarzen Männer* und Frauen* und die Herrschaftssysteme Patriarchat, Rassismus und Kapitalismus in einen Zusammenhang» (S. 16). Darauf aufbauend, bedeute Awareness immer auch eine Auseinandersetzung mit intersektionalen gesellschaftlichen Machtverhältnissen. Während Wiesental also klar formuliert, wie sich Awareness gegen gesellschaftliche und strukturelle Diskriminierung durch Ableismus, Heteronormativität, Rassismus, Sexismus und Geschlechterbinarität positioniert, erwähnt sie die strukturelle Benachteiligung durch das kapitalistische Wirtschaftssystem mit praktisch keinem Wort. Damit lässt sie – symptomatisch für viele ähnliche Auseinandersetzungen – einen zentralen Unterdrückungsmechanismus unberücksichtigt.

Wiesental versteht auch das Handbuch selbst als Ausdruck einer strukturanalytischen Awareness-Praxis. Den Fokus auf sexualisierte Gewalt an Frauen*, trans*-, inter*- und queeren* Menschen (FTIQ*) in ihrer antisexistischen Awareness-Arbeit erklärt Wiesental damit, dass die Gewalt von Männern* gegen FTIQ* im Patriarchat strukturell ist. Dies ist eine grundsätzliche Haltung, die der Frauen*Lesben-Bewegung der 1970er-Jahre entstammt, welche aufzeigte, wie sexualisierte Gewalt von Männern* gegen Frauen* gesellschaftlich im Patriarchat verankert ist. Erkenntnisse dieser zweiten Frauenbewegung werden denn auch als Quelle vieler Analysen und Praxen genannt, die noch heute in Awareness-Konzepten weiterentwickelt werden. Durch diese Kontextualisierung schafft die Autorin einen kongruenten Rahmen, der die anekdotisch erzählte Entwicklung des Awareness-Konzepts als Resultat eines dynamischen und dialektischen Prozesses historisiert.

Kontextualisierend verfährt Wiesental auch, wenn sie Lücken und blinde Flecken ihres eigenen Handbuchs zu thematisieren versucht. So merkt sie beispielsweise an, dass der Fokus auf Gewalt an FTIQ* ein systematisches Nicht-Beachten und Tabuisieren von Gewalt an Männern* reproduziert und das Handbuch demnach gewisse Formen struktureller Diskriminierung mitträgt. Dass Wiesental ihr Handbuch selbst als Umsetzung von praktischer Awareness versteht, zeigt sich weiter in ihrem achtsamen Umgang mit Sprache. Die konsequente Verwendung der Form «Betroffen_e» mit weiblichem Personalpronomen versucht beispielsweise, von Gewalt betroffene Frauen* und Männer* nicht binär zu benennen, sondern durch den Unterstrich trans*-, inter*- und queere* Menschen sichtbar zu machen und FTIQ* als Betroffen_e zu betonen. Die Schreibweise soll den analysierten Strukturen gerecht werden. Weiter ersetzt sie die Benennung «Täter» durch «gewaltausübende Person», um die aktive Handlung und nicht nur die handelnde Person selbst in den Fokus zu rücken. Auch hier widerspiegelt sich Wiesentals Anspruch, in ihrem Schreiben geschlechtsspezifische Machtverhältnisse zu berücksichtigen.

Zentraler Aspekt einer kritischen Auseinandersetzung mit strukturellen Hierarchien stellt sodann die Reflexion der eigenen Position innerhalb derselben dar. Das Handbuch bietet vielfältige, anregende Ansätze, um die benötigte selbstreflexive Arbeit anzugehen. Dabei steht die Dekonstruktion der eigenen internalisierten Annahmen im Vordergrund: Welche unserer Meinungen entstehen aus privilegierten Positionen und reproduzieren diskriminierende, hegemoniale Perspektiven? Die Auseinandersetzung verlangt die bewusste, kontinuierliche Entscheidung für einen selbstkritischen Prozess, der mit Zuhören, Verunsicherung und Unbequemlichkeiten einhergeht. Awareness bedeutet ein Entlernen internalisierter diskriminierender Denk- und Handlungsweisen und das Entwerfen solidarischer Alternativen. Dass Awareness als Verhandlungsprozess nie abgeschlossen ist, sondern sich als Grundhaltung der Lernbereitschaft auf das ganze Leben bezieht, unterstreicht Wiesental zwar. Der Gedanke geht zwischen den Listen konkreter Handlungsvorschläge jedoch teilweise verloren, da diese eine gewisse Vollständigkeit suggerieren.

Das Handbuch schildert auch, wie Awareness-Strukturen konkret umgesetzt werden können. Beispiele finden sich jedoch praktisch nur in linken Räumen; beispielsweise an Festivals, Konferenzen oder Hausprojekten. Eine mögliche Praxis der Awareness stellt die Errichtung von Safer spaces dar, die als Rückzugsort nur für von bestimmten Diskriminierungen Betroffen_e offenstehen. Weiter kann das Bereitstellen von Informationsmaterial oder direkte Unterstützung durch ein ansprech- und erkennbares Awareness-Team angeboten werden. Die Akzeptanz gegenüber Awareness als politische Praxis musste lang erkämpft werden und ihre Relevanz und Notwendigkeit wird auch heute nicht in allen linken Räumen anerkannt.

Nach Wiesental geht Awareness jedoch weit über konkrete Unterstützungs-Netzwerke an Veranstaltungen hinaus. Awareness soll nicht Ergänzung, sondern radikaler Gegenentwurf zu institutionalisierter Selbsthilfe und bürgerlichem Rechtssystem sein. Wo letzteres durch Unschuldsvermutung und Macht der Beweislage die diskriminierende Person schützt, wo rassistisches Polizei- und Gefängnissystem Menschen, die bereits durch staatliche Strukturen diskriminiert werden, weiter benachteiligt, bietet antisexistische Awareness eine emanzipatorische Alternative. In diesem Handbuch wird deutlich, dass Awareness nicht einfach punktuelle Symptombekämpfung, sondern eine revolutionäre Denkweise ist. Sie soll zu einem kollektiven Umgang mit sexistischer Diskriminierung und sexualisierter Gewalt sowie zur Bekämpfung der dahinter liegenden Denkweisen und Strukturen befähigen. Antisexistische Awareness bereitet den Weg für eine grundsätzliche feministische Neuverknüpfung gesellschaftlicher Beziehungsweisen. Und Ann Wiesentals eingängiges Handbuch ermutigt zu den ersten Schritten dieses Veränderungsprozesses.

Neomi Grieder / Selina Schönholzer

WIDE Switzerland: **Essen.Macht.Arbeit**. Feministische Blicke auf Fair-Food-Ideen.

WIDE Switzerland, Bern 2019 (48 S.)

In Nachhaltigkeitsdebatten sind feministische Argumente und Forderungen entweder gänzlich abwesend oder nur ansatzweise integriert. Gleichzeitig nehmen auf politischer Ebene Initiativen und Abstimmungen zur Stärkung von Nachhaltigkeit zu, insbesondere solche, die ein nachhaltigeres Ernährungssystem zum Ziel haben. Nach den Abstimmungen in der Schweiz über die Ernährungssouveränität- sowie die Fair-Food-Initiative kommen im Jahr 2020 die Initiativen für sauberes Trinkwasser sowie für eine Schweiz ohne synthetische Pestizide an die Urne. Anlass genug, feministische Fragen und Ansätze für nachhaltige Ernährungssysteme wieder in die entsprechenden Debatten einzubringen. Genau deshalb ist die Publikation *Essen.Macht.Arbeit.* von der WIDE-Arbeitsgruppe Feministische Blicke auf Fair-Food-Ideen spannend.

Im Kontext der Fair-Food-Initiative ist diese Broschüre ein wichtiger Beitrag zur Integration einer Genderperspektive in Diskussionen über nachhaltige Landwirtschaft und Ernährungssysteme. Ein erster Aspekt, der besonders überzeugt, ist der Aufbau der Broschüre. Es kommen Frauen verschiedener Länder in ihren unterschiedlichen Rollen als Bäuer*innen, Aktivist*innen, Forscher*innen und Konsument*innen zu Wort. Neben Artikeln beinhaltet die Publikation Interviews und Gespräche, unter anderem mit den Aktivistinnen der Port Loko Declaration, einer Erklärung, die sich gegen industrielle Monokulturen, insbesondere Ölpalmplantagen, in West- und Zentralafrika richtet.

Der Titel *Essen.Macht.Arbeit.* zeigt die dreiteilige Struktur der Broschüre an und ist zugleich ein passendes Wortspiel, das pointiert erklärt, worum es im Kern einer feministischen Auseinandersetzung mit Ernährungssystemen geht. In den einzelnen Beiträgen wird die Genderperspektive konkret und situationsbezogen dargelegt.

Die Inhalte machen klar, dass ein feministischer Blick auf Ernährungssysteme sich immer auf die Arbeit fokussiert. Denn Ernährung geht immer mit Arbeit einher. In der Lebensmittelproduktion für den Eigenverbrauch oder für den Markt stecken viele und unterschiedliche Formen der Arbeit von Landarbeiter*innen, Bäuer*innen und Familienmitgliedern. Die Versorgung mit Lebensmitteln für sich selbst oder für andere ist alltägliche Arbeit; dazu gehören Zubereitung wie Zurverfügungstellen von zubereitetem Essen. Aus feministischer Perspektive ist relevant, dass besonders viele dieser Arbeiten unbezahlt sind und hauptsächlich von Frauen als Teil der unbezahlten Care-Arbeit erledigt werden. Wie die Port Loko Declaration festhält, sind es Frauen, die eine zentrale Rolle «bei der Versorgung ihrer Familien und der Sicherung der Ernährung ihrer Kinder spielen» (S. 26). Ist Arbeit im Ernährungssystem bezahlt, so sind es tiefe Löhne und prekäre Arbeitsbedingungen, die diese Arbeit auszeichnen. Heike Wach, Mitglied der Arbeitsgruppe Feministische Blicke auf Fair-Food-Ideen stellt für die Schweiz fest: «Ein erheblicher Anteil der Arbeitsplätze mit geringem Einkommen liegt im Bereich der Nahrungsmittelproduktion, -verarbeitung, -verpackung und im -transport sowie im -verkauf. [...] Viele dieser Arbeiten werden von Migrant*innen geleistet und mehr als 75% der Teilzeitjobs von Frauen.» (S. 12) In anderen Ländern ist die Situation ähnlich. Zum Beispiel beobachten die Forscherinnen Joanna Bourke Martignoni und Fenneke Reysoo für Ghana und Kambodscha als Effekt der Kommerzialisierung der Landwirtschaft eine «Verankerung struktureller Formen der Diskriminierung von Frauen in der Beschäftigung. Sie arbeiten vor allem in unregulierten Arbeitsmarktsegmenten, ihre Tätigkeiten gelten als gering qualifiziert. Ihre Lohnarbeit ist schlecht bezahlt, unsicher und ohne Sozialversicherungsansprüche.» (S. 4) Durch Kommerzialisierungsprozesse der Landwirtschaft werden auch in Ruanda «Geschlechterverhältnisse und Wohlstandsverhältnisse zementiert» (S. 40), stellen Christine Bigler und Michèle Amacker fest.

Gesamthaft zeigen die verschiedenen Beiträge im Heft, dass Arbeit im Ernährungssystem geprägt ist von differenzierten, ungleichen Rollen sowie ungleicher Arbeitslast und Arbeitsbedingungen entlang gesellschaftlicher Kategorien von Geschlecht, Herkunft, und Klasse. Fragen zur Essens-Arbeit – wer wie wann wieviel und unter welchen Bedingungen arbeitet im Ernährungssystem und wer davon in welchem Ausmass profitieren kann, auch finanziell – bedingen immer ein feministisches Hinterfragen von existierenden gesellschaftlichen Machtstrukturen.

Ein weiterer Aspekt, der in dieser Publikation überzeugend hervorgehoben wird, ist die Darstellung verschiedener Dimensionen von Macht, auch im Zusammenhang mit Politik und Recht. Mehrere Beiträge thematisieren die mangelnde Repräsentation von Frauen in politischen Ämtern und in Produktionskooperativen sowie ihr ungenügendes Mitspracherecht in Entscheidungsprozessen. Zudem werden Menschen- und Frauenrechte in der Landwirtschaft kaum eingehalten. Sie müssen aktiv eingefordert werden, wie in der Porto Loko Declaration beschrieben. Mehrere Autorinnen weisen darauf hin, dass gesetzlich verankerte Gleichstellung zwar existiert, im Alltag aber Diskrepanz bestehe: Frauen im Ernährungssystem werden fortgesetzt diskriminiert, hier wie dort. Zum Beispiel geht in der Schweiz ein Bauernhof, infolge eines ungeschriebenen Gesetzes, meist an einen Sohn über, aber selten an eine Tochter (S. 33); und in Ruanda verzichten Frauen unter Druck von Familie und Gesellschaft auf ihren gesetzlichen Erbanteil von Land (S. 39). Dies zeigt, dass gesetzliche Gleichstellung alleine nicht ausreicht. Die Herausgeberinnen halten demnach fest: «Um Geschlechtergerechtigkeit in den Ernährungssystemen voranzubringen, braucht es Frauenorganisationen, Frauenkooperativen und Netzwerke für Aktivistinnen, die für ihre Rechte einstehen.» (S. 47)

Schliesslich ist das Heft *Essen.Macht.Arbeit.* auch deshalb wichtig und empfehlenswert, weil es aufzeigt, dass Fragen um Nachhaltigkeit, insbesondere in Bezug auf Gendergerechtigkeit, in den Ernährungssystemen nicht als nebensächlich oder gar gelöst betrachtet werden können. Die zu Beginn von den Herausgeber*innen aufgeworfene Frage, nämlich ob davon ausgegangen werden kann, «dass Nachhaltigkeit beim Essen automatisch zu mehr Gendergerechtigkeit führt» (S. 1), wird wiederholt negativ beantwortet. Auch in nachhaltigen Ernährungssystemen – wie zum Beispiel in Fair-Trade- und Bio-Lebensmittelnetzwerken – werden bestehende geschlechterdifferenzierte Verteilungen von Rollen, Arbeit, Verantwortung und Entscheidungsmacht weniger verändert als reproduziert. Egal, ob konventionelle globale Agrar-Wertschöpfungsketten oder alternative Lebensmittelnetzwerke, die einen engeren Kreislauf anstreben, «am Ende ist kein System automatisch gendergerecht» (S. 43), stellt Annemarie Sancar fest. Gendergerechtigkeit sollte nicht als Effekt von, sondern vielmehr als eine grundlegende Voraussetzung für nachhaltige Ernährungssysteme verstanden werden. Diese Problematisierung des Verhältnisses zwischen Gendergerechtigkeit und nachhaltigen Ernährungssystemen ist die Kernbotschaft der Broschüre. Die Botschaft ruft nach einem kritischen Weiterentwickeln dessen, was Nachhaltigkeit in Ernährungssystemen aus feministischer Perspektive bedeuten kann und soll. Leider endet die Broschüre an diesem Punkt. Auch wenn verständlich ist, dass dies ein konkreter Aushandlungsprozess ist, der – hoffentlich – durch das Heft selbst initiiert wird, wäre es wünschenswert, hierzu mehr zu lesen.

Wie manche Beiträge thematisieren, geschieht heute nachhaltiger Lebensmittelkonsum hauptsächlich durch den Einkauf von gelabelten und somit teureren Produkten in Supermärkten. Aus feministischer Perspektive ist dies problematisch, da die Teilnahme an nachhaltigen Ernährungssystemen ein Privileg für eine Minderheit mit genügend Ressourcen ist und zudem bestehende gesellschaftliche Ungleichheiten reproduziert. Wie konkret können Ernährungssysteme so umgestaltet werden, dass diese sowohl für involvierte Personen als auch Ökosysteme nachhaltig sind und allen Menschen Zugang zu nachhaltig produzierten Lebensmitteln ermöglichen? Eine Diskussion hierzu ist dringend nötig, und der Einbezug feministischer Argumente ist unabdingbar.

Johanna Herrigel

Autor*innen

Mirjam Aggeler 1986, Geschäftsleiterin FemWiss, Biel

Dania Alasti Doktorandin Philosophie, Berlin

Victoria Aldunate Morales 1961, antirassistische lesbische Feministin und Mitglied der autonomen Bewegung, Therapeutin, Autorin, Santiago, Chile

Caroline Arni 1970, Professorin für Allgemeine Geschichte des 19. und 20. Jahrhunderts, Universität Basel

Ingrid Artus 1967, Professorin für Soziologie, Friedrich-Alexander-Universität, Erlangen/Nürnberg

Münevver Azizoğlu-Bazan 1976, Doktorandin an der Universität Bremen, Stipendiatin bei der RLS und Aktivistin der kurdischen Frauenbewegung, Bremen

Shelley Berlowitz 1956, Historikerin, Projektleiterin Fachstelle für Gleichstellung der Stadt Zürich, Zürich

Dolores Zoé Bertschinger 1988, Religionswissenschaftlerin (LMU München) und aktiv im Frauen*Zentrum Zürich

Carolin Blauth 1990, Sozialwissenschaftlerin und Feministin, Berlin

Rolf Bossart 1970, Dozent für Religionswissenschaft, Psychologie und Pädagogik, Publizist, St. Gallen

Lisia Bürgi 1990, Historikerin, Doktorandin und Assistentin Uni Bern

Samuel Burri 1984, Leitungsmitglied des Sektors Dienstleistungsberufe der Gewerkschaft Unia, Bern

Sina Deiss 1989, Feministischer Streik Basel, Co-Präsidentin BastA! Basel

Eidgenössische Kommission dini Mueter (EKdM) Die EkdM berät Rätinnen und Räte in Sachen feministische Mütterpolitik

Rahel El-Maawi 1977, soziokulturelle Aktivistin, Tanz- und Bewegungsforschende, Lehrbeauftragte, Mitbegründerin des Netzwerks Bla*Sh, Zürich

Aisha Fahmy 1988, Ethnologin, Allrounderin bei der Geschäftsstelle einer NGO, zweifache Mutter, Zürich

Regula Flury 1952, Psychologin, politische Aktivistin, Redaktorin Widerspruch, Zürich

Nula Frei 1987, Oberassistentin am Institut für Europarecht, Universität Fribourg

Jonas Frick 1980, Germanist, Redaktor Widerspruch, Zürich

Gastrakollektiv Zürich und Luzern Gastronomie ohne Ausbeutung, Belästigung und Herabwürdigung. Kontakt unter gastro-frauenstreik@immerda.ch

Claudia Graf 1970, Politische Aktivistin, Zürich

Neomi Grieder 1994, Feministische Aktivistin, Zürich

Lorena Gulino 1970, Kauffrau und Kulturanthropologin, Zürich

Adriana Amparo Guzman Aktivistin der Bewegung Feminismo Comunitario antipatriarcal, Bolivien

Lydia Hässig 1960, Berufsschullehrerin Allgemeinbildung und Historikerin, Zürich

Iris Hernández Morales 1971, lesbisch-feministische Aktivistin, Professorin für Gender und Psychosoziale Arbeit an der Universidad Central, Santiago, Chile

Johanna Herrigel 1985, Wirtschaftsgeografin Uni Zürich

Carolina Hutmacher 1985, Sozialwissenschaftlerin Schwerpunkt Migration, Basel

Lea Dora Illmer 1991, Master-Studentin (Philosophie und Geschlechterforschung) und Hilfsassistentin (ZGS Basel und Gendercampus Bern), Basel

Anna-Lea Imbach 1986, im Rahmen ihrer Tätigkeit als Gewerkschaftssekretärin beim VPOD Zürich und ihrer feministischen Vernetzung in Zürich am Frauen*streik beteiligt.

Elisabeth Joris 1946, Historikerin und Autorin, Zürich

Meral Kaya 1983, Historikerin, Doktorandin am Interdisziplinären Zentrum für Geschlechterforschung (IZFG) der Universität Bern

Naiara Korta Martiartu 1986, Physikerin, Zürich

Julia Klebs 1977, Germanistin, Redaktorin Widerspruch, Basel

Lea Küng 1986, Historikerin, Redaktorin Widerspruch, Zürich

Rahel Locher 1990, Soziologin und Geschlechterforscherin, politische Aktivistin, Basel

Ueli Mäder 1951, Soziologe, em. Professor Universität Basel und FHNW, Rheinfelden

Mascha Madörin 1946, freischaffende Ökonomin und Publizistin, Basel und Münchenstein

Deborah Mühlebach 1986, Postdoc in Philosophie, Aktivistin beim Bündnis «Wo Unrecht zu Recht wird …» und in der Autonomen Schule Zürich, Zürich

Thomas Peter 1950, ehem. Ausbildner an der Haute École Pédagogique BEJUNE, Mitglied Arbeitsgruppe Volkspension der Partei der Arbeit Schweiz, Bern

Patricia Purtschert 1973, Philosophin, Kulturwissenschaftlerin und Co-Leiterin des Interdisziplinären Zentrums für Geschlechterforschung (IZFG) der Universität Bern

Anne Rubin 1969, Leitungsmitglied des Sektors Dienstleistungsberufe der Gewerkschaft Unia, Zürich

Gabrielle Schaad 1982, Kunsthistorikerin und Wissenschaftliche Mitarbeiterin der ZHdK und der TU München, Zürich

Sarah Schilliger 1979, Soziologin, Mutter, Assoziierte Forscherin am Interdisziplinären Zentrum für Geschlechterforschung der Universität Bern, Wissenschaftliche Beirätin der Rosa Luxemburg Stiftung, Bern

Nina Schneider 1964, Soziologin und feministische Aktivistin, Redaktorin Widerspruch, Zürich

Selina Schönholzer 1995, Feministische Aktivistin, Zürich

Tove Soiland 1962, Historikerin und feministische Philosophin, Zürich

Franziska Stier 1984, Feministischer Streik Basel, Feministische Sektion des Berliner Instituts für kritische Theorie (InkriT), BastA! Parteisekretärin, Studentin Uni Basel, Stipendiatin Rosa Luxemburg Stiftung

Sibylle Stillhart 1973, Journalistin und Autorin, Bern

Irati Tobar Eguzkitza 1986, Bildungsverantwortliche der baskischen Gewerkschaft Langile Abertzaleen Batzordeak (LAB), feministische Aktivistin, Portugalete

Therese Wüthrich 1949, Redaktorin Widerspruch, ehem. Zentralsekretärin Mediengewerkschaft syndicom, Bern